Coleção
Eu gosto m@is

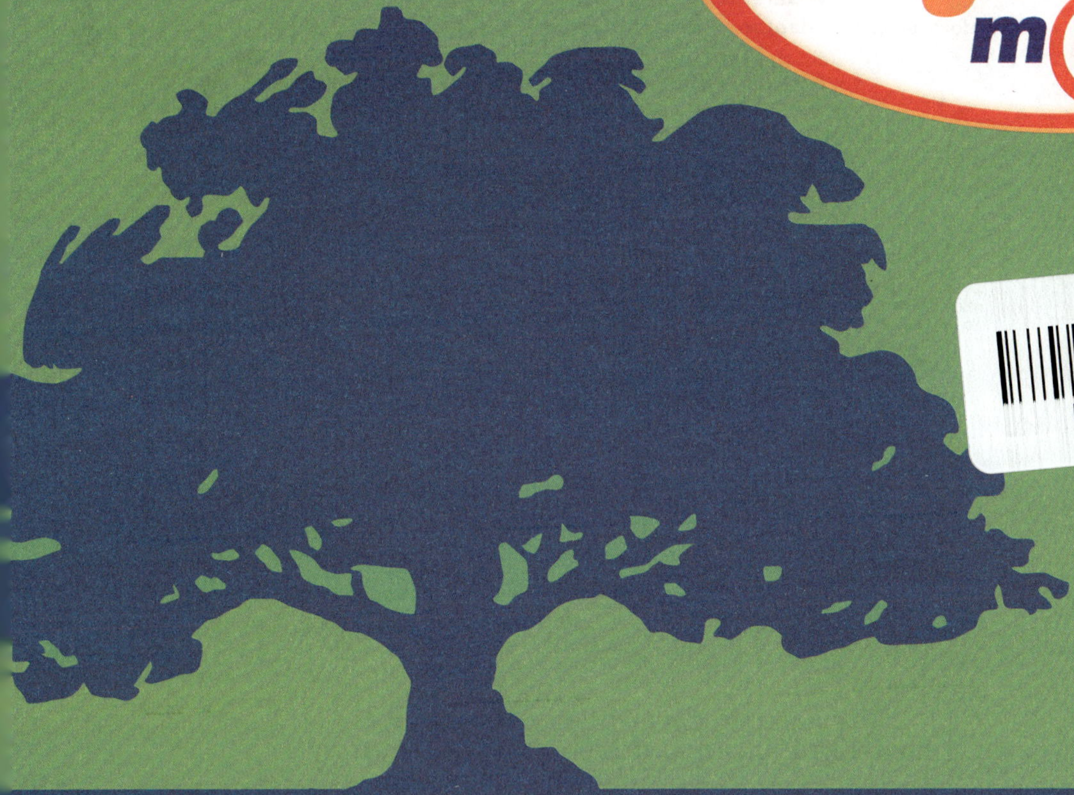

ENSINO FUNDAMENTAL

CIÊNCIAS
7º ano

1ª EDIÇÃO
SÃO PAULO
2012

Coleção Eu Gosto Mais
Ciências 7º ano
© IBEP, 2012

Diretor superintendente	Jorge Yunes
Gerente editorial	Célia de Assis
Reformulação e adaptação de texto	Felipe A. P. L. Costa
Texto original	Antonio Carlos Pezzi
Assistente editorial	Érika Nascimento
Revisão	Berenice Baeder
	Maria Inez de Souza
Coordenadora de arte	Karina Monteiro
Assistentes de arte	Marilia Vilela
	Tomás Troppmair
Coordenadora de iconografia	Maria do Céu Pires Passuello
Assistentes de iconografia	Adriana Correia
	Wilson de Castilho
Produção editorial	Paula Calviello
Produção gráfica	José Antonio Ferraz
Assistente de produção gráfica	Eliane M. M. Ferreira
Capa e projeto gráfico	Departamento de arte IBEP
Editoração eletrônica	Conexão Editorial

CIP-BRASIL. CATALOGAÇÃO-NA-FONTE
SINDICATO NACIONAL DOS EDITORES DE LIVROS, RJ

S713c

Pezzi, Antônio Carlos
 Ciências, 7º ano / Antônio Carlos Pezzi. - 1.ed. - São Paulo : IBEP, 2012.
  28 cm   (Eu gosto mais)

 ISBN 978-85-342-3421-4 (aluno) - 978-85-342-3425-2 (mestre)

 1. Ciências (Ensino fundamental) - Estudo e ensino. I. Pezzi, Antônio Carlos
II. Título. III. Série.

12-5674.   CDD: 372.35
                                                        CDU: 373.3.016:5

10.08.12   17.08.12   038023

1ª edição - São Paulo - 2012
Todos os direitos reservados

Av. Alexandre Mackenzie, 619 - Jaguaré
São Paulo - SP - 05322-000 - Brasil - Tel.: (11) 2799-7799
www.editoraibep.com.br   editoras@ibep-nacional.com.br

Apresentação

Em nosso planeta temos milhões de espécies de seres vivos, algumas muito conhecidas, outras, nem tanto, principalmente aquelas que precisam ser observadas com o auxílio de um microscópio.

Assim, este livro se propõe a mostrar a você as diferentes formas de vida que ocorrem na Terra, discutindo inicialmente como foi possível o surgimento de vida no planeta e a formação das células, as unidades básicas de qualquer ser vivo.

Em cada capítulo você aprenderá sobre os diferentes grupos de seres vivos, conhecendo-os melhor e ampliando a sua visão sobre aspectos científicos, sobre a natureza e a preservação do meio ambiente e sobre a sua saúde.

Bom estudo!

Sumário

Capítulo 1 – A origem da vida 7
Geração espontânea ou abiogênese 8
Biogênese 8

Capítulo 2 – A origem das células 12
Como o nosso mundo começou 12
Átomos, moléculas e células 13
É isso que chamamos de vida? 14
Organização celular 16

Capítulo 3 – Os vírus 20
Principais viroses 21

Capítulo 4 – Os cinco reinos e os três domínios 26
Por que classificar? 27
Classificação dos seres vivos 28
Reino Monera 30
Reino Protista 31
Reino Fungo 31
Reino Animal 31
Reino Vegetal 31
Os novos domínios 31

Capítulo 5 – Padrões de reprodução ... 34
Reprodução assexuada 35
Reprodução sexuada 35

Fecundação 36
Tipos de fêmea 37
Casos especiais de reprodução 37

Capítulo 6 – As bactérias 41
Principais bacterioses 43
Importância das bactérias 44
Reprodução 45

Capítulo 7 – Os protistas 47
Protozoários de interesse médico 48
    Doença de Chagas 49
    Úlcera de Bauru 50
    Giardíase 50
    Tricomoníase 50
    Amebíase 50
    Malária 51

Capítulo 8 – As algas 53
Algas cor-de-fogo 54
Algas douradas 54
Algas verdes 54
Algas pardas 55
Algas vermelhas 55

Capítulo 9 – Os fungos 58
Importância dos fungos 59

Capítulo 10 – As esponjas e os cnidários 64
Espongiários 65
Cnidários 66

Capítulo 11 – Os vermes e as doenças.. 71
Vermes achatados, os platelmintos 72
Doenças causadas pelos vermes achatados ... 73
Vermes roliços 76
Doenças causadas pelos vermes roliços 77

Capítulo 12 – Os anelídeos 82
Importância das minhocas 84

Capítulo 13 – Os artrópodes.............. 87
Os quatro grupos do filo artrópodes 88
Insetos 88
Reprodução e desenvolvimento 90
Crustáceos 93
Aracnídeos 95
Escorpiões 97
Ácaros 97
Miriápodes 98

Capítulo 14 – Os moluscos e os equinodermas 103
Moluscos 104
Equinodermos 107

Capítulo 15 – Os ciclóstomos 115
Ciclóstomos e a evolução dos vertebrados 118

Capítulo 16 – Os peixes 121
Tegumento e esqueleto 122
Alimentação 123
Respiração 123
Temperatura do corpo 123
Reprodução 124
Biologia 125

Capítulo 17 – Os anfíbios: tentativa de sair da água 129
Tegumento e esqueleto 130
Alimentação 132
Respiração 132
Reprodução 132
Biologia 132

Capítulo 18 – Os répteis: conquistando novo ambiente 135
Os diferentes répteis 136
Tegumento e esqueleto 137
Alimentação 137
Respiração 138
Circulação 138
Reprodução 138

Capítulo 19 – As aves: animais de sangue quente **143**

Tegumento e esqueleto 144

Alimentação 145

Respiração e circulação 146

Evolução 146

Excreção 147

Reprodução 147

Biologia 147

Capítulo 20 – Os mamíferos **152**

Os diferentes grupos de mamíferos 153

Tegumento 156

Alimentação 156

Respiração 157

Circulação 157

Reprodução 158

Biologia 159

Capítulo 21 – A fotossíntese e as folhas **163**

A molécula mágica 166

As folhas 168

Modificações das folhas 169

A queda das folhas 170

Capítulo 22 – Os musgos e as samambaias **174**

Os musgos (briófitas) 176

Organografia vegetal – raiz e caule 178

As samambaias e avencas (pteridófitas) 181

Capítulo 23 – As plantas com sementes **187**

Sementes sem frutos (gimnospermas) 188

A flor e as angiospermas 192

A flor 192

Capítulo 24 – Frutos e sementes **198**

Classificação dos frutos 199

A semente 203

Disseminação das sementes 204

Germinação 204

Capítulo 1
A ORIGEM DA VIDA

Até onde sabemos, a Terra é o único planeta habitado por seres vivos.

Com base em determinadas evidências, muitos estudiosos argumentam que a vida é um fenômeno muito raro ou talvez até mesmo exclusivo do nosso planeta.

Para outros estudiosos, no entanto, a vida deve prosperar em muitas regiões do Universo. Na opinião de alguns defensores desse ponto de vista, a presença de seres vivos na Terra é fruto de um processo de colonização: esporos vindos do espaço se estabeleceram em nosso planeta, dando então origem à enorme diversidade que conhecemos atualmente. Cabe observar, no entanto, que esse segundo ponto de vista por si só não explica como a vida teria surgido em outros planetas ou em outras regiões do Universo.

A geração espontânea ou abiogênese

Desde os gregos antigos até o século XVII, muitos acreditavam que a matéria bruta, se fosse alcançada pelo "princípio ativo", algo desconhecido ou mágico, poderia adquirir vida.

Existiam, inclusive, "receitas" para se obter certos animais: uma caixa de areia, com papéis velhos e roupas sujas, abandonada num canto escuro qualquer, faria surgir ratos. Sabemos que os ratos vieram de fora e, se as caixas estivessem fechadas, eles não poderiam entrar.

Todavia, fechar as caixas, segundo os defensores da geração espontânea, era o mesmo que não deixar o tal "princípio ativo" ou "sopro de vida" atingir a matéria inanimada para fazê-la viver.

Em 1668, **Francesco Redi** (1626-1697) realizou experimentos, colocando pedaços de carne em diversos frascos, mantendo alguns deles destampados e outros cobertos com um pano ralo. Após alguns dias, observou a ocorrência de larvas apenas nos frascos destampados, embora moscas voassem em torno de ambos. Esse resultado mostrava que as larvas se originavam dos ovos deixados pelas moscas.

Experimento de Redi.

John Needham (1713-1781) fez no século XVIII um experimento cujo resultado parecia comprovar as ideias da abiogênese. Vários caldos nutritivos, como sucos de frutas e extrato de galinha, foram colocados em tubos de ensaio aquecidos durante certo tempo e em seguida selados. Passados alguns dias os tubos de ensaio estavam turvos e cheios de microrganismos, o que parecia demonstrar a verdade da geração espontânea.

Lazzaro Spallanzani (1729-1799) repetiu os experimentos de Needham em 1770, com algumas modificações, e obteve resultados diferentes. Fervia carne ou plantas e colocava o caldo em frascos, alguns abertos e outros fechados. Depois de alguns dias observava-se a presença de microrganismos nos frascos abertos, sugerindo que eles provinham do ar.

Biogênese

Louis Pasteur (1822-1895) era francês, filho de um médico e depois nomeado professor de Química, e desenvolveu interessantes estudos científicos, sendo o mais brilhante o experimento dos frascos com "pescoço de cisne".

Uma cultura estéril, isto é, um meio de cultura ou caldo nutritivo previamente fervido, torna-se contaminada quando em contato com o ar. Microrganismos ou formas de resistência destes, como esporos de bactérias e fungos, por exemplo, devam ser trazidos pelo ar até o meio de cultura quando exposta.

Pasteur derrotou os defensores da geração espontânea ao ferver vários frascos de cultura e, depois de abri-los em grande altitude e fechá-los em seguida, verificar que, após algum tempo, quase todas as culturas continuavam estéreis, pois ele sabia que o ar das montanhas, mais rarefeito, seria menos contaminante.

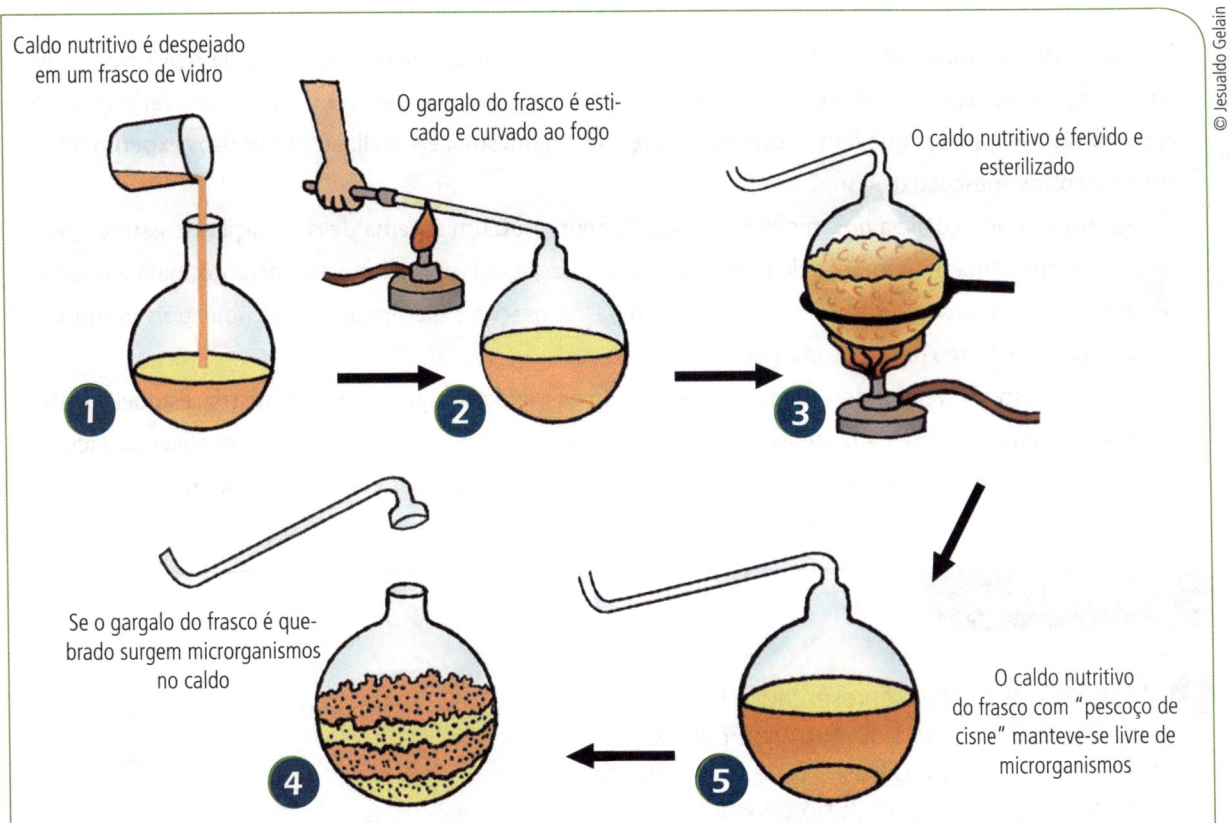

O experimento de Pasteur, em 1860, com os frascos "pescoço de cisne", pôs por terra a teoria da geração espontânea. Sua hipótese era a de que qualquer forma de vida se originaria de vida preexistente.

Se vedar os frascos impedia, segundo os opositores de Pasteur, a entrada do "princípio ativo" tão importante para a origem espontânea da vida, bastou o famoso cientista francês repetir seus experimentos, porém com os frascos abertos.

Depois da saída do vapor, o ar penetrou nos frascos, mas as culturas continuaram estéreis. Os microrganismos entraram com o ar, mas ficaram retidos na curva do "pescoço" do frasco ou na sua umidade.

Pasteur estabeleceu assim a **biogênese**, isto é, para ele, qualquer forma de vida se originaria de vida já existente.

Uma cultura estéril torna-se contaminada quando exposta ao ar, porque é alcançada por microrganismos trazidos pelo próprio ar.

Você sabia?

Pasteur e seus experimentos

Louis Pasteur (1822-1895) foi um químico e microbiologista francês que realizou várias pesquisas no século XIX. Ele provou que microrganismos produziam fermentação de material orgânico e causavam doenças. Partindo dos seus estudos sobre fermentação, ele derrubou a teoria da geração espontânea, numa época em que as opiniões estavam divididas a favor e contra.

Pasteur já havia comprovado que tanto a fermentação lática, quanto a alcoólica, aconteciam por exposição ao ar. Perguntava-se, então, se organismos invisíveis estariam sempre presentes no ar ou ocorreria geração espontânea nos líquidos que fermentavam. Para resolver a questão, ele realizou os famosos experimentos com frascos de "pescoço de cisne".

Comprovada a procedência dos microrganismos, Pasteur criou um sistema de destruição de germes pelo calor, para impedir a deterioração de produtos como vinagre, cerveja e vinho, importantes para a economia francesa. Esse processo ficou conhecido como pasteurização e é empregado até hoje, pois permite a preservação, por longo prazo, de inúmeros alimentos.

Pasteur foi o responsável por uma verdadeira revolução na medicina, agricultura e indústria, estabelecendo os princípios não somente da pasteurização, mas também da vacinação. Ele realizou, com sucesso, vacinação de carneiros contra o antraz, de galinhas contra a cólera aviária e de pessoas contra a raiva.

ATIVIDADES

1 (Mack/SP) Os frascos representados no desenho ao lado receberam um caldo nutritivo. Em seguida, o frasco A foi lacrado, o frasco B permaneceu aberto e o frasco C recebeu um tubo de vidro encurvado. Todos foram fervidos. A respeito deles, são feitas as seguintes afirmativas:

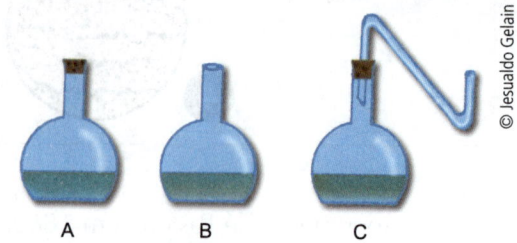

I. O frasco A não irá apresentar microrganismos, pois, como o ar não entra, os microrganismos presentes não irão se desenvolver.

II. No frasco B, devem surgir microrganismos, pois, apesar de fervido, está em contato com o ar "contaminado".

III. O frasco C é semelhante ao que foi utilizado por Pasteur para provar a inexistência de geração espontânea.

Responda se cada uma das alternativas anteriores está certa ou errada e justifique.

_____
_____
_____
_____

2 Compare a teoria da biogênese com a abiogênese ou geração espontânea.

_____
_____
_____

3. Cabe lembrar que, antes de Pasteur, Lazzaro Spallanzani (1729/1799) já obtivera caldos nutritivos estéreis depois de vedar e ferver alguns frascos, porém os adeptos da geração espontânea alegavam que o aquecimento prolongado destruía o "princípio ativo" que poderia gerar vida a partir da cultura.

Qual foi o ponto mais importante do experimento de Pasteur em que Spallanzani não havia pensado?

_____
_____
_____
_____
_____
_____

4. A figura a seguir representa a experiência de Redi.

Redi colocou, dentro de recipientes, substâncias orgânicas que entrassem em decomposição. Alguns dos recipientes foram cobertos com uma gaze (os da esquerda na ilustração) e os outros deixados descobertos (os da direita na ilustração). Manteve o experimento por alguns dias e depois observou.

a) Explique os resultados que ele obteve.

_____
_____
_____
_____

b) De acordo com a hipótese da geração espontânea, como era explicado o surgimento dos seres vivos?

_____
_____
_____
_____

11

Capítulo 2

A ORIGEM DAS CÉLULAS

Como o nosso mundo começou

"… – Há muito, muito tempo, – disse ela – há milhões e milhões de anos, não existia gente nesta nossa Terra e, portanto, não existiam casas, nem nenhuma das coisas que só existem onde há gente, como cidades, estradas de ferro, pontes, automóveis e tudo o mais que se vê no mundo de hoje.

– Que é que havia então? – perguntaram todos.[…]

Nessas águas começaram a aparecer as primeiras formas de vida – corpúsculos microscópicos.

Apareceram primeiro n'água; depois, aprendendo a viver fora d'água, passaram para as pedras.

Apesar de muito pequenininhas, essas iscas de vida foram a origem de todos os seres existentes hoje…"

Monteiro Lobato. *História do mundo para crianças*.

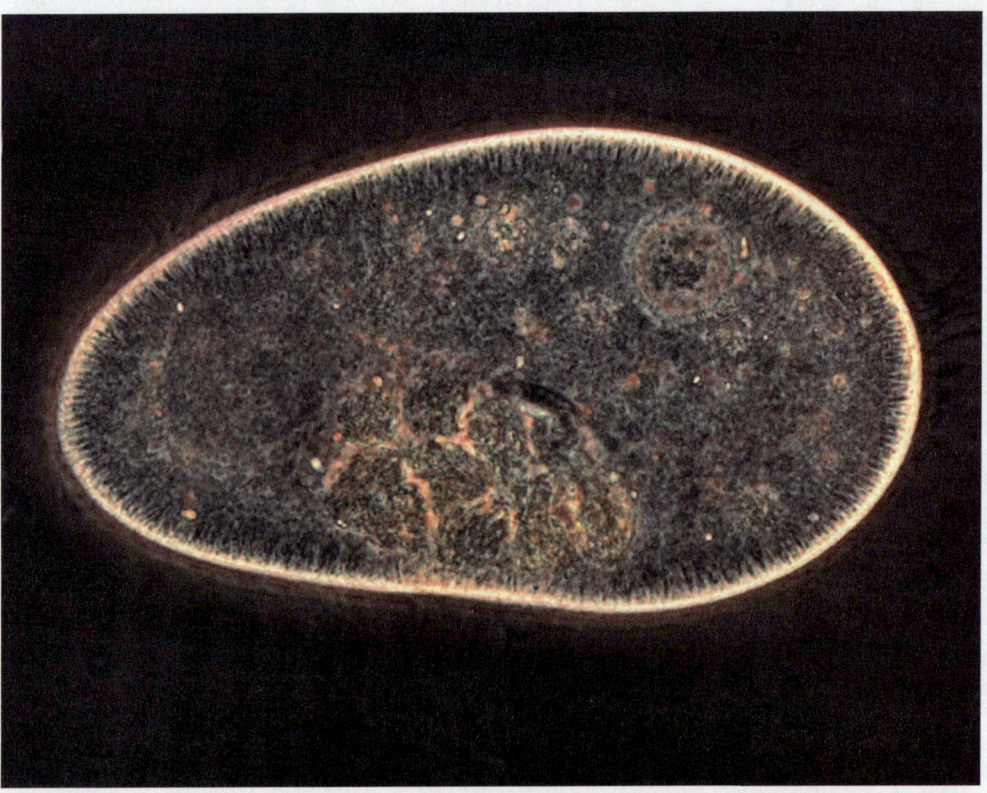

Paramecium aurelia. Organismo unicelular que vive em ambientes aquáticos. A fotografia foi tirada por meio de microscópio ótico e está ampliada nesta reprodução 970 vezes.

O trecho do texto na página anterior foi retirado do livro *História do mundo para crianças*, do escritor Monteiro Lobato, o qual sempre se envolveu nas campanhas de defesa do meio ambiente, da reforma agrária, pela saúde e pela nacionalização da exploração do petróleo. No texto, Monteiro Lobato explica de maneira resumida como surgiram os primeiros seres vivos, proposição a qual vários cientistas se dedicam ainda hoje a desvendar, formulando hipóteses e teorias a partir de experimentos e análise de dados. É com base nesses estudos que vamos apresentar uma das teorias de formação das células, as estruturas básicas dos seres vivos.

De acordo com a teoria do Big Bang, o nosso Universo teria surgido há uns 13,5 bilhões de anos. A Terra, assim como o Sol e os demais planetas do Sistema Solar, surgiu bem depois: há 'apenas' 4,5 bilhões de anos.

A Terra primitiva era um planeta bem diferente do que é hoje. A composição química da atmosfera, por exemplo, mudou muito ao longo desses bilhões de anos.

Os componentes da atmosfera primitiva eram os gases metano, amônia, hidrogênio e, além deles, o vapor de água.

A alta temperatura provocava a evaporação da água e, tal vapor, encontrando temperaturas mais baixas, condensava e caía novamente em forma de tempestades. Junto às descargas elétricas e aos raios também incidia sobre a superfície da Terra a perigosa radiação ultravioleta, pois não existia oxigênio livre e, portanto, a camada protetora de ozônio.

Átomos, moléculas e células

As partículas fundamentais que constituem qualquer tipo de matéria são os átomos. Antigamente, pensava-se que o átomo fosse indivisível, porém hoje sabemos que ele também é formado por várias subpartículas, das quais as mais conhecidas são prótons, nêutrons e elétrons.

O tamanho de um átomo é ínfimo e não pode ser visto sequer nos microscópios eletrônicos, pois é da ordem de 0,0000001 mm ou a décima milionésima parte do milímetro.

Hoje conhecemos pouco mais de cem tipos diferentes de átomos, cada um deles caracterizado por um número fixo de prótons. Cada um desses tipos de átomo constitui um elemento químico, como carbono, hidrogênio, oxigênio, ferro, cobre, iodo etc.

Átomos de um mesmo elemento podem combinar entre si, formando agregados de átomos. Por exemplo, inúmeros átomos de ferro podem se combinar, formando um cristal de ferro. Por sua vez, dois átomos de oxigênio podem se combinar, formando uma molécula de gás oxigênio.

De modo semelhante, átomos de elementos químicos diferentes também podem combinar entre si, formando agregados. Por exemplo, inúmeros átomos de sódio e de cloro podem se combinar, formando um cristal de uma substância chamada cloreto de sódio (o sal de cozinha). Por sua vez, dois átomos de hidrogênio podem combinar com um átomo de oxigênio, formando uma molécula de água.

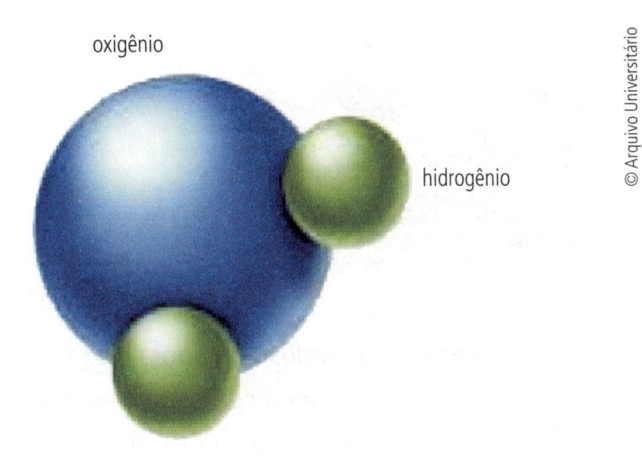

Representação esquemática da molécula de água.

É isso que chamamos de vida?

Nos anos 20 do século passado, um bioquímico russo, A. I. Oparin, informou que, devido ao lento resfriamento da Terra, parte da água não evaporava e, acumulando-se na superfície do planeta, gradativamente formaram-se os oceanos primitivos.

Oparin acreditava que as descargas elétricas desmontavam as moléculas de metano, de amônia e de vapor de água e os átomos resultantes, mais os de hidrogênio, teriam sofrido um rearranjo, dando origem a novas moléculas, estas cada vez mais complexas.

Aminoácidos formados a partir de nitrogênio teriam se reunido em moléculas maiores de proteínas, que, envoltas por uma película de água, formaram os **coacervados**, para muitos cientistas o estágio mais próximo do primeiro ser vivo.

Claro que não foi instantâneo, mas os coacervados foram sofrendo profundas transformações, incluindo um sistema de trocas com o exterior (alimentação), conversão de energia (respiração) e multiplicação ou reprodução (talvez os coacervados se dividissem quando muito grandes).

Teoria de Oparin

Esquema da Teoria de Oparin.

Experimentos realizados em laboratório mostraram que, realmente, moléculas de aminoácidos podem formar-se espontaneamente, através de reações químicas. Um deles foi realizado na década de 1950 por Stanley Miller, que construiu um aparelho em cujo interior circulavam metano, amônia, vapor de água e hidrogênio, e no qual eram simuladas as condições existentes em nosso planeta há bilhões de anos. Deixando o aparelho funcionar alguns dias, sob a ação de descargas elétricas,

Miller analisou a água e nela encontrou compostos orgânicos, tais como aminoácidos, ácidos orgânicos e ureia. Ficou assim comprovada a possibilidade de formação de moléculas orgânicas na atmosfera primitiva sem a participação direta de um ser vivo.

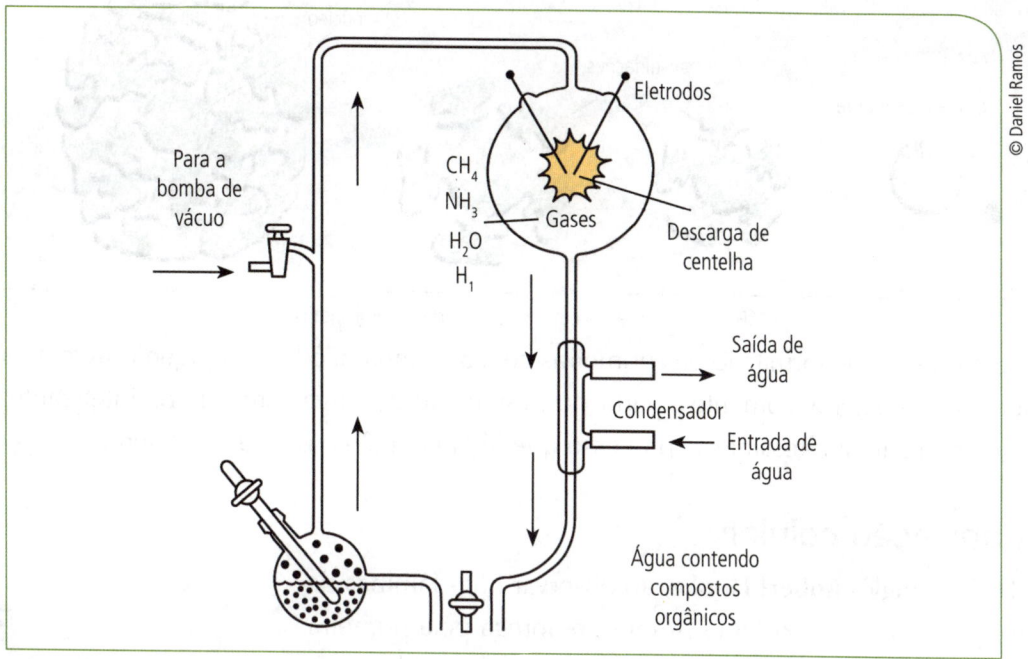

O experimento de Stanley Miller.

Alguns cientistas acreditam que os coacervados mais complexos é que deram origem às células mais primitivas, semelhantes a algumas bactérias atuais. Essas células são tão simples que seu material genético (ou o conjunto de informações hereditárias) mistura-se aos demais componentes da célula. Por isso, bactérias e algas azuis são denominadas células **procarióticas**.

Como as trocas com o meio são feitas pela superfície da célula, acredita-se que as células que cresceram muito ficaram com a superfície muito reduzida em relação a um grande volume. Tais células, segundo os estudiosos, devem ter passado a emitir prolongamentos ou evaginações a partir de sua superfície, formando uma série de canalículos e bolsas que aumentaram a superfície de troca de substâncias com o meio externo.

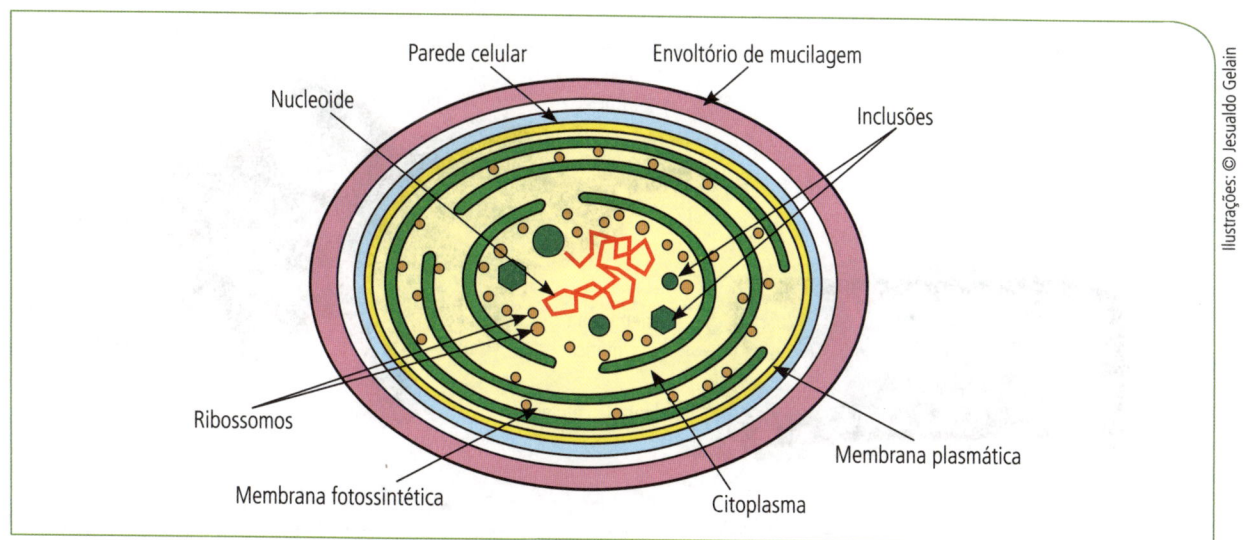

Representação esquemática de uma cianobactéria, uma bactéria fotossintetizante.

Essas células, muito mais complexas, inclusive com o material hereditário já envolto por um envoltório próprio, são denominadas **eucarióticas**.

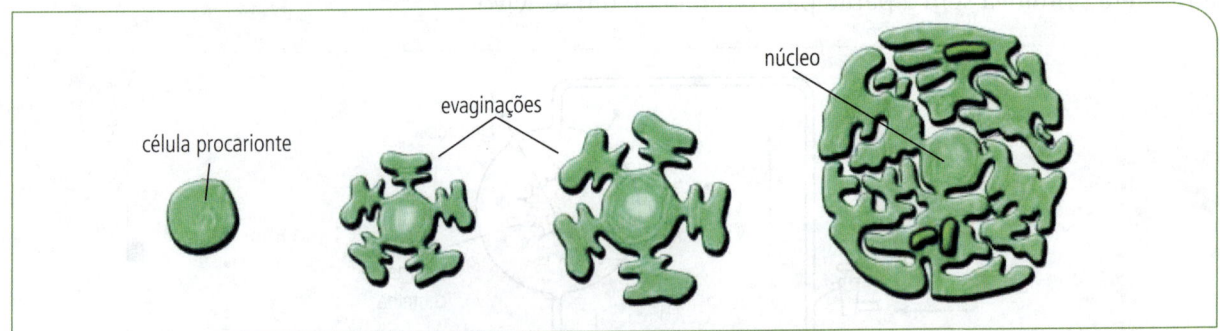

Formação da célula eucariótica a partir da procariótica.

Nesse momento de formação das primeiras células, ainda não havia oxigênio livre na atmosfera, situação que se alterou somente a partir do surgimento dos organismos fotossintetizantes, isto é, aqueles que realizam a fotossíntese, processo que libera oxigênio para a atmosfera.

Organização celular

Em 1665, o inglês **Robert Hooke**, ao observar finas lâminas de cortiça num microscópio bastante simples, emprega pela primeira vez o termo **célula** para pequenas cavidades daquele tecido vegetal, já que um tecido é formado por células.

Basicamente, as células dos seres eucariontes apresentam membrana plasmática, citoplasma e núcleo. A **membrana** envoltora protege e contém o **citoplasma**, solução de água, proteínas e muitas outras substâncias resultantes do **metabolismo** celular, isto é, o conjunto das funções celulares, como digestão, respiração etc.

Aquilo que controla tudo o que acontece no interior da célula, inclusive sua reprodução, é o **núcleo**, local onde encontramos os cromossomos e genes, isto é, o **DNA** ou ácido desoxirribonucleico, uma grande e complexa molécula, na qual, através de um "alfabeto de quatro letras", estão gravadas ou "escritas" todas as características da célula.

O microscópio de Robert Hooke.

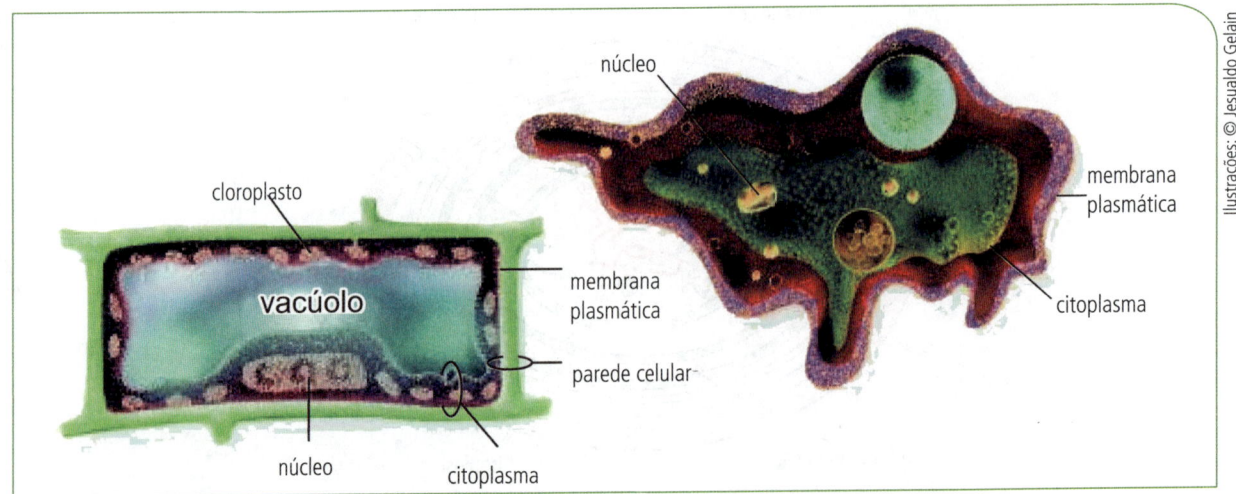

Esquema de uma ameba (à esquerda) e de uma célula vegetal (à direita), ambas quando observadas em microscópio óptico.

16

As células vegetais, além de membrana, citoplasma e núcleo, possuem um envoltório externo de celulose, um açúcar, a **parede celular** ou membrana celulósica, e o **vacúolo**, uma enorme bolsa que armazena várias substâncias, principalmente água.

Outra diferença importante entre as células animais e vegetais são os **plastos**, organelas ou orgânulos celulares que armazenam óleos, proteínas e clorofila. Nos **cloroplastos**, ocorre o fenômeno da **fotossíntese**.

Se o aperfeiçoamento do microscópio permitiu a descoberta de várias estruturas celulares, o advento do microscópio eletrônico facilitou a descoberta de outras estruturas ou organelas e a compreensão de muitos fenômenos celulares, já que a capacidade de aumento deste último é muito maior do que a do microscópio óptico composto.

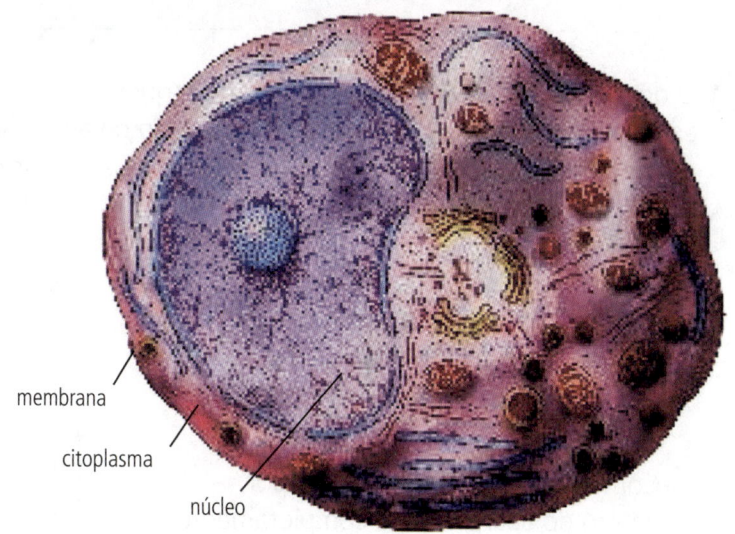

Esquema de célula animal quando observada em microscópio eletrônico.

Você sabia?

Em 1838/39 foi proposta a **Teoria Celular**. Ela afirma que todos os seres vivos são formados por células. Os vírus, todavia, são formados por proteínas, açúcares e gorduras, mas não apresentam metabolismo e dependem das células que parasitam para sobreviver; por outro lado, são considerados vivos, uma vez que podem se reproduzir, já que apresentam material genético (DNA).

Existem organismos formados por uma única célula, como protistas, protozoários, algas, bactérias e fungos. Eles são chamados **unicelulares**.

Todos os outros seres vivos, animais ou vegetais, formados por milhões de células ou muito mais ainda, são os **pluricelulares** ou multicelulares.

ATIVIDADES

1. Um dos fatores importantes para a vida, como a conhecemos hoje, é a presença de oxigênio livre na atmosfera. Segundo a teoria do Big Bang havia oxigênio livre na atmosfera primitiva da Terra?

2 Como surgiu o oxigênio na atmosfera primitiva?

_____
_____
_____

3 O desenho a seguir representa, de forma esquemática, o aparelho que Miller usou em suas experiências, em 1953, para testar a produção de aminoácidos a partir de uma mistura de metano, hidrogênio, amônia e água, submetida a descargas elétricas.

A seguir são feitas quatro afirmações:

I – Com essa experiência, Miller demonstrou que havia produção de aminoácidos em condições semelhantes às que havia na atmosfera primitiva da Terra.

II – Como a circulação do material por dentro do aparelho está completamente isolada do meio externo, não houve possibilidade alguma de contaminação com outras substâncias.

III – As substâncias resultantes das reações químicas acumularam-se em C e D.

IV – Com essa experiência, Miller também descobriu a composição química da atmosfera primitiva da Terra.

Quais são as afirmações corretas? Justifique.

_____
_____
_____
_____
_____

4 Qual é a diferença entre coacervado e célula?

_____
_____
_____

5 Observe as células e responda:

a) Indique o tipo de célula representado, respectivamente, por I e II.

b) Nas células I e II identifique respectivamente a membrana plasmática e núcleo.

_____

_____

6 Compare as estruturas de uma célula vegetal com as diferentes partes de uma indústria.

_____

_____

_____

_____

_____

_____

7 Se fôssemos comparar a organização e o funcionamento de uma célula eucarionte com o que ocorre em uma cidade, poderíamos estabelecer determinadas analogias. Faça uma correspondência entre a membrana, o citoplasma e o núcleo.

_____

_____

_____

_____

Capítulo 3 — Os vírus

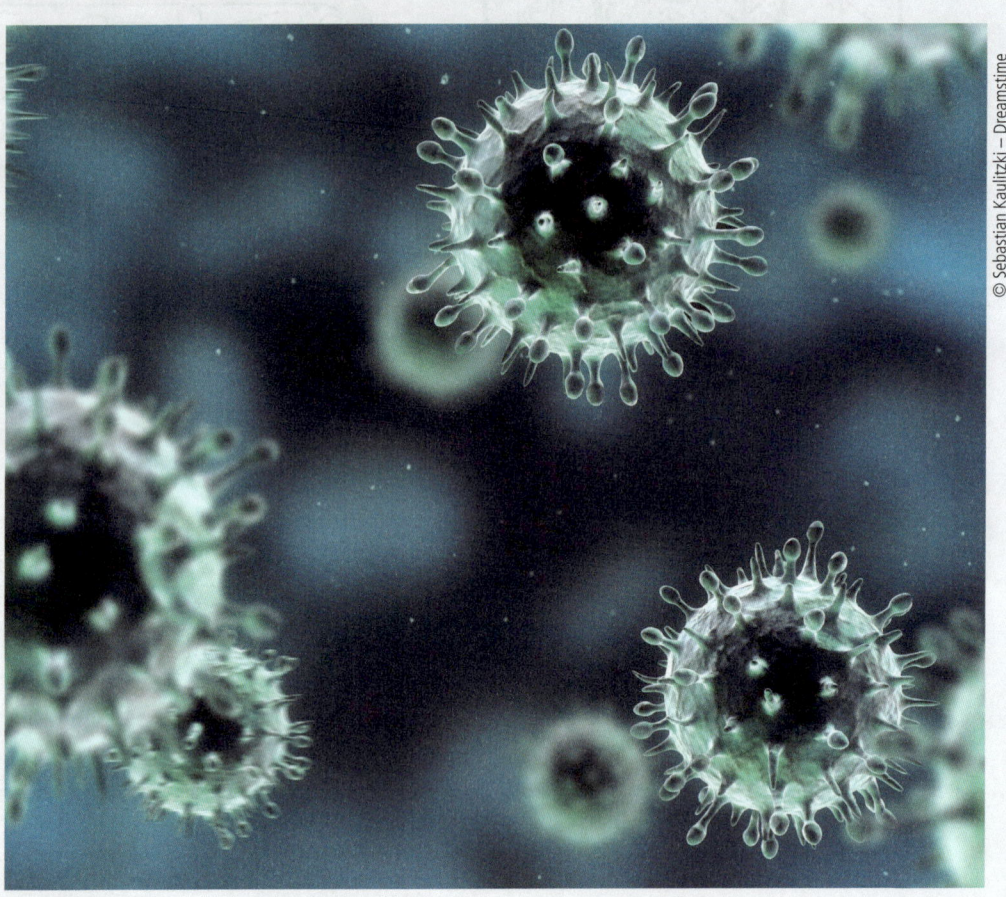

Tipo de vírus visto ao microscópio eletrônico.

Vírus são entidades diminutas, ultramicroscópicas, visíveis apenas ao microscópio eletrônico.

Alguns cientistas tratam os vírus como um grupo aparte dos verdadeiros seres vivos. O motivo é simples: todas as entidades classificadas como vírus são desprovidas de organização celular – isto é, nenhum deles tem membrana, citoplasma ou organelas. Diz-se por isso que são acelulares.

Os vírus também são desprovidos de metabolismo próprio, razão pela qual todos eles são parasitas intracelulares obrigatórios. Quando estão na célula hospedeira, os vírus se mostram ativos e se multiplicam; quando não estão, eles se comportam como uma entidade inerte.

Quando na célula do hospedeiro, os vírus introduzem seu material genético nas células, que passam a produzir novos vírus.

Principais viroses

Doenças	Transmissão/sintomas	Profilaxia ou prevenção
Catapora ou Varicela	Gotículas de saliva ou secreções. Erupções cutâneas, coceira e febre.	Evitar contato com doentes. Vacinação.
Caxumba ou Parotidite epidêmica	Gotículas de saliva ou secreções. Inflamação das parótidas e das gônadas.	Evitar contato com doentes. Vacina tríplice viral.
Gripe e Resfriado	Gotículas de saliva, secreções. Dores musculares, febre, cefaleia, tosse, coriza.	Evitar contato com doentes. Vacina anti-sazonal.
Hepatite A (vírus HAV)	Água, alimentos e objetos contaminados por saliva ou fezes. Icterícia, urina escura e problemas hepáticos. Benigna.	Evitar contato com doentes, isolamento e saneamento básico. Vacina.
Hepatite B (vírus HBV)	Transfusão de sangue e materiais cirúrgicos contaminados, secreções corpóreas. Sintomas = HAV; cirrose e câncer de fígado.	Análise de estoques de sangue, esterilização de instrumentos cortantes. Vacina.
Hepatite C* (vírus HCV)	Transmissão = HBV e durante o parto. Problemas crônicos no fígado. Sintomas são raros no início.	Cuidados com sangue e relações sexuais. Não há vacina.
Herpes	Doenças de pele, mucosas e sistema nervoso central (tipo 1). Infecção nos órgãos reprodutores (tipo 2).	Evitar contato com pacientes e objetos contaminados.
Poliomielite ou Paralisia Infantil	Água, alimento e objetos contaminados por saliva ou fezes. Diarreia, febre, fraqueza e atrofia muscular.	Saneamento básico. Vacinas: Salk (vírus inativo) e Sabin (vírus atenuado).
Raiva ou Hidrofobia	Gotículas de saliva ou secreções de pacientes ou outros animais (cão, morcego etc.). Cefaleia, dificuldade para engolir e respirar, fotofobia.	Vacinação de cães e outros animais domésticos. Vacina humana. Pode ser letal.
Rubéola	Gotículas de saliva ou secreções. Erupções cutâneas, dores musculares e febre.	Evitar contato com doentes. Vacina tríplice viral.
Sarampo	Gotículas de saliva ou secreções. Erupções cutâneas, manchas brancas na boca e garganta, coriza, tosse e febre.	Evitar contato com doentes. Vacina tríplice viral.
Verrugas genitais (vírus HPV)	Contato sexual, roupas e objetos contaminados por secreções. Verrugas nos genitais, útero e ânus.	Cuidados com as relações sexuais. Vacina bivalente.

(*) São 170 milhões de doentes no mundo e 4 milhões no Brasil. É a mais letal das hepatites.

Aids

Aids ou Sida (Síndrome da Imunodeficiência Adquirida) é provocada por um vírus descoberto em 1983, o HIV ou vírus da imunodeficiência humana, o qual ataca importantes células de defesa que coordenam o policiamento do organismo. Um vez confusa nossa proteção, ficamos vulneráveis a muitas doenças oportunistas, não necessariamente perigosas (pneumonia, micoses etc.).

A transmissão ocorre através do esperma, sangue, secreções vaginais, liquor raquiano, por agulhas e objetos cortantes, pela transfusão sanguínea, durante a gestação, através da placenta (transmissão vertical ou da mãe para a criança), durante o parto e pela amamentação.

O vírus da Aids não é transmitido pelo ar, por copos e talheres, por banheiros, piscinas, abraço ou aperto de mão, espirro ou tosse etc.

Não parece ocorrer transmissão por picadas de pernilongos ou outros insetos hematófagos (que se alimentam de sangue). A maior causa de disseminação da aids ainda é a falta de preservativo nas relações sexuais e, depois, o uso de drogas injetáveis, além da falta de exames nos bancos de sangue.

Como o tempo de incubação é longo, indivíduos soropositivos podem continuar, durante anos, a transmitir a doença, uma vez que não apresentam sintomas.

Dos quarenta milhões de indivíduos hoje infectados com o HIV, o vírus causador da Aids, pelo menos 28,5 milhões estão na África Subsaariana, o que corresponde a mais de 70% dos casos no mundo.

A Aids vai matar cerca de 70 milhões de pessoas, nos próximos vinte anos, se não unirmos esforços para prevenir a doença. A Aids não tem cura, mas pode ser evitada. Não existe vacina.

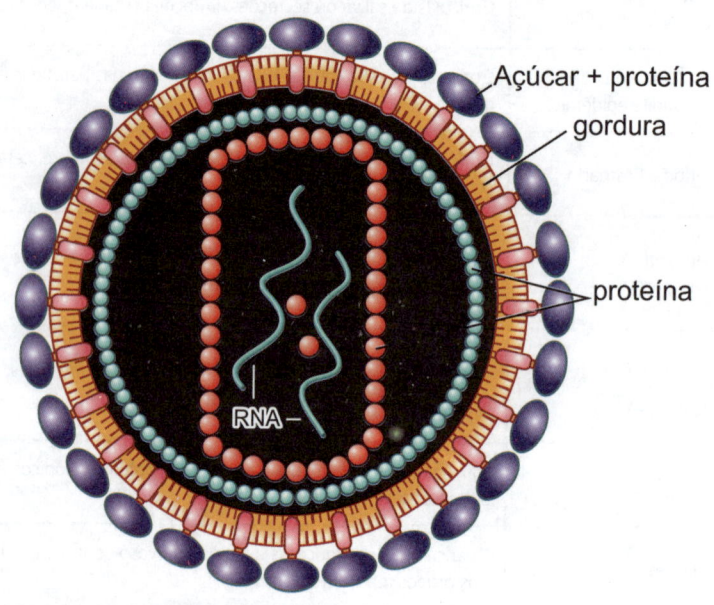

O vírus da Aids ou HIV. O RNA é o seu material genético e equivale ao nosso DNA.

Gripe A

O influenza é um vírus encontrado em algumas variedades, e as principais são: o tipo **A** pode causar infecções em todas as faixas etárias, desencadeando inclusive grandes epidemias, além de atingir tanto o ser humano como outras espécies animais. O tipo **B** alcança apenas seres humanos mais jovens e suas epidemias são passageiras, enquanto o tipo **C** não provoca epidemias.

O vírus H1N1 e a gripe A

O vírus A ou H1N1, causador da gripe A ou gripe suína, é um retrovírus (de retro = para trás). Os retrovírus, entre os quais também se inclui o HIV, têm características bem curiosas. O seu material genético, por exemplo, é uma fita simples de RNA ou ácido ribonucleico que consegue se replicar fabricando fitas duplas de DNA ou ácido desoxirribonucléico. Isso é exatamente o contrário daquilo que observamos nos seres vivos em geral, cujo material genético é uma fita dupla de DNA.

Quando somos infectados por um vírus da gripe criamos anticorpos específicos contra esse vírus. Ao adquirirmos outro vírus da gripe, nosso organismo não tem anticorpos para esse vírus diferente, apesar dele causar quase a mesma doença. Tal fato explica por que precisamos anualmente tomar vacina contra a gripe comum ou sazonal, uma vez que, de uma temporada para outra, o vírus muda por meio de alterações espontâneas de seu material genético, as *mutações*.

O vírus da gripe suína surgiu do encontro de um vírus influenza que infecta os seres humanos, outro que ataca as aves e dois outros que agridem porcos. O material genético dos quatro tipos contagiou simultaneamente alguns suínos, ocorreu uma "mistura" nas células dos porcos e surgiu, desse modo, uma nova cepa ou linhagem de vírus, com material genético que reúne genes dos quatro tipos de vírus, infectando os seres humanos cujo sistema imunológico não reconhece a nova linhagem.

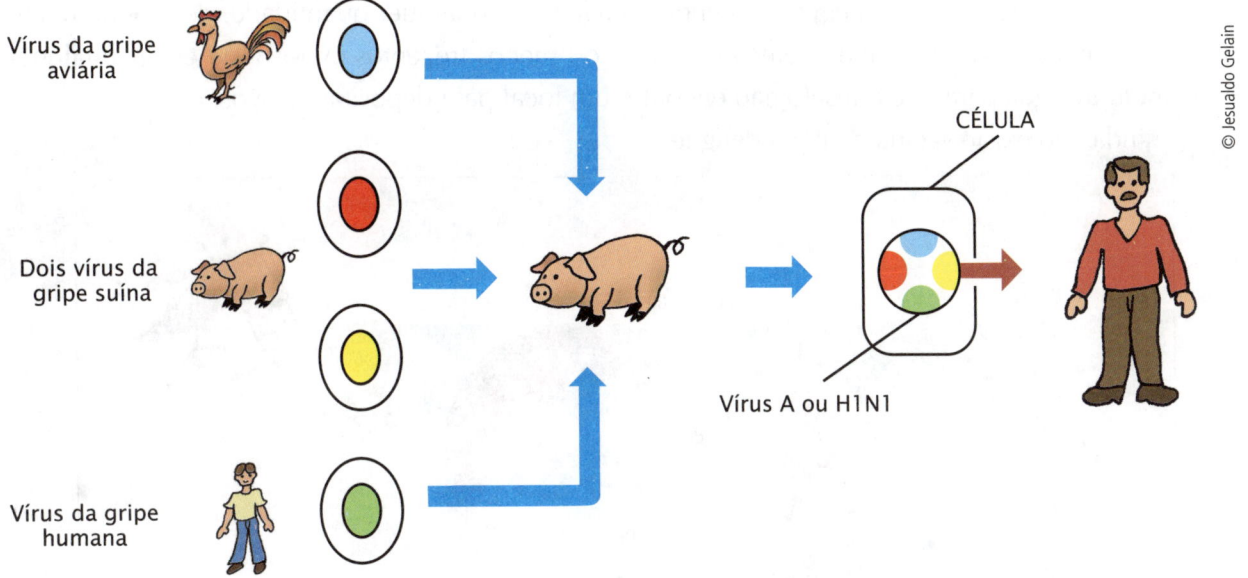

O vírus H1N1 passa de porco para porco, dos porcos para o ser humano e de pessoa para pessoa por via aérea e pelo contato com secreções nasais ou bucais.

Dengue

Como os sintomas inicialmente são semelhantes aos da gripe, levando a uma grande "moleza", dizemos que a pessoa fica cheia de dengos, ou dengosa; daí o nome da doença.

O *Aedes aegypti* é o mosquito vetor do vírus e está presente em quase todos os estados brasileiros.

Com até 7 mm e menor que os pernilongos comuns, é negro e rajado de branco, vive nas cidades e costuma picar as pessoas no início da manhã e no final da tarde, principalmente dentro de casa.

Só as fêmeas transmitem a dengue, pois os machos se alimentam de seiva de plantas e não são hematófagos, isto é, não se alimentam de sangue.

Outra espécie de mosquito que transmite a dengue é o *Aedes albopictus*, chamado de "tigre asiático", mas essa variedade é silvestre e não costuma ter hábitos urbanos.

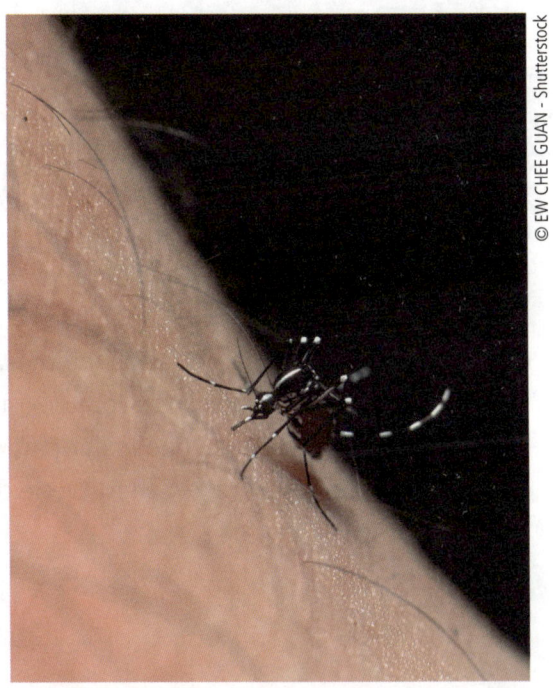

O mosquito vetor da dengue: *Aedes aegypti*.

A **dengue clássica** provoca febre alta (39 – 40º C), cefaleia, dor atrás dos olhos, dores nos músculos e nas articulações, prostração, manchas na pele, diarreia e vômito, sintomas que geralmente começam até quinze dias após a picada e que regridem em uma semana.

A pessoa produz anticorpos contra o tipo de vírus da primeira infecção; entretanto, se uma segunda infecção não for provocada pelo mesmo tipo de vírus da primeira (existem os tipos 1, 2, 3 e 4), pode ocorrer a **dengue hemorrágica**, três meses a seis anos após a primeira infecção.

23

A reprodução do *Aedes aegypti* depende da água, em qualquer quantidade, desde que relativamente limpa e parada, onde a fêmea põe mais ou menos trezentos ovos. Basta **evitar qualquer acúmulo de água** para que o inseto não encontre um local para depositar os ovos.

Ainda não existe vacina contra a dengue.

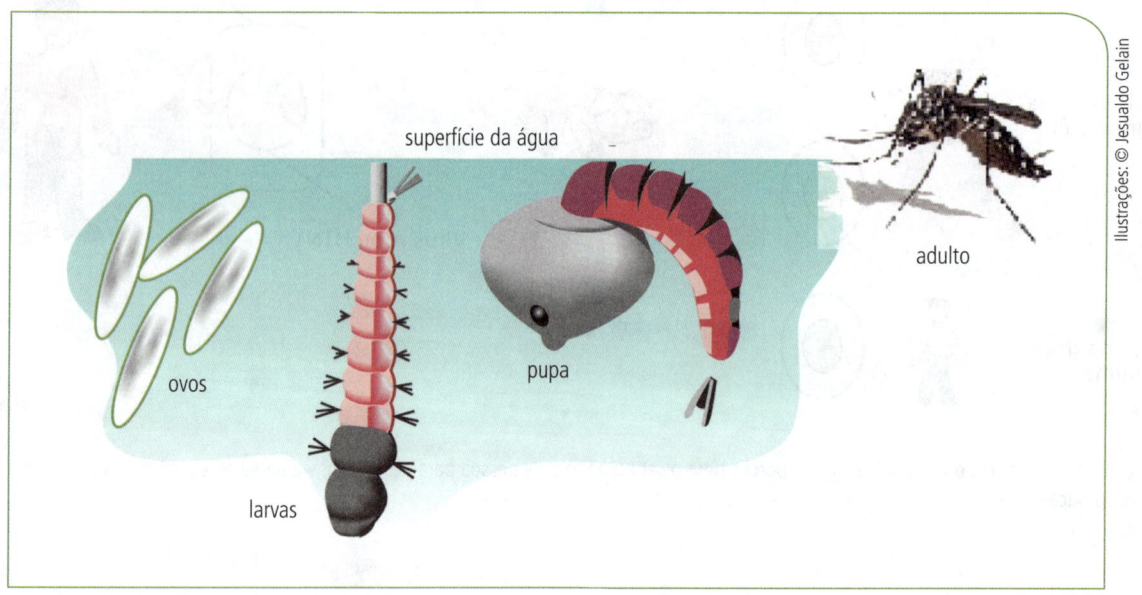

Esquema da reprodução do *Aedes aegypti*.

Febre amarela

O vírus que causa a **forma silvestre** se encontra armazenado no sangue dos macacos e passa desses aos seres humanos pelo mosquito *Haemagogus* sp. Quando a pessoa contaminada chega à cidade, o vírus pode passar para uma pessoa sadia, agora através do *Aedes aegypti*, o mesmo mosquito que transmite a dengue.

Não existe medicamento específico, e a virose é grave: ataca fígado, rins e baço, provocando dores, náusea, febre e hemorragias internas.

Embora seja uma doença grave, já existe vacina. A vacinação, que tem validade de 10 anos, é bastante eficaz. Quem pretende viajar para locais onde a doença é endêmica, como é o caso, por exemplo, das regiões Norte e Centro-Oeste do país, deve se vacinar antes.

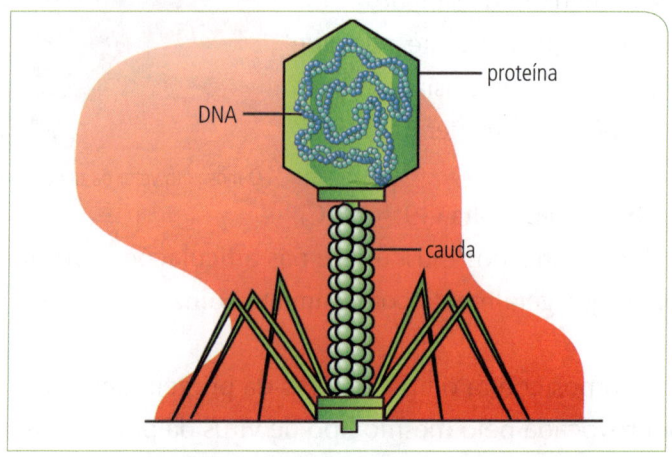

O bacteriófago, um vírus que obriga as bactérias a fabricar outros dele.

ATIVIDADES

1 Por que alguns cientistas tratam os vírus como um grupo a parte dos seres vivos?

_____
_____

2 Cite duas maneiras pelas quais se pode contrair Aids.

_____
_____

3 (UFS Carlos) A revista *Veja* publicou, em sua edição de 29.07.2009, a reportagem "Não há motivo para alarme", onde cita dados do Ministério da Saúde mostrando que a gripe comum matou, no mesmo período em 2008, 4.500 pessoas, contra 33 mortes causadas pelo vírus H1N1 em 2009.
A mesma reportagem mostra que um estudo realizado com ratos comprovou que o vírus H1N1 tem dez vezes mais capacidade de infectar o tecido pulmonar do que o vírus da gripe comum. Desta forma, o problema maior da gripe causada por esse vírus é sua habilidade em "conquistar hospedeiros" e não sua letalidade. Quais são as principais atitudes individuais a serem tomadas para se evitar o contágio, amplamente veiculadas pelo Ministério da Saúde?

_____
_____
_____

4 Como se pode combater dengue?

_____
_____

5 Além da dengue, que outra doença o *Aedes aegypti* pode transmitir?

_____
_____

6 Existe vacinas para:

Gripe A: _____

Aids: _____

Dengue: _____

Febre amarela: _____

25

Capítulo 4
OS CINCO REINOS E OS TRÊS DOMÍNIOS

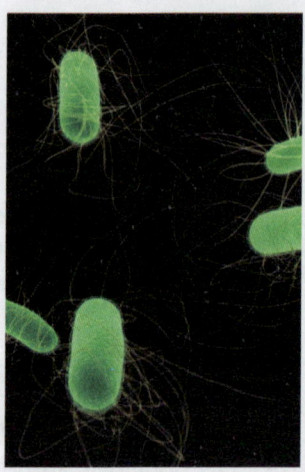
Bactérias.

Protistas.

Fungos.

Animais.

Vegetais.

A busca por um sistema de classificação que permita enquadrar racionalmente todas as espécies conhecidas de seres vivos é um empreendimento que remonta à Antiguidade. O filósofo grego Aristóteles (384-322 a.C.), por exemplo, propunha um sistema de classificação de acordo com o qual os objetos do mundo natural podiam ser arranjados em três grandes "reinos": o mineral, o animal e o vegetal.

O sistema de Aristóteles sobreviveu até poucos séculos atrás, embora desde então vários outros sistemas tenham sido propostos. Atualmente, todas as espécies de seres vivos são acomodadas em um sistema de cinco reinos. Trata-se, em certo sentido, de uma variante moderna de um sistema de dois reinos que foi originalmente proposto em meados do século XVIII pelo naturalista sueco Carl von Linné (1707-1778) ou simplesmente Lineu.

Por que classificar?

Para se compreender melhor porque classificamos os seres vivos, vamos ver um exemplo relacionado ao cotidiano.

Quem já não organizou uma coleção de selos, bonecas, bolinhas de gude, figurinhas, conchas, rochas ou folhas secas? Sabemos desde crianças que uma coleção é bem mais do que um amontoado aleatório de objetos. Trata-se de um arranjo bem elaborado que cada colecionador faz e que revela a maneira como ele entende ou valoriza as relações, sejam elas reais ou imaginárias, entre os elementos que compõem a coleção. Selos podem ser organizados por países, motivos estampados ou datas; bolinhas de gude selecionadas por tamanho, cor ou pelo tipo de material de que são constituídas; conchas podem ser compostas ou simples e com desenhos indicando padrões característicos; já as rochas podem ser divididas em duras ou friáveis, cristalinas ou não; e assim por diante.

O que serve de base para um colecionador, ou qualquer pessoa que vá realizar esse trabalho, é o que denominamos de *critério*. Assim, dependendo dos critérios adotados, um mesmo conjunto de objetos poderá ser arranjado de maneiras diferentes. Por exemplo, podemos reunir em um mesmo grupo um conjunto de pedras e um conjunto de plantas, se o critério for 'elementos da natureza'. Todavia, se o critério for 'seres vivos', teremos de manter pedras e plantas em grupos distintos. Portanto, reunimos em um mesmo grupo os elementos que possuem algo em comum, mantendo-os separados daqueles que são diferentes, a depender do critério de classificação adotado.

O sistema de classificação também pode ser *hierárquico*. Dizemos que uma classificação é hierárquica quando ela é formada por uma sucessão de níveis diferentes, havendo entre eles alguma relação de pertinência – isto é, grupos contêm subgrupos que contêm subgrupos ainda menores e assim por diante. Os critérios que estabelecem essas relações entre grupos e subgrupos podem ser estabelecidos pela lógica do classificador. Por exemplo, alguém poderia decidir organizar as edições diárias de um jornal em blocos mensais e, em seguida, guardar esses blocos em armários de aço numerados em ordem anual crescente.

Esse tipo de classificação é de grande utilidade prática. Basta ver, por exemplo, o que ocorre quando visitamos uma biblioteca à procura de um livro: o volume desejado é obtido em pouco tempo. Em casos assim, é fundamental a experiência do classificador para definir as características e estabelecer os limites de cada grupo, bem como a posição de cada um no espaço físico ocupado na biblioteca.

O que foi dito até aqui vale tanto para a classificação ordenada de seres vivos como de objetos. Nesse ponto, porém, cabe chamar a atenção para uma particularidade dos modernos sistemas de classificação de seres vivos: ao contrário do que se passa com selos, bolas de gude ou outros objetos não vivos, a classificação dos seres vivos deve refletir a *história e as relações de parentesco* existentes entre as diferentes linhagens, pois há entre eles uma relação unidirecional de pertinência, movida pela sucessão das gerações, de tal modo que as espécies mais recentes descendem de espécies mais antigas, e não o contrário.

Você é filho de seus pais, que são filhos de seus avós e assim por diante. Essa sucessão de gerações não pode ser invertida – você jamais será o pai ou a mãe dos seus pais ou o avô ou a avó dos seus avós. Tendo isso como pano de fundo, o grande desafio que os cientistas têm pela frente é conseguir reconstruir a história da vida (leia-se, das ramificações das linhagens) do modo mais consistente possível. É um desafio e tanto. Primeiro, porque o número de espécies envolvidas é muito grande; e, segundo, porque as pistas que indicam o grau de parentesco entre diferentes grupos de organismos nem sempre são óbvias.

Classificação dos seres vivos

Sistemas de classificação biológica são arranjos lógicos que comumente envolvem uma sucessão de categorias organizadas em níveis hierárquicos. Entre a categoria mais fundamental e exclusiva de todas – a espécie – e a mais inclusiva – o reino –, há uma série de categorias intermediárias, como gênero, família, ordem, classe e filo.

Cada nível hierárquico inclui todos os níveis situados abaixo dele, em uma sucessão de abrangência que tem sido comparada à progressiva diminuição de tamanho que observamos quando desmontamos uma boneca russa ou matrioshka.

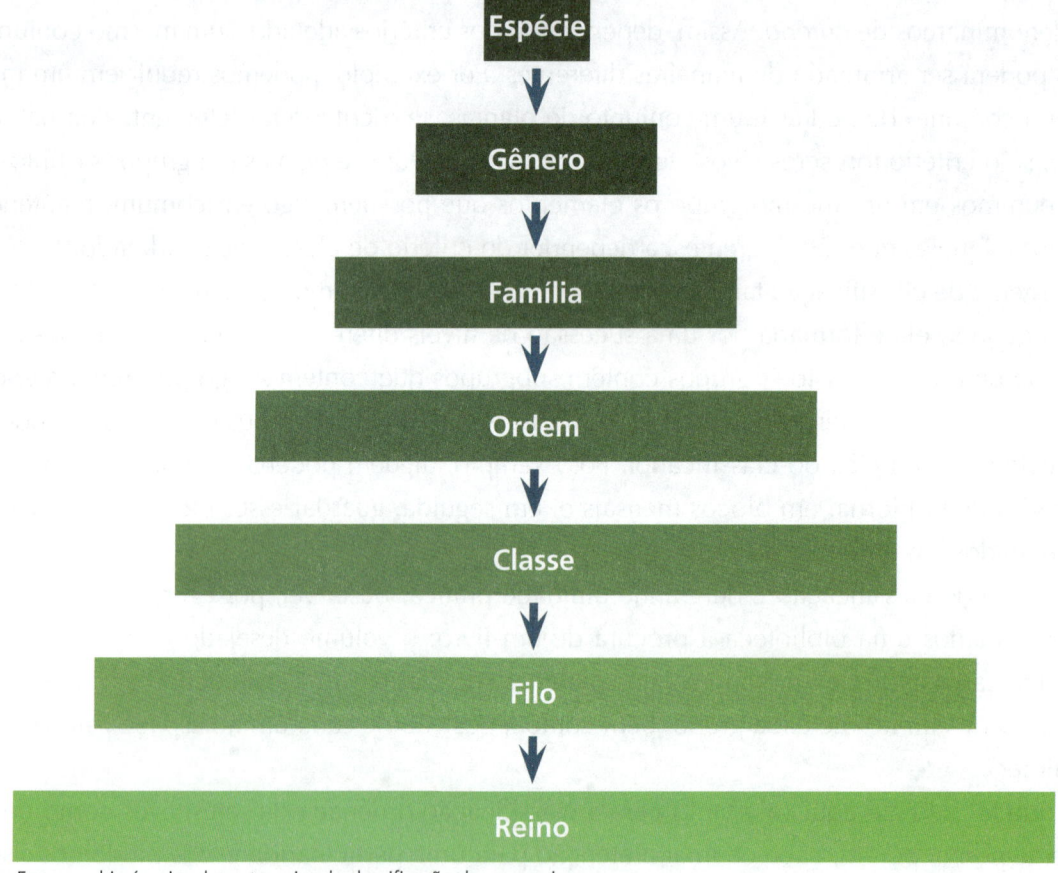

Esquema hierárquico das categorias de classificação dos seres vivos.

A boneca russa matrioshka exemplifica bem a hierarquia de cada categoria de classificação dos seres vivos. A maior delas, que neste caso representaria o reino, contém todas as outras.

Assim, reinos abrigam filos, que abrigam classes, que abrigam ordens e assim por diante, até chegarmos ao nível das espécies.

De acordo com o chamado conceito biológico de espécie, dois ou mais indivíduos são classificados em uma mesma espécie quando eles cruzam ou podem cruzar entre si, gerando descendentes viáveis – isto é, que podem gerar seus próprios descendentes.

Nas fotos abaixo temos um exemplo de borboletas que pertencem ao mesmo gênero, mas são de espécies diferentes. Já os pinguins são da mesma espécie e, portanto, podem se reproduzir e originar descendentes férteis.

Callicore sorana

Callicore hidaspes

Pinguins da espécie *Pygoscellis papua*, Antartida.

Vejamos como deve ser feita a classificação do ser humano e da ariranha, animal parecido com a lontra, mas um pouco maior, encontrada em alguns rios brasileiros.

	Ser humano	Ariranha
Reino	Animal	Animal
Filo	Cordados	Cordados
Classe	Mamíferos	Mamíferos
Ordem	Primatas	Carnívoros
Família	Hominídeos	Mustelídeos
Gênero	*Homo*	*Pteronura*
Espécie	*Homo sapiens*	*Pteronura brasiliensis*

Até a categoria de **classe**, os dois animais têm a mesma classificação.

Mais um exemplo:

- *Trypanosoma cruzi* (o causador da doença de Chagas).
- *Trypanosoma gambiense* (o causador da doença do sono).

Podemos perceber que os dois protozoários usados como exemplos são de mesmo gênero, mas de espécies diferentes.

29

> **Você sabia?**
>
> ### Como se escreve um nome científico
>
> De acordo com as regras de nomenclatura adotadas por Lineu, e usadas ainda hoje, o nome científico de cada espécie é um binômio latino, ou seja, dois nomes escritos em latim. O nome científico do cão doméstico, por exemplo, é *Canis familiaris*, sendo *Canis* o nome do gênero e a expressão *Canis familiaris* o nome da espécie. A palavra *familiaris* sozinha é chamada de epíteto específico.
>
> O gênero deve ser escrito com inicial maiúscula e o epíteto específico com inicial minúscula.
>
> Exemplo: *Aedes aegypte* (mosquito da dengue).
>
> O nome científico deve ser escrito em negrito ou com outro tipo de letra diferente daquela do texto ou grifado por extenso.
>
> Exemplo: o nome do feijão — **Phaseolus vulgaris** — *Phaseolus vulgaris* — Phaseolus vulgaris
>
> Quando nos referimos a uma única espécie de determinado gênero, mas cuja identidade específica é desconhecida, nós usamos a abreviatura sp. (da palavra latina *species*, equivalente a espécie, no singular). Por exemplo, a expressão "*Phaseolus.*" indica que estamos nos referindo a uma única espécie (não identificada) do gênero *Phaseolus*.
>
> Quando queremos nos referir ao mesmo tempo a várias espécies de um único gênero, usamos a abreviatura spp. (equivalente a espécies, plural). Por exemplo, a expressão "*Phaseolus.*" indica que estamos nos referindo a várias espécies (identificadas ou não) do gênero *Phaseolus*.

No fim da década de 1960, o biólogo norte-americano Robert H. Whittaker (1920-1980) apresentou um sistema de classificação que divide os seres vivos em cinco reinos: moneras (bactérias), protistas, fungos, animais e vegetais. Com algumas modificações, esse sistema é usado ainda hoje.

No que segue, fazemos uma breve apresentação de cada um desses cinco reinos.

Reino Monera

Organismos unicelulares e procariontes, isto é, cuja célula (procariótica) não possui canais e bolsas no citoplasma, muito menos uma membrana que envolve o material genético em cada célula.

Por isso, as células procarióticas apresentam seu material hereditário (cromossomos e genes) espalhado no citoplasma e não há um núcleo organizado.

Pertencem a esse reino as bactérias e as cianobactérias, estas chamadas de algas azuis. Em relação ao metabolismo podemos considerar:

Bactérias

Autótrofas: fabricam o próprio alimento por meio da fotossíntese ou da quimiossíntese.

> Quimiossíntese é um processo pelo qual algumas bactérias, como na fotossíntese, produzem seu alimento (geralmente um açúcar) a partir de matéria inorgânica, utilizando uma reação química e não a luz como fonte de energia.

Heterótrofas: dependem do alimento pronto e são patogênicas (causadoras de doenças) ou decompositoras (transformam cadáveres de animais e vegetais em sais minerais).

Cianobactérias

As algas azuis são autótrofas, porque produzem o próprio alimento, um açúcar, através da fotossíntese, uma vez que possuem clorofila.

Reino Protista

Unicelulares eucariontes, como os protozoários e certas algas, além de pluricelulares eucariontes, como as algas, todas clorofiladas.

Portanto, algumas algas são representadas por uma única célula, como as diatomáceas, algas cor-de-fogo etc., enquanto outras são pluricelulares, como as algas pardas e vermelhas. Por sua vez, as algas verdes têm espécies unicelulares e pluricelulares.

Reino Fungo

Organismos eucariontes, uni ou pluricelulares, porém sempre heterótrofos, isto é, não realizam foto ou quimiossíntese e dependem, assim, do alimento pronto.

Os fungos obtêm seu alimento atuando como decompositores, transformando a matéria orgânica morta, de cadáveres, em sais minerais; ou conseguem seu sustento a partir da matéria orgânica viva, agindo como parasitas.

Não custa lembrar que os fungos atacam ou agridem tecidos de animais e vegetais.

Reino Animal

Metazoários são os animais pluricelulares, os quais estão divididos em invertebrados e cordados.

Denominamos invertebrados aqueles animais que não possuem esqueleto interno, como esponjas, medusas e pólipos, vermes parasitas ou de vida livre, artrópodes que é o grupo com o maior número de espécies em todo o mundo, os moluscos, como caramujos, polvos e conchas, além das estrelas-do-mar e ouriços-do-mar.

O grupo seguinte é o dos vertebrados, uma vez que possuem um conjunto de peças ósseas articuladas, o esqueleto. São os ciclóstomos como a lampreia, os peixes, os anfíbios, os répteis, as aves e os mamíferos.

Reino Vegetal

Metáfitos são os vegetais pluricelulares mais organizados, isto é, com estruturas ou órgãos que pelo menos se assemelham às funções da raiz, do caule e das folhas.

São os musgos, as samambaias e as avencas, os pinheiros, ciprestes e seus parentes, além das plantas que têm flores, frutos e sementes, grupo que compreende dois terços da vegetação terrestre do planeta.

Todos os vegetais metáfitos são clorofilados e, portanto, autótrofos.

Os novos domínios

Os cinco reinos citados no início do capítulo, foram incorporados ao estudo dos seres vivos em meados dos anos 1960, ainda no século passado.

Algumas modificações foram introduzidas, correções foram feitas e os cinco reinos aí estão.

Se observarmos bem, quatro dos cinco reinos são de organismos eucariontes, cujas células têm o material genético envolto por uma membrana e, de acordo com os estudiosos, compõem um conjunto mais amplo, chamado domínio eucária.

Há pouco tempo, reino era a mais abrangente das categorias de classificação, a categoria mais alta agora é o domínio.

Quatro reinos, como constituem o domínio Eucária: Protista, Fungo, Animal e Vegetal. No domínio Bactéria, encontramos os moneras, como bactérias, cianobactérias etc., procariontes que podem ou não fazer fotossíntese.

O terceiro e último, o domínio Arquea, contém procariontes menos organizados, integrantes do Reino Monera, aqueles não fazem fotossíntese e resistem aos mais adversos ambientes, por exemplo, os microrganismos encontrados em fontes de águas termais no fundo de vulcões ou sob temperaturas baixíssimas em grandes profundidades dos oceanos polares.

Neste livro vamos estudar os organismos segundo a organização em reinos.

ATIVIDADES

1 Temos dois organismos, X e Y, que pertencem ao mesmo gênero, e outros dois organismos, P e B, que pertencem à mesma família. Quais organismos são mais semelhantes: X e Y ou P e B? Justifique sua resposta.

2 Corrija os nomes científicos, segundo as regras de nomenclatura.

a) taenia solium: _____

b) Felis catus: _____

c) Zea Mays: _____

d) pheretima Hawayana: _____

e) Crotalus Terrificus: _____

3 Numa revista, um aluno leu o seguinte parágrafo
"Já passou a hora de o Homo Sapiens justificar o termo "Sapiens", que carrega em seu nome científico. Chega de desdém com a nossa biodiversidade! A mata Atlântica é um dos maiores exemplos de devastação dos nossos ambientes naturais. O próprio pau-brasil (caesalpinia echinata), árvore- símbolo do nosso país, é uma das plantas mais ameaçadas de extinção!"
Você acha que há alguma incorreção no parágrafo acima? Justifique sua resposta.

4 A égua e o jumento geram descendentes (burro ou mula). Podem ser considerados da mesma espécie? Justifique sua resposta.

_____
_____

5 Nos dias de folia do rei Momo, alguns alunos resolveram preparar uma festa com o seguinte título: Carnaval com Moluscos. O cardápio anunciava polvo à doré, salada de ostras, camarão na moranga, iscas de peixe, bolinhos de siri, torta de lulas e croquetes de mariscos. Dos pratos relatados, quais não deveriam fazer parte do cardápio? Justifique.

_____
_____

6 Para demonstrar um exemplo de classificação artificial (aquela que não reflete a evolução das espécies), um professor propôs aos alunos separar diversos animais em dois grupos. Num grupo, colocaram cobras, minhocas e lombrigas. No outro, reuniram mosquitos, tartarugas e galinhas. Qual o critério utilizado? Pensando na evolução das espécies classifique os animais em dois grupos naturais. Justifique.

_____
_____
_____

7 Observe o diálogo da tirinha a seguir entre uma raposa e um ouriço-do-mato.

© Níquel Náusea de Fernando Gonsales

Esses animais são mamíferos de hábitos noturnos. A raposa-vermelha *Vulpes vulpes* (Mammalia, Carnivora) é um dos carnívoros com maior distribuição no mundo.
O ouriço-do-mato *Chaetomys subspinosus* (Mammalia, Rodentia) é um roedor ameaçado de extinção em nível vulnerável.
Considerando-se os níveis taxonômicos de classificação, sobre o grau de parentesco entre esses seres, podemos afirmar que são de espécies diferentes, mas parentes em nível de gênero e classe. Você concorda com a afirmação. Justifique.

_____
_____

Capítulo 5
PADRÕES DE REPRODUÇÃO

Uma "lei biológica" fundamental afirma que novos indivíduos sempre surgem a partir de indivíduos pré-existentes. Isso equivale a dizer que novos seres vivos só podem ser gerados por meio de algum processo reprodutivo.

A reprodução ocorre quando um organismo dá origem a um ou mais organismos semelhantes a ele. Estabelece-se assim uma via de mão dupla envolvendo descendência e ancestralidade: filhos descendem de seus pais, assim como os pais são os ancestrais imediatos de seus filhos.

Há dois tipos fundamentais de reprodução: a sexuada e a assexuada. A distinção, diferença entre um processo e outro, depende de um critério fundamental: haver ou não participação de gametas. Quando há participação de gametas (isto é, produção e fecundação de células reprodutivas), falamos em reprodução sexuada; quando não há, falamos em reprodução assexuada.

Reprodução assexuada

A reprodução assexuada dá origem a descendentes que tendem a ser geneticamente homogêneos – isto é, iguais entre si e ao indivíduo que lhes originou. A reprodução sexuada, por sua vez, costuma dar origem a uma prole geneticamente diferente, mesmo quando os filhos descendem de um único casal.

Um caso particularmente comum de reprodução assexuada, principalmente em alguns grupos de microrganismos, é a fissão. Na fissão binária ou bipartição, por exemplo, uma única célula duplica o seu material genético e, em seguida, se divide em duas (comumente chamadas de células-filhas). Outro exemplo é a propagação vegetativa, um processo particularmente comum entre as plantas.

A reprodução assexuada também ocorre entre os animais. No brotamento, por exemplo, há formação de brotos ou gêmulas, protuberâncias que crescem e se libertam do corpo do indivíduo que lhe originou, formando então um novo indivíduo. É comum em esponjas e cnidários. Na regeneração, um pedaço do corpo de um indivíduo pode gerar um novo indivíduo completo. É comum em planárias e outros vermes. Por fim, na partenogênese, novos indivíduos se desenvolvem a partir de óvulos não fertilizados. É relativamente comum em alguns grupos de insetos e lagartos.

Processos assexuados de reprodução

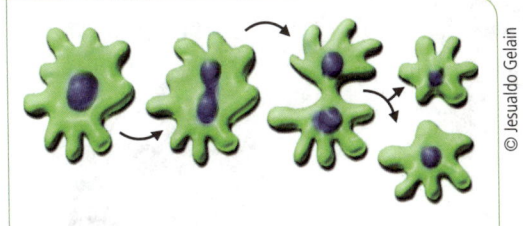
Bipartição em ameba.

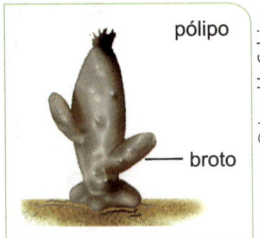
Brotamento na esponja.

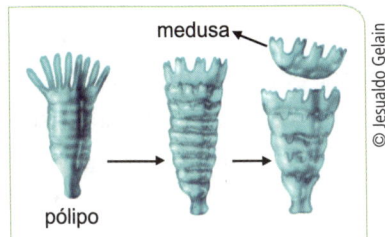
Estrobilação em cnidários.

Reprodução sexuada

Nas espécies cujos integrantes se reproduzem sexuadamente, encontramos dois tipos distintos de gametas: um tipo pequeno e móvel e outro, grande e imóvel.

O gameta pequeno e móvel é convencionalmente chamado de gameta masculino, enquanto o gameta grande e imóvel é o gameta feminino. Os gametas masculinos são produzidos em grandes quantidades, enquanto os femininos em geral são produzidos em quantidades bem menores. No caso da espécie humana, por exemplo, os homens normalmente produzem milhões de espermatozoides ao longo de um mês, enquanto, no mesmo período, as mulheres normalmente liberam um único óvulo.

Naquelas espécies nas quais tipos diferentes de indivíduos produzem tipos diferentes de gametas, o indivíduo que produz os gametas masculinos é chamado de macho, enquanto o que produz os gametas femininos é chamado de fêmea. Em muitas espécies, no entanto, o mesmo indivíduo é capaz de produzir os dois tipos de gametas. Nesses, casos, diz-se que tais indivíduos são hermafroditas.

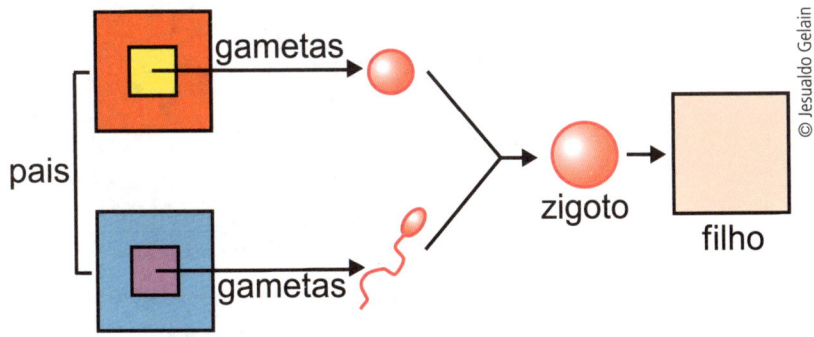
Esquema do princípio da reprodução sexuada.

35

Fecundação

A reprodução sexuada impõe uma necessidade: os gametas masculinos e femininos precisam se encontrar, algo que pode ser muito desafiador, particularmente no caso de espécies com sexos separados (isto é, alguns indivíduos são machos, enquanto outros são fêmeas).

O encontro e a fusão dos gametas é um processo chamado de fecundação, podendo ocorrer dentro ou fora do corpo dos parceiros. A fusão dos gametas resulta na produção de um zigoto (ou célula-ovo), a partir do qual um novo indivíduo irá se desenvolver.

Na fecundação externa, os parceiros liberam seus gametas no exterior, muitas vezes em um 'ninho de fecundação', onde então eles se encontram. A fecundação externa ocorre quase que unicamente entre espécies aquáticas, incluindo esponjas, cnidários, equinodermos, peixes e anfíbios.

Na fecundação interna, um dos parceiros libera seus gametas diretamente no interior do corpo do outro. A fecundação interna é o tipo predominante entre as espécies terrestres, embora também seja observado em animais aquáticos.

Desenvolvimento embrionário

Pode ser **direto**, quando não há formas intermediárias entre o zigoto e o adulto, e **indireto**, quando a espécie passa por um ou mais estágios (larvas), até surgir o adulto. Neste caso, o desenvolvimento é denominado metamorfósico.

Quando numa espécie terrestre a fecundação é interna e o desenvolvimento embrionário é externo, ele ocorre dentro de ovos com casca, além de um equipamento que garante a sobrevivência do embrião fora da água. É o caso dos répteis em geral, das aves e de alguns mamíferos como o ornitorrinco e a équidna.

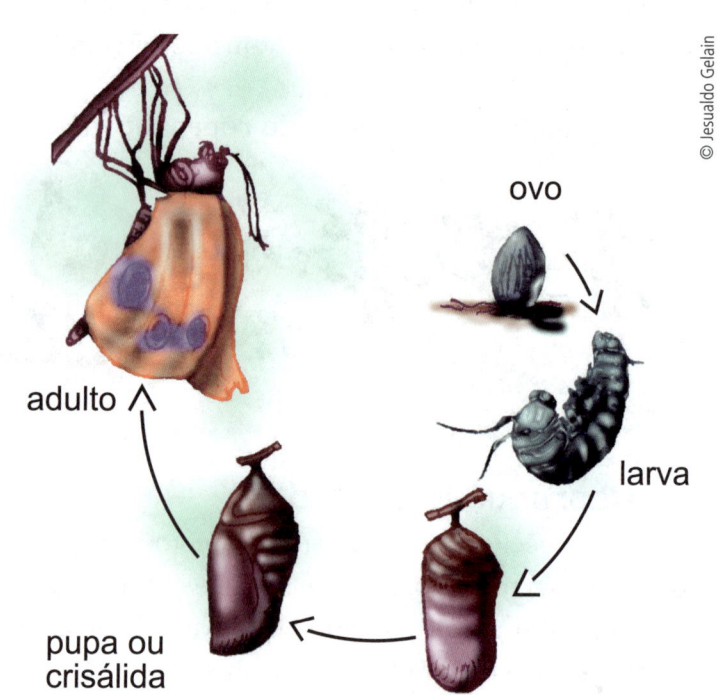

Desenvolvimento com metamorfose completa da borboleta.

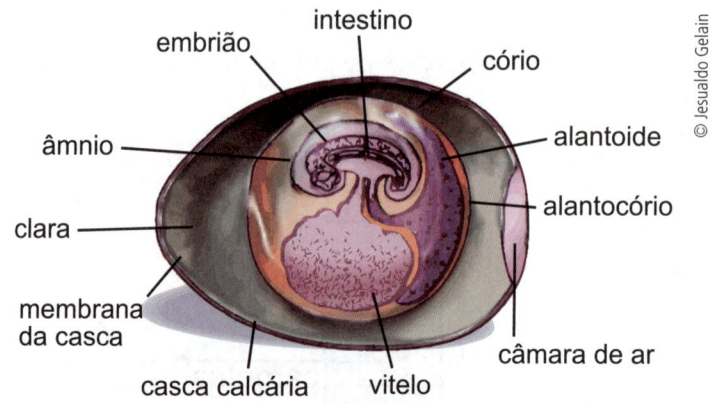

Esquema da estrutura de um ovo de ave, mostrando as partes que compõem o ovo e um embrião com pouco mais de 12 dias.

Tipos de fêmeas

Levando em conta a fecundação e o desenvolvimento embrionário, temos:

Fêmeas	Fecundação	Desenvolvimento embrionário	Exemplos
Ovulíparas	Externa (água)	Externo (na água)	Invertebrados, ciclóstomos, peixes ósseos, anfíbios
Ovíparas	Interna	Externo (em ovos que sofrem incubação)	Invertebrados, peixes ósseos, répteis, aves e monotremos*
Ovovivíparas	Interna	Interno (em ovos sem incubação)	Peixes ósseos e cartilaginosos, cobras peçonhentas
Vivíparas	Interna	Interno (parto)	Mamíferos

(*) Ornitorrinco e équidna.

Ornitorrinco.

Casos especiais de reprodução

Partenogênese

Ocorre quando um óvulo, espontaneamente, se desenvolve sem ter sido fecundado. Fenômeno relativamente comum em certos vermes, crustáceos, carrapatos, alguns insetos e outros animais. Nos vegetais recebe o nome de **partenocarpia**, como, por exemplo, a banana, fruto que não possui sementes.

Nas abelhas alguns óvulos sofrem partenogênese e daí surgem zangões. Dos óvulos fecundados, portanto, de cada zigoto, desenvolve-se uma fêmea, operária ou rainha.

O animal formado pela partenogênese tem o material genético materno, uma vez que não houve fecundação.

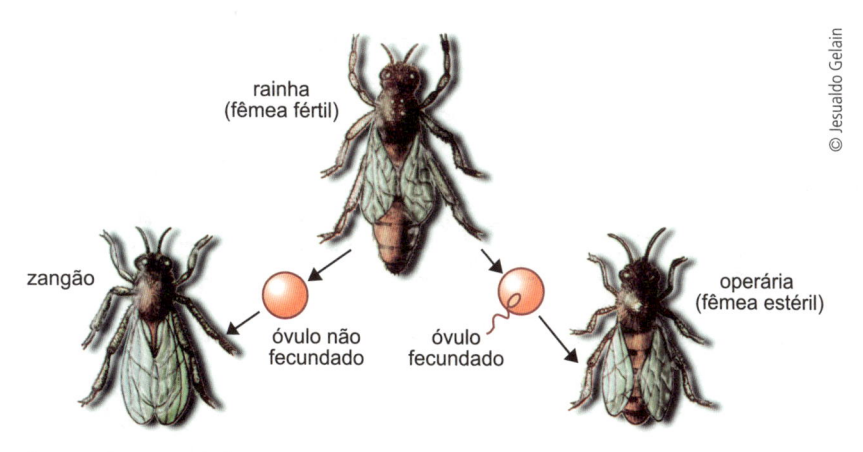

Partenogênese nas abelhas.

37

Se as larvas fêmeas forem alimentadas com pólen e mel, nascerão operárias, fêmeas estéreis; entretanto, se uma larva fêmea receber **geleia real** em toda sua vida, nascerá uma rainha, fêmea fértil.

Poliembrionia

É a formação de dois ou mais embriões a partir de um único zigoto. Um óvulo é fecundado por um único espermatozoide e, no início da divisão do zigoto, as duas primeiras células-filhas se separam e cada uma delas forma um embrião.

Como tais irmãos são provenientes do mesmo ovo, eles apresentam o mesmo material hereditário e são chamados **gêmeos verdadeiros**, os quais são de mesmo sexo e até semelhantes.

A poliembrionia é comum em certas espécies, como no tatu, quando são formados de quatro a seis **gêmeos idênticos**.

ATIVIDADES

1 Qual a principal semelhança entre bipartição, brotamento e estrobilização?

_____
_____
_____

2 Por que é importante, economicamente, impedir a reprodução sexuada entre os indivíduos de uma espécie de grande valor comercial?

_____
_____
_____

3 A tirinha a seguir representa uma situação divertida referente à fragmentação de um invertebrado hipotético, em que cada um dos fragmentos deu origem a um indivíduo.

a) Qual o tipo de reprodução assexuada que está representado na tirinha?

_____
_____

b) A figura exemplifica a reprodução assexuada. Explique em que a reprodução assexuada difere da sexuada.

_____

_____

_____

_____

c) Dê uma vantagem e uma desvantagem da reprodução assexuada em relação à sexuada. Justifique.

_____

_____

_____

_____

4 (FUVEST/SP) Diversas espécies de seres vivos se reproduzem assexuadamente quando o ambiente é favorável e estável. Quando as condições ambientais se tornam desfavoráveis, esses organismos passam a se reproduzir sexuadamente. Justifique a importância de mudança do tipo de reprodução na sobrevivência dessas espécies.

_____

_____

_____

_____

_____

5 As duas crianças são irmãs e gêmeas. A figura está correta? Justifique.

_____

_____

_____

_____

_____

_____

39

6 Observe a tirinha e responda:

a) Qual o nome do processo observado na tirinha? Cite dois outros animais que realizam esse processo.

_____

_____

_____

b) Em relação ao tipo de fecundação e desenvolvimento embrionário, como podemos classificar a "mocinha" da foto?

_____

_____

_____

7 Um agricultor possui na sua fazenda culturas de cana, que são obtidas através do plantio de pedaços de colmos (partes do caule), e culturas de milho, que são obtidas pelo plantio das sementes. Qual dessas culturas enfrentaria melhor uma alteração do ambiente, como, por exemplo, o aparecimento de um novo parasita ou de uma praga? Justifique.

_____

_____

_____

_____

_____

_____

_____

> ### Você sabia?
>
> #### Por que sempre surge um novo antibiótico?
>
> No caso de empregarmos um antibiótico errado para combater uma infecção, ou interrompermos o tratamento, a medicação mata as bactérias mais fracas e preserva aquelas que, mais fortes, resistem ao antibiótico.
>
> Em breve, elas (as mais fortes) se reproduzirão e todas as bactérias-filhas serão resistentes ao antibiótico. Será hora de utilizarmos um antibiótico mais forte. Por isso, novos medicamentos são periodicamente colocados em uso. Esse mesmo processo acontece com os inseticidas.

Principais bacterioses

Doenças	Bactérias	Transmissão / Sintomas	Profilaxia ou Prevenção
Cólera	*Vibrio cholerae* (vibrião)	Água e alimentos contaminados por fezes de doentes. Diarreia, vômitos e desidratação.	Saneamento básico, cuidados com alimentos e higiene pessoal.
Coqueluche	*Hemophilus pertussis* (bastonete)	Gotículas de saliva. Tosse seca com assobio, dificuldade respiratória.	Evitar contato com doentes. Vacina tríplice.
Difteria ou Crupe	*Corynebacterium diphteriae* (bacilo)	Gotículas de saliva ou secreções. Tosse, dificuldade respiratória e placas de pus na faringe.	Evitar contato com doentes. Vacina tríplice.
Escarlatina	*Streptococcus pyogenes* (estreptococo)	Gotículas de saliva ou secreções e alimentos contaminados. Dores de garganta, febre, vermelhidão no corpo.	Evitar contato com doentes, isolamento dos mesmos.
Gonorreia ou Blenorragia	*Neisseria gonorrhoeae* (diplococo)	Contato sexual, roupas comuns. Infecção na uretra e esterilidade.	Preservativo, higiene pessoal.
Hanseníase ou Lepra	*Mycobacterium leprae* (bacilo de Hansen)	Contato com o doente. Lesões na pele e insensibilidade nos locais afetados.	Evitar contato com doentes.
Leptospirose	*Leptospira sp* (espiroqueta)	Contato com água contaminada por urina de ratos. Dores articulares, febre alta, icterícia e problemas renais.	Evitar regiões de enchente, controle dos ratos e outros depositários naturais. Vacina. Mortalidade = 20%
Meningite epidêmica	*Neisseria meningitides* (diplococo)	Gotículas de saliva e secreções, inflamação das meninges, febre, rigidez muscular, lesões na pele.	Evitar contato com doentes, isolamento rigoroso. Vacina para alguns tipos. Pode ser letal.
Pneumonia bacteriana	*Streptococcus pneumoniae*	Gotículas de saliva ou secreções. Dificuldade respiratória, febre.	Evitar contato com doentes, isolamento dos mesmos. Vacina para alguns tipos.
Sífilis	*Treponema pallidum* (espiroqueta)	Contato sexual, roupas comuns e via placentária. Feridas nos genitais, manchas na pele e problemas neurológicos.	Preservativo e higiene pessoal.
Tétano	*Clostridium tetanii*	Contaminação de ferimentos por objetos sujos e contato com o solo. Paralisia muscular e morte.	Desinfecção de ferimentos. Vacina tríplice. Pode ser letal.
Tuberculose pulmonar	*Mycobacterium tuberculosis* (bacilo de Koch)	Gotículas de saliva ou secreções. Dificuldade respiratória, hemoptise (expectoração com sangue).	Evitar contato com doentes, isolamento dos mesmos, radiografias regulares. Vacina BCG.

> **Você sabia?**
>
> ### Botulismo
>
> Intoxicação alimentar grave, provocada pelo *Clostridium botulinum*, uma bactéria encontrada em alimentos enlatados e defumados, nos quais é eliminada uma toxina poderosa que ataca, inclusive, o sistema nervoso.
>
> Desconfie se a caixa ou lata estiver estufada ou com mau odor; inutilize este alimento, pois não adianta fervê-lo ou cozinhá-lo.
>
> ### Antraz
>
> Doença chamada também de carbúnculo, é causada pelo *Bacillus anthracis*, o qual ataca principalmente bovinos e ovinos.
>
> Eventualmente, o ser humano pode adquirir a doença quando os esporos (formas de resistência) entram por meio de ferimentos na pele ou quando um bom número de esporos é inalado e atinge nossos pulmões; forma de infecção geralmente letal.
>
> As bactérias causadoras do botulismo (à esquerda) e do antraz (à direita).
>
> Os Estados Unidos e a ex-União Soviética tinham o antraz, no anos de 1960, como uma de suas principais armas biológicas. De lá para cá, outras armas infelizmente foram desenvolvidas por vários países.
>
> ### Enterites
>
> Várias bactérias provocam graves inflamações intestinais, com diarreias agudas e, às vezes, com sangue e pus, cólica, cefaleia, vômito e febre, além da desidratação.
>
> Tais moléstias geralmente são adquiridas com a água sem tratamento ou com alimentos contaminados.
> - Shigelose ou disenteria bacilar, causada por vários tipos de *Shigella* sp;
> - Salmoneloses, causadas pelas *Salmonella* sp, algumas encontradas nos cubos de gelo que compramos no comércio. A febre tifoide também é causada por um desses bacilos, a *Salmonella typhi*. Também adquirimos a doença ingerindo ovos crus ou malcozidos;
> - Listeriose, uma intoxicação que adquirimos ingerindo leite estragado e contaminado pela bactéria *Listeria monocitogenes*;
> - Outras intoxicações alimentares são provocadas por *Staphylococcus aureus* e por *Escherichia coli*.

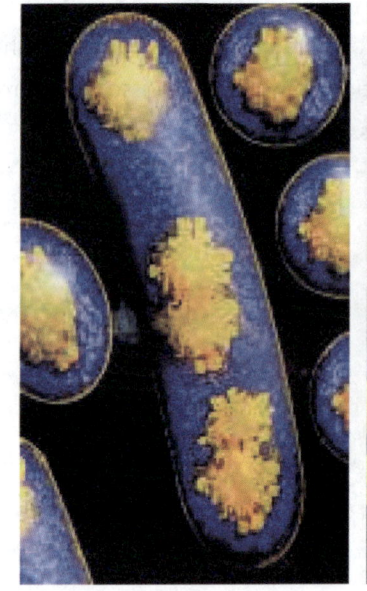

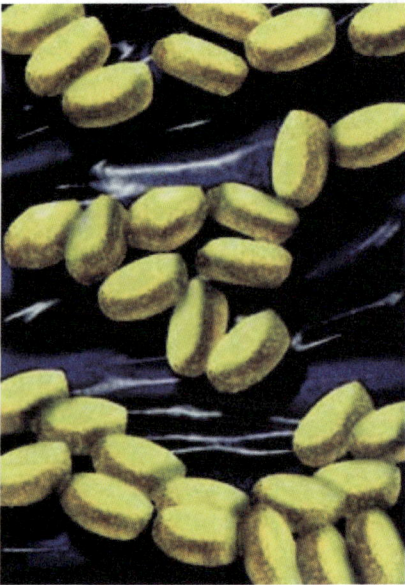

Importância das bactérias

Todas as células de animais e vegetais obtêm energia respirando, isto é, "desmontando" as moléculas de uma substância, provavelmente um açúcar, na presença de oxigênio.

Alguns organismos, como certas bactérias, fazem a mesma coisa para obter energia, só que sem a presença de oxigênio: "quebram" moléculas de açúcar pela **respiração anaeróbia** ou **fermentação**.

Bactérias anaeróbias podem fermentar o leite e daí obtemos coalhada e iogurte; usando o vinho, elas produzem vinagre.

Outras espécies vivem em associação com certos organismos: lactobacilos aproveitam restos alimentares do nosso intestino e sintetizam em troca vitaminas do complexo B. Mamíferos ruminantes e, portanto, herbívoros só conseguem aproveitar a celulose porque ela é digerida por bactérias que vivem no estômago de bois, carneiros, veados etc.

A matéria morta de vegetais e animais é transformada no solo e no subsolo em sais minerais, que serão absorvidos pelos vegetais como matéria-prima para a fotossíntese. Esse fenômeno da decomposição é muito importante e realizado por algumas bactérias e certos fungos. Não fosse assim, os nutrientes estariam imobilizados nos restos e cadáveres, impedindo que as novas gerações se desenvolvessem.

Iogurte.

Reprodução

A reprodução bacteriana é exclusivamente assexuada. Quer dizer, não há formação de gametas nem fecundação.

Uma célula bacteriana "madura" se divide em duas células-filhas por um processo simples de fissão. As células assim produzidas tendem a ser geneticamente iguais entre si. Isso não significa, contudo, que todas as bactérias de uma mesma espécie sejam idênticas, pois não são. Além de mutações ocasionais, duas ou mais bactérias podem trocar fragmentos de DNA entre si, o que aumenta a variabilidade genética entre elas.

ATIVIDADES

1 Por que as bactérias são chamadas procariontes?
_____
_____
_____
_____

2 As bactérias patogênicas podem ser combatidas com antibióticos e os vírus não. Justifique.
_____
_____
_____
_____

3 Numa grande cidade, as épocas de enchentes são acompanhadas de um aumento do número de casos de leptospirose. Essa frase é verdadeira? Justifique.

4 Por que a falta de saneamento básico pode aumentar do número de casos de cólera?

5 Como se alimentam as bactérias heterótrofas e autótrofas?

6 Entre as armas biológicas de destruição em massa, pesquisadas na década de 40 do século passado, estavam a peste bubônica e a varíola. Pesquise a respeito dessas duas enfermidades.

Em 1909, a descoberta da nova doença e dos meios profiláticos para combatê-la começaram a se disseminar em escala internacional.

Através de uma comissão de cientistas e médicos liderados por Oswaldo Cruz, a Sociedade Brasileira de Patologia batizou a nova doença com o nome de seu descobridor – doença ou mal de Chagas –, que se tornaria internacionalmente consagrado. Em 1910, Carlos Chagas tornou-se membro da Academia Brasileira de Medicina. Realizou, a seguir, diversas viagens pela região amazônica, para estudo das epidemias de malária. Em 1917, com a morte de Oswaldo Cruz, assumiu o posto do mestre na direção do Instituto Oswaldo Cruz. No ano seguinte, foi convidado pelo presidente da República, Venceslau Brás, a organizar as medidas sanitárias para o combate à gripe espanhola no Rio de Janeiro, num momento em que dois terços da população foram contaminados. Em 1919, foi criado o Departamento Nacional de Saúde Pública, que passou a ser dirigido por Chagas.

Em 1925, Carlos Chagas tornou-se também professor da Faculdade de Medicina do Rio de Janeiro. Nesse mesmo ano, foi fundado o Curso Especial de Higiene e Saúde Pública, instituição pioneira na pesquisa e difusão dos conhecimentos de microbiologia.

Ainda nesse ano, Chagas foi agraciado com o prêmio Kümmel, da Universidade de Hamburgo. Em seus últimos anos, recebeu um grande número de honrarias, títulos e condecorações, em homenagem a toda uma vida dedicada à pesquisa e à saúde pública. Morreu repentinamente, aos 55 anos. Deixou dois filhos, que seguiram a vocação paterna para a pesquisa – os médicos Evandro Chagas e Carlos Chagas Filho.

(Extraído do UOL - http://educacao.uol.com.br/biografias/ult1789u432.jhtm)

Doença de Chagas

Descoberta por Carlos Chagas em 1909 – com alguma ajuda do amigo Oswaldo Cruz –, é uma moléstia sem cura, causada pelo *Trypanossoma cruzi*, um protozoário flagelado que, via circulação, alcança o músculo cardíaco, provocando o aumento do tamanho desse órgão (cardiomegalia), que geram graves consequências.

Adquire-se pelas fezes contaminadas do "barbeiro", um percevejo hematófago que suga o sangue da pessoa e defeca ao lado; ao coçarmos o minúsculo ferimento, sem querer empurramos para dentro da pele as fezes daquele inseto, nas quais estão os tripanossomos.

Também há contaminação pela conjuntiva dos olhos, por transfusão de sangue, da mãe para o filho pela placenta e até pela amamentação.

Profilaxia: controle biológico dos "barbeiros", substituir as casas de barro batido pelas casas de alvenaria e analisar constantemente os bancos de sangue para não ocorrer coleta de material contaminado.

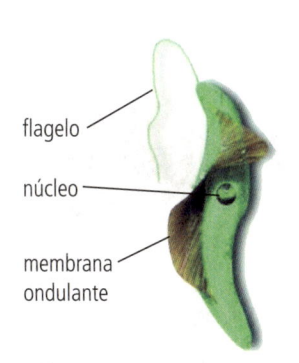

O *Trypanossoma cruzi*.

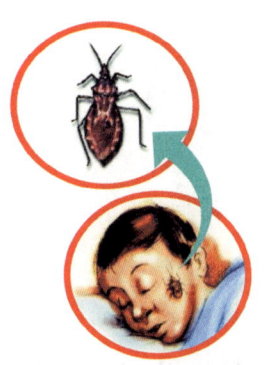

O percevejo *Triatoma infestans* ("barbeiro" ou "chupança") transmissor da doença de Chagas.

Úlcera de Bauru

Também conhecida por *Leishmaniose americana*, provoca a corrosão dos tecidos nasais (principalmente a cartilagem), do lábio superior, do céu da boca e de outras partes da superfície do corpo.

O parasita é a *Leishmania brazilienses*, transmitida ao ser humano pela fêmea do *mosquito-palha* (na verdade, uma mosca), conhecido por *corcundinha* ou *birigui*.

Profilaxia: controle biológico do inseto transmissor.

Giardíase

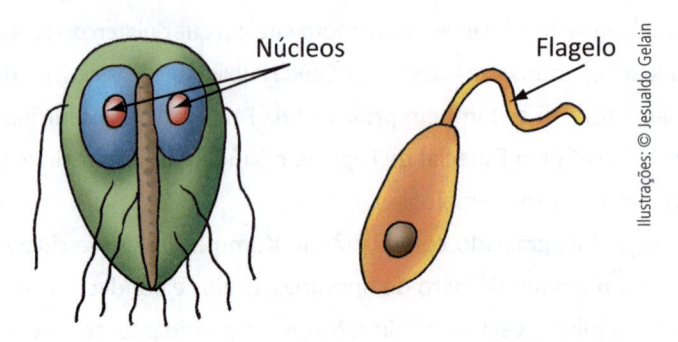

Giardia (à esquerda) e *Leishmania* (à direita.)

Forte infecção no intestino delgado, causada pela *Giardia lamblia*, a qual provoca fortes cólicas, problemas digestivos e diarreia.

Adquiri-se pela ingestão de água e alimentos, principalmente verduras, contaminados por cistos, formas de resistência dos protozoários parasitas equivalentes aos esporos das bactérias e dos fungos.

Profilaxia: tratar a água ou fervê-la, lavar verduras e frutas com água corrente, lavar bem as mãos antes das refeições, para que as crianças não se autoinfestem com cistos sob as unhas, e saneamento básico.

Tricomoníase

Adquirida por contato sexual com pessoas contaminadas e pelo uso de roupas comuns, como toalhas, por exemplo.

Provoca uma forte infecção, principalmente no órgão sexual feminino, com dores e corrimento.

Profilaxia: higiene dos órgãos sexuais e uso de preservativos.

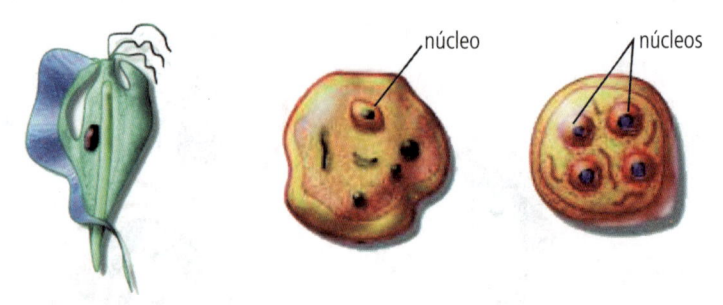

Amebíase

Tricomonas (à esquerda), ameba parasita (centro) e cisto da ameba.

Existem amebas de vida livre, geralmente encontradas na água doce, enquanto a *Entamoeba histolytica* tem vida parasitária.

Ela ataca o nosso intestino grosso e causa minúsculas feridas, de onde retira seu alimento, os glóbulos vermelhos do sangue. Por isso, as dores são acompanhadas por diarreias com sangue.

Essa ameba pode cair na circulação e, assim, alcançar outros órgãos, como o fígado, os pulmões e até o cérebro, locais onde provoca abcessos (lesões).

A doença é adquirida pela ingestão de cistos na água e nos alimentos contaminados.

Profilaxia: tratar a água ou fervê-la, lavar verduras com água corrente e saneamento básico.

Malária

Protozoose causada por vários tipos de *plasmódio*, adquirida pela picada da fêmea do *Anopheles* sp, o *mosquito-prego*.

Cada plasmódio que entra numa hemácia, ou glóbulo vermelho do nosso sangue, se reproduz dividindo-se várias vezes. As hemácias arrebentam e seu conteúdo entra em contato com o plasma, parte líquida do sangue, provocando um acesso de febre, calafrios, dores, suor intenso e anemia.

ATIVIDADES

1) Qual é a principal diferença entre os procariontes e os protistas?

_____
_____
_____

2) Com suas palavras, explique a nutrição mista de alguns protistas.

_____
_____
_____

3) Por que Carlos Chagas colocou o nome de *Trypanossoma cruzi* no parasita causador da doença de Chagas ou tripanossomíase americana?

_____
_____
_____

4) Procure saber o motivo pelo qual o percevejo transmissor do *Trypanossoma cruzi*, também chamado de *chupança* ou *procotó*, recebe o apelido de *barbeiro*.

_____
_____

5 O que é o controle biológico?

6 Qual o motivo dos picos de febre nas pessoas infectadas com malária?

7 (Vunesp) Determinado candidato a prefeito prometeu que, se fosse eleito, faria uma grande ampliação da rede de esgotos e do tratamento de água de sua cidade para erradicar ou diminuir a incidência de doença de Chagas e de malária. Ele realizou a sua promessa, mas falhou parcialmente em seu intento; entretanto conseguiu erradicar a amebíase. Qual a explicação biológica para:

a) a falha apontada?

b) o sucesso conseguido?

Capítulo 8
As algas

Mircea Bezergheanu – Shutterstock

    Microscópicas ou não, pequenas ou grandes, unicelulares ou pluricelulares, a maioria das algas é aquática, algumas de água doce e outras marinhas, todavia, algumas são encontradas em ambientes terrestres, como algumas algas verdes que vivem sobre o tronco de árvores.

    Todas as algas possuem algum pigmento utilizado na fotossíntese, sendo a clorofila o mais comum deles. Dependendo do tipo de pigmento presente, as algas podem ter uma cor característica. Assim, além da coloração esverdeada, decorrente da presença de clorofila, podemos encontrar algas amareladas, douradas, amarronzadas ou avermelhadas.

    Algumas algas microscópicas reproduzem-se acentuadamente quando a poluição da água aumenta, deixando o precioso líquido com cheiro e sabor muito ruins. Por outro lado, outras espécies de algas sustentam as cadeias alimentares marinhas, são utilizadas na fabricação de medicamentos e de cosméticos, produzem substâncias para a indústria e outras ainda servem de alimento para os seres humanos.

Algas cor-de-fogo

Unicelulares, geralmente mostram uma carapaça alaranjada e têm dois flagelos, daí o nome dinoflagelados.

Muitas espécies são clorofiladas, fazem fotossíntese e tomam parte do fitoplâncton, enquanto outras se aproveitam de matéria orgânica do meio, isto é, de alimento pronto.

Algumas produzem fortes toxinas, resultantes do seu metabolismo e, quando em grande quantidade, em virtude da intensa reprodução pelo acúmulo de nutrientes do meio, provocam as marés vermelhas, ao eliminar uma substância que tinge de vermelho a água do mar, causando a intoxicação e morte de muitos organismos, inclusive do ser humano.

Duas dinófitas.

Algas douradas

Muitas são filamentosas e plurinucleadas, mas o grupo principal é o das diatomáceas, algas unicelulares microscópicas, que compõem o fitoplâncton.

Essas algas, dotadas de uma carapaça rígida, com as demais algas do fitoplâncton, são responsáveis por 90% da produção do oxigênio disponível para os seres vivos, além de representarem a base de todas as cadeias alimentares marinhas.

Algumas espécies também eliminam substâncias tóxicas.

Carapaças abertas e vazias caem no fundo do mar, formando um sedimento chamado diatomito, empregado como abrasivo de metais preciosos, filtro de substâncias corrosivas e até na fabricação de tijolos para construções.

Três espécies de diatomáceas. Elas apresentam "tampa" e "fundo", como o estojo do esquema.

Algas verdes

Uni ou pluricelulares, têm grande importância como ancestrais dos vegetais organizados e terrestres, principalmente pela igualdade e proporção das clorofilas, além da substância de reserva produzida pela fotossíntese ser a mesma, o amido.

Filamentosas ou tubulares, às vezes folhosas, são encontradas na água salgada, na água doce e até no meio terrestre úmido.

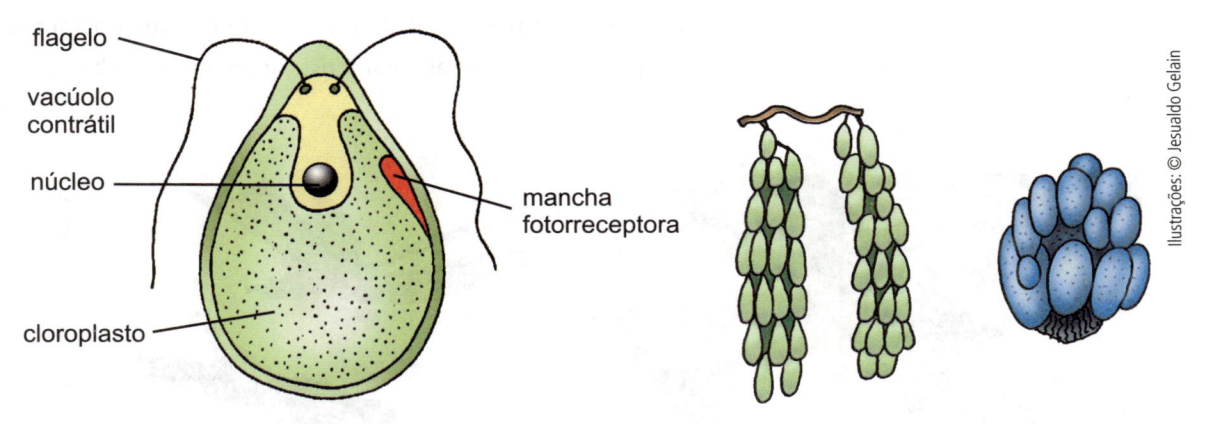

Alga verde unicelular de água doce.

Duas algas verdes pluricelulares e marinhas.

Algas pardas

Quase todas marinhas e geralmente de águas não tão quentes.

Não são encontradas formas unicelulares ou coloniais, mas grande número de espécies atinge enorme tamanho e complexidade: são os "kelps", cujos aglomerados se prendem no fundo e vão até a superfície, formando densas populações que abrigam uma fauna peculiar.

Retêm iodo, e as membranas celulares têm celulose e ácido algínico, extraído e usado na preparação de alimentos. Enquanto certos tipos são comestíveis, usados em pratos da cozinha oriental, outros são usados na produção de cosméticos e de medicamentos.

À esquerda, o Sargaço, a alga que empresta o nome a uma grande área no Oceano Atlântico, na região das Bahamas. Essa alga flutua graças as bolsas cheias de ar, atrapalhando a passagem de embarcações pequenas. À direita a Laminaria, cujo talo alcança três metros de comprimento.

Algas vermelhas

Os talos são mais complexos, lembrando a ramificação de plantas terrestres. São pluricelulares e marinhas.

Fornecem duas substâncias o ágar e a carragenina, extraídos de suas paredes celulares: a primeira é uma gelatina usada em laboratório, e a segunda empregada na fabricação de sorvetes e gelatinas.

Duas algas vermelhas.

55

Você sabia?

Pesquisadores franceses descobriram que os japoneses digerem melhor essas algas usadas em seus pratos típicos, pois possuem, em seu intestino bactérias que fazem esse trabalho. Tais bactérias "aprenderam" a digerir o alimento, pois "emprestaram", ao intestino humano, certas características genéticas de bactérias encontradas nas referidas algas.

Algas usadas na alimentação: a nori, no sushi, e a kombu, cortada em tiras.

ATIVIDADES

1) Para a vida aquática, qual é a importância exercida pelas algas unicelulares?

2) Qual é a importância econômica das algas?

3) É correto afirmar que o "pulmão do mundo" são as algas? Justifique.

4 Leia a história em quadrinhos e responda às questões:

a) O personagem da história em quadrinhos diz que a cor da água é causada pela reprodução de algas. Qual é o nome do fenômeno em que a água chega a mudar de cor devido à reprodução excessiva de certas algas?

_____

_____

_____

b) Qual é o perigo desse fenômeno para os seres vivos?

_____

_____

_____

_____

57

Capítulo 9
OS FUNGOS

Fungo com bioluminescência. *Mycena lacrimans* é a primeira espécie de fungo encontrada na Amazônia que tem o cogumelo bioluminescente.

Os fungos são organismos eucariontes e heterotróficos, a maioria é multicelular e vive presa ao substrato, embora alguns sejam unicelulares. Eles constituem um reino à parte, no qual estão os cogumelos e os mofos, entre outros.

Por viverem presos ao substrato, os fungos foram vistos durante muito tempo como um grupo especial de plantas que, ao longo da história evolutiva, teria perdido a capacidade de realizar fotossíntese. Hoje sabemos que não foi bem isso o que aconteceu. Na verdade, em termos evolutivos, os fungos estão mais próximos dos animais do que das plantas.

Como mostra a imagem acima, esse cogumelo é verde, não pela presença de clorofila e sim porque os representantes da espécie exibem o fenômeno da bioluminescência, como em algumas algas e certos insetos.

Os fungos são eucariontes, isto é, possuem células com o material hereditário separado do citoplasma por uma membrana, a qual forma, como na maioria das células, o núcleo.

As muitas espécies são uni ou pluricelulares e preferem lugares úmidos e com pouca luz, onde vivem muito bem adaptadas, digerindo a superfície onde se apoiam e crescem absorvendo aquilo que é útil e que lhes serve de alimento, uma vez que não são clorofiladas.

São organismos **heterótrofos**, isto é, não fabricam seu alimento e dependem do alimento do meio ambiente.

Os fungos pluricelulares são constituídos de um maciço conjunto de filamentos ocos, as **hifas**, e o conjunto desses filamentos recebe o nome de **micélio**.

Cogumelo-de-chapéu, o *champignon* comestível.

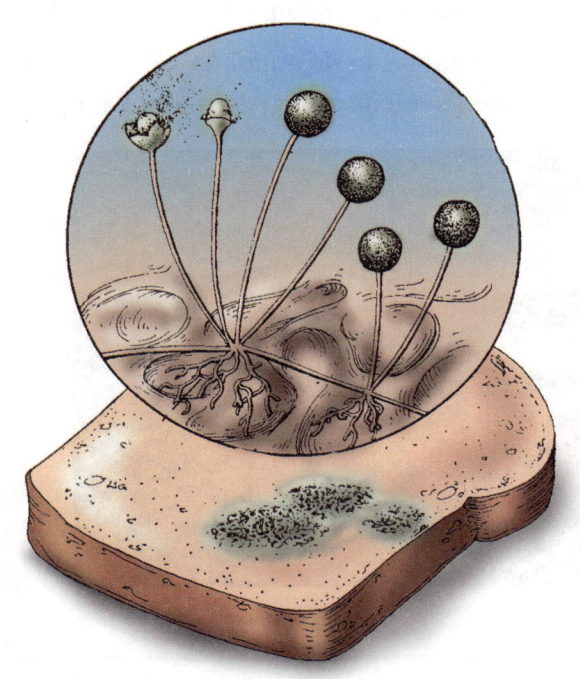

Bolor-do-pão com as hifas que sustentam as bolsas produtoras de esporos.

Esses organismos resistem às mais duras condições do meio ambiente, principalmente pela enorme capacidade de produzir **esporos**, as formas de resistência. Quando as condições ambientes forem boas, cada esporo poderá germinar e dar origem a novas hifas.

Importância dos fungos:

A fermentação é um processo energético, muito utilizado por fungos e bactérias, que ocorre na ausência de oxigênio. Várias fermentações diferentes são conhecidas, as quais podem ser classificadas de acordo com os produtos gerados. Eis dois exemplos:

Fermentação alcoólica:

açúcar → álcool + CO_2 + energia

Fermentação láctica:

açúcar → ácido láctico + energia

Levedo de cerveja e sua reprodução por brotamento.

- servem de alimento para o ser humano;
- decompõem os cadáveres em sais minerais, reaproveitados pelas raízes dos vegetais;
- fermentam a massa de pães e bolos, fazendo-a crescer por causa do CO_2 (gás carbônico) eliminado durante o processo. É o caso do **levedo**;
- produzem cerveja pela fermentação da cevada e vinho pela fermentação do suco resultante do esmagamento de uvas; em ambos os casos a respiração anaeróbia produz álcool.
- participam da fabricação dos queijos *roquefort* e *camembert*;
- servem como matéria-prima para a fabricação de antibióticos, desde a incrível descoberta da penicilina por Alexander Fleming.

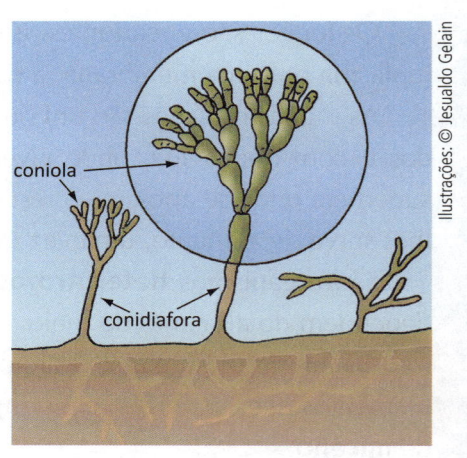

Penicillium, fungo usado na produção de queijos. *Penicillium roqueforti* (visto em microscópio eletrônico, colorido artificialmente).

Orelhas-de-pau, coloridos fungos que crescem sobre troncos de árvores

É um milagre!

Imagine uma descoberta que possibilitasse a cura de várias doenças fatais e que permitisse salvar a vida de milhões de pessoas de uma só vez. Pensou? Pois essa descoberta já aconteceu! A penicilina é um remédio tão fantástico que seus efeitos chegaram a ser comparados a um milagre.

A penicilina foi o primeiro antibiótico usado com sucesso no tratamento de infecções causadas por bactérias.

Antes do desenvolvimento da penicilina, muitas pessoas morriam de doenças que, hoje, não são mais consideradas perigosas. Só para você ter uma ideia, apenas machucar-se num prego, por exemplo, poderia, eventualmente, levar à morte. Durante a Segunda Guerra Mundial, a penicilina salvou a vida de milhões de soldados feridos nos campos de batalha. Graças aos antibióticos, doenças como pneumonia, sífilis, gonorreia, febre reumática e tuberculose deixaram de ser fatais. Hoje, sabe-se que a penicilina que já salvou tantas vidas também pode provocar reações alérgicas sérias em algumas pessoas e, inclusive, levar à morte. Apesar disso, a penicilina ainda é o antibiótico mais usado em todo o mundo.

A descoberta

Alexander Fleming foi o cientista que descobriu a penicilina. A descoberta aconteceu em 1928, enquanto o pesquisador trabalhava num hospital de Londres, na Inglaterra, em busca de uma substância que pudesse ser usada no combate a infecções bacterianas (causadas por bactérias). Fleming havia trabalhado como médico em hospitais militares durante a Primeira Guerra Mundial e, por isso, sabia o quanto era urgente produzir esse medicamento.

Em suas pesquisas, Fleming fazia o que os cientistas chamam de cultura, ou seja, colocava bactérias numa placa cheia de nutrientes, em condições ideais para elas crescerem e se multiplicarem, a fim de poder observá-las. Um dia, o pesquisador saiu de férias e esqueceu placas de cultura de uma bactéria responsável, na época, por graves infecções no corpo humano: a Staphylococcus aureus. Ao retornar, semanas depois, percebeu que algumas das placas estavam contaminadas com mofo, algo bastante comum.

Fleming estava prestes a lavar as placas, quando Merlin Pryce, seu antigo assistente, entrou no laboratório e lhe perguntou como iam suas pesquisas. Fleming apanhou novamente as placas para explicar alguns detalhes e então percebeu que, em uma das placas, havia uma área transparente ao redor do mofo, indicando que não havia bactérias naquela região. Aparentemente, o fungo que tinha causado o mofo estava secretando uma substância que matava as bactérias.

"Sir" Alexander Fleming (1881-1955), médico escocês que, com seus colaboradores, descobriu a penicilina em 1928.

Fungo da penicilina

Fleming identificou esse fungo como Penicillium notatum e, por isso, chamou a substância produzida por ele de penicilina. Posteriormente, descobriu-se que a penicilina matava também outros tipos de bactérias, e o melhor: ela não era tóxica para o corpo humano, o que significava que poderia ser usada como medicamento.

Produção em larga escala

Devido às dificuldades de se produzir penicilina em quantidade suficiente para ser usada no tratamento de pacientes, inicialmente, a descoberta de Fleming não despertou maior interesse na comunidade científica. Foi somente com a eclosão da Segunda Guerra Mundial, em 1939, que dois cientistas, Howard Florey e Ernst Chain, retomaram as pesquisas e conseguiram produzir penicilina com fins terapêuticos em escala industrial. Assim, estava inaugurada uma nova era para a medicina – a era dos antibióticos. Por suas pesquisas, Fleming, Florey e Chain receberam, em 1945, o Prêmio Nobel de Medicina.

Durante algum tempo, acreditou-se que os antibióticos decretariam o fim das mortes humanas provocadas por infecções bacterianas. Entretanto, atualmente, sabe-se que, de tempos em tempos, surgem novas bactérias resistentes aos antibióticos e, assim, esses medicamentos perdem o efeito.

O uso indiscriminado de antibióticos, tanto por médicos quanto por pacientes, contribuiu, em muito, para o aparecimento de bactérias super-resistentes. Os erros mais comuns que as pessoas cometem são tomar antibióticos para doenças não bacterianas, como a maior parte das infecções de garganta, gripes ou diarreias, e interromper o tratamento antes do prazo recomendado pelo médico.

Adaptado de: Maria Ramos, É um milagre!. Disponível em: <http://www.invivo.fiocruz.br/cgi/cgilua.exe/sys/start.htm?infoid=811&query=simple&search_by_authorname=all&search_by_field=tax&search_by_headline=false&search_by_keywords=any&search_by_priority=all&search_by_section=2%2C9%2C8%2C7%2C17%2C99%2C3&search_by_state=all&search_text_options=all&sid=7&text=penicilina>. Acesso em: Agosto/2012.

Você sabia?

Cuidados com os fungos

Como esses organismos se desenvolvem muito bem sob certas condições de temperatura, luz e umidade, facilmente perdemos alimentos, livros, revistas, roupas, fitas, discos, CDs, DVDs etc. O mofo ou bolor pode ser evitado com ventilação suficiente em todos os ambientes.
Muitas espécies são parasitas de vegetais e animais, atacados pelas hifas do fungo, que crescem cada vez mais à procura de alimento, daí a dificuldade de combater as **micoses**, doenças causadas por fungos, como a **frieira** ou pé de atleta, a ferrugem-do-café, o chapéu-de-bruxa que ataca plantações de cacau etc.

Bolor que apodrece os alimentos.

É bom lembrar que alguns fungos são venenosos e produzem toxinas poderosas, enquanto outros eliminam substâncias alucinógenas como, por exemplo, a **psilocibina**, obtida de um cogumelo mexicano.

Cogumelo do gênero *Amanita*, extremamente venenoso e às vezes letal.

ATIVIDADES

1 Responda.

a) Explique a diferença entre hifa e micélio.

_____
_____
_____
_____

b) Qual é a importância dos esporos para os fungos?

_____
_____
_____
_____

2 Se o fermento é usado para fazer crescer a massa do pão ou do bolo e também na produção de bebidas alcoólicas, por que o pão ou o bolo não apresentam álcool?

___

3 Quais são as condições ideais para o crescimento dos fungos identificados na situação retratada na tirinha?

© Niquel Náusea de Fernando Gonsales

___

4 Procure o que são: tinha, chapéu-de-bruxa e candidíase.

___

63

Capítulo 10
As esponjas e os cnidários

Em muitos locais do litoral brasileiro os corais mostram-se doentes, fato descoberto pela presença em todo o ambiente, inclusive nos corais, de bactérias indicadoras da contaminação por fezes humanas.

Animais são seres eucariontes, pluricelulares e heterótrofos. Diferentemente do que ocorre nos fungos e nas plantas, as células animais são desprovidas de parede celular.

Todas as espécies animais conhecidas estão classificadas em cerca de 30 filos, dos quais nós estudaremos nove: os poríferos (filo Porifera), os cnidários (Cnidaria), os vermes chatos (Platyhelminthes), os moluscos (Mollusca), os vermes segmentados (Annelida), os vermes cilíndricos (Nematoda), os artrópodes (Arthopoda), os equinodermos (Echinodermata) e os cordatos (Chordata).

Todos esses nove filos têm representantes aquáticos, alguns dos quais são predominantemente marinhos, a começar pelas esponjas e pelos cnidários.

Os integrantes do reino animal costumam ser divididos em dois grandes grupos: os vertebrados e os invertebrados.

O primeiro inclui animais cujo corpo é sustentado por um esqueleto interno (endoesqueleto), ósseo ou cartilaginoso; o segundo abriga animais providos principalmente de esqueleto externo (exoesqueleto), embora alguns possuam estruturas internas de sustentação.

Comparando os dois grupos, constatamos que os vertebrados tendem a ser animais de maior porte, enquanto os invertebrados são muito mais numerosos e diversificados. Para ter uma ideia, basta dizer o seguinte: são conhecidas umas 45 mil espécies de vertebrados, contra mais de 1 milhão de espécies de invertebrados. Quer dizer, mais de 95% de todas as espécies animais conhecidas são de invertebrados.

Espongiários

São os pluricelulares mais primitivos, apesar de possuírem muitas células com diferentes funções, ainda não apresentam tecidos ou órgãos. Os coanócitos, por exemplo, são células especializadas na nutrição das esponjas.

Como os indivíduos são fixos, durante muito tempo foram confundidos com plantas. Sua cor e forma são variadas, mas lembram sempre um vaso, com uma cavidade corpórea onde circula a água, a qual entra por muitos poros na parede externa da esponja, daí seu nome: **poríferos** (portadores de poros).

Possuem desde poucos centímetros até mais de um metro de diâmetro. O seu tamanho varia de acordo com a quantidade de partículas alimentares que a esponja consegue absorver e digerir.

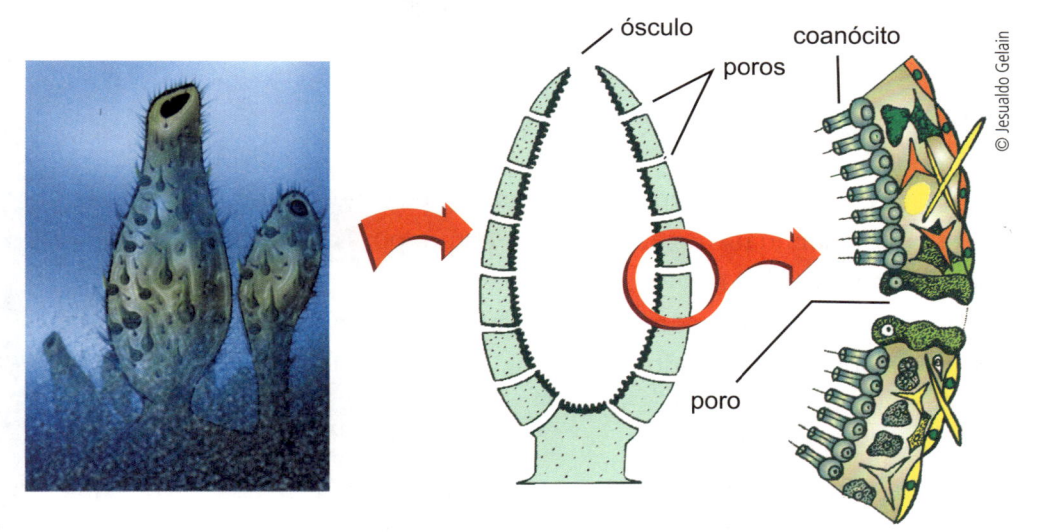

A água entra pelos poros e sai pelo ósculo. Os coanócitos são estruturas dos espongiários capturam partículas alimentares para a nutrição do animal.

Esses animais não apresentam células nervosas; entretanto, todas as demais células "sentem" quando tocadas, pois são vivas e dotadas de alguma irritabilidade.

Apesar de primitivas, chegam a se reproduzir sexuadamente, o que promove variabilidade genética, uma vez que há mistura de características de dois indivíduos diferentes.

Sempre aquáticas, quase todas as espécies são marinhas, encontradas desde a linha das marés até alguns milhares de metros de profundidade. Entre as poucas espécies dulcícolas (que habitam a água doce), encontramos formas de resistência que asseguram a sobrevivência dos animais quando existe falta de água.

Algumas espécies têm atraído a atenção dos pesquisadores pela sua utilidade na produção de medicamentos.

Cnidários

Ao contrário das esponjas, este grupo até possui alguma organização. Suas células já estão dispostas em camadas (formam tecidos simples) e algumas funções são desempenhadas por órgãos.

Se muitos poríferos não têm forma definida – alguns são semelhantes a vasos com inúmeras perfurações na parede do corpo por onde entra a água – os cnidários são encontrados geralmente na forma de **pólipo** e de **medusa**.

O pólipo, geralmente fixo, é um cilindro oco com uma abertura na extremidade livre e rodeada por tentáculos. A medusa tem a mesma organização do pólipo, mas é móvel e a boca fica voltada para baixo.

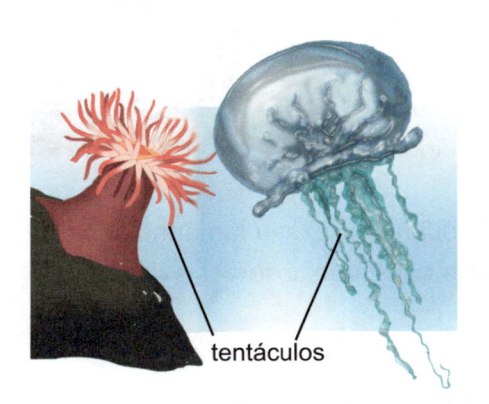

O pólipo (à esquerda) é fixo e a medusa é móvel.

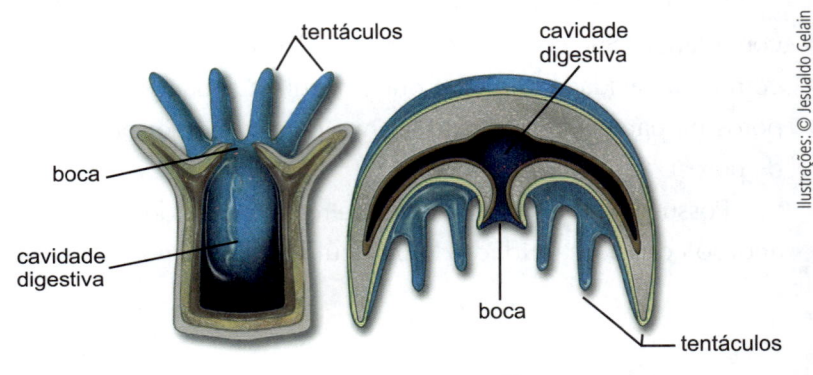

Corte do pólipo e da medusa.

Os cnidários são animais que apresentam um aspecto gelatinoso, pois possuem enorme quantidade de água em seu corpo; por isso, algumas medusas são chamadas águas-vivas.

Cores, formas variadas e elegantes movimentos fazem esses animais serem dos mais bonitos do mundo marinho, principalmente as anêmonas-do-mar, as grandes medusas e as caravelas flutuantes.

O nome do grupo foi dado em função de células exclusivas, os **cnidoblastos**, que produzem uma substância paralisante. Quando um peixe roça nos tentáculos de uma anêmona-do-mar, milhares de células injetam seu conteúdo no animal, fazendo-o presa fácil da anêmona, cujos hábitos alimentares são carnívoros.

Hidra (1 cm), pólipo de água doce com dois brotos.

A caravela é uma colônia flutuante, em que cada grupo de pólipos realiza função diferente.

bolsa de veneno

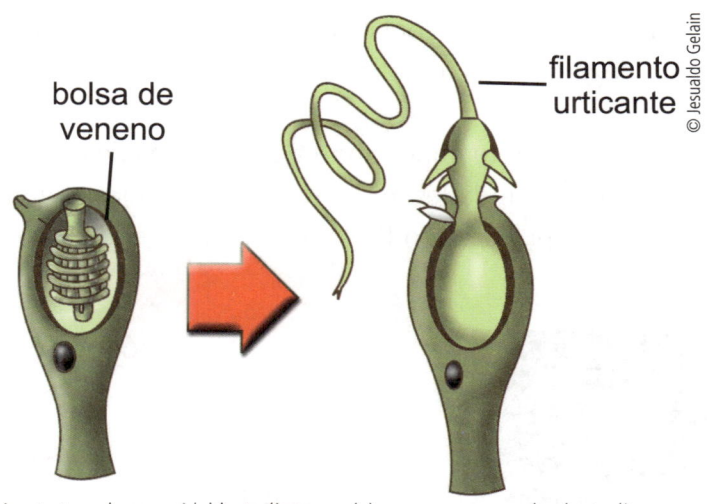

filamento urticante

© Jesualdo Gelain

A estrutura de um cnidoblasto (à esquerda) e o mesmo quando aberto (à direita), após ter recebido um estímulo externo.

Você sabia?

A vespa-do-mar

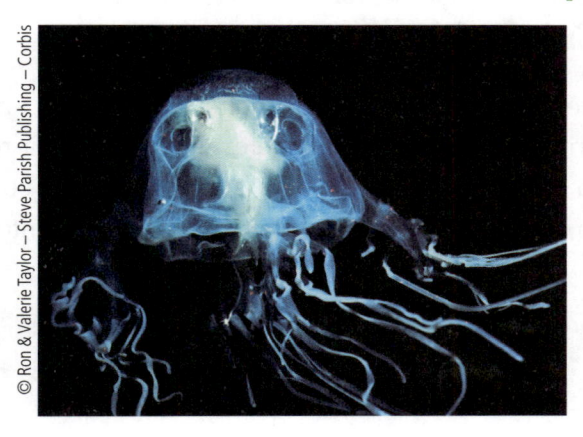

No litoral australiano vive um cnidário com um dos mais poderosos venenos conhecidos.

A *Chironex fleckeri* é conhecida como vespa-do-mar. Seu veneno é liberado ao menor contato da pele com os tentáculos, mesmo que estes já não estejam mais ligados ao corpo da água-viva. O veneno se dissolve nos glóbulos vermelhos, causando parada cardíaca e respiratória.

Não há nenhum número oficial, mas estima-se que mais de cem pessoas morram todos os anos devido a esse animal. Apenas nas Filipinas é normal que vinte a quarenta pessoas sejam mortas pela vespa-do-mar. Mas, como certidões de óbito com a causa da morte não são necessárias em alguns países, os números podem ser bem maiores.

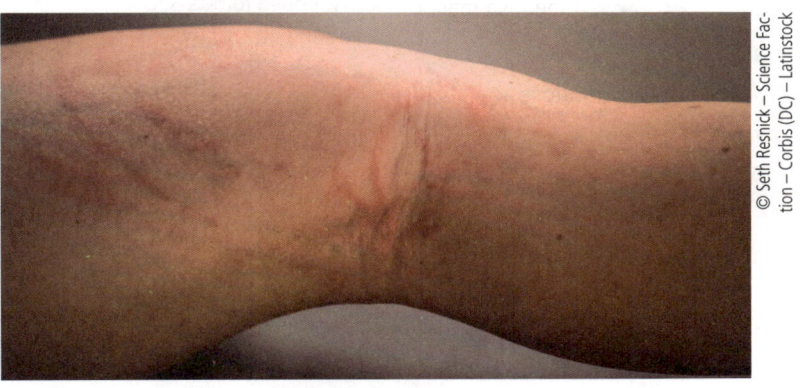

Aspecto da pele após o contato com o veneno da vespa-do-mar.

67

Alguns cnidários formam os **corais**, colônias de milhares ou milhões de pólipos que crescem, ligados uns aos outros, produzindo uma armadura sólida à base de cálcio e outros minerais, a qual assume diversas cores.

Além de os recifes de corais serem importantes ecossistemas de águas quentes e bem oxigenadas, uma vez que abrigam comunidades muito ricas em espécies, alguns recifes, como os do tipo barreira, paralelos à costa, protegem o litoral da erosão, geralmente provocada pela força das águas.

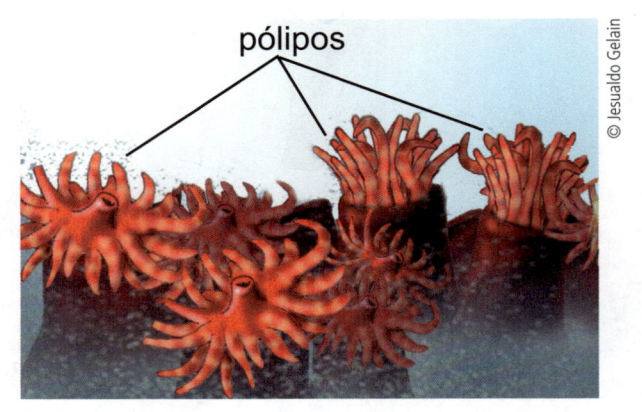

Vários tipos de corais.

Detalhe de coral onde se veem pólipos envoltos por exoesqueleto.

A presença de uma cavidade digestiva e de células nervosas pela primeira vez entre os animais, não são os únicos fatos curiosos dos cnidários, pois entre alguns deles encontramos a reprodução por **alternância de duas gerações**. Uma delas com reprodução assexuada e outra com reprodução sexuada, respectivamente, o pólipo originando medusas e estas, de sexos diferentes, formam os pólipos.

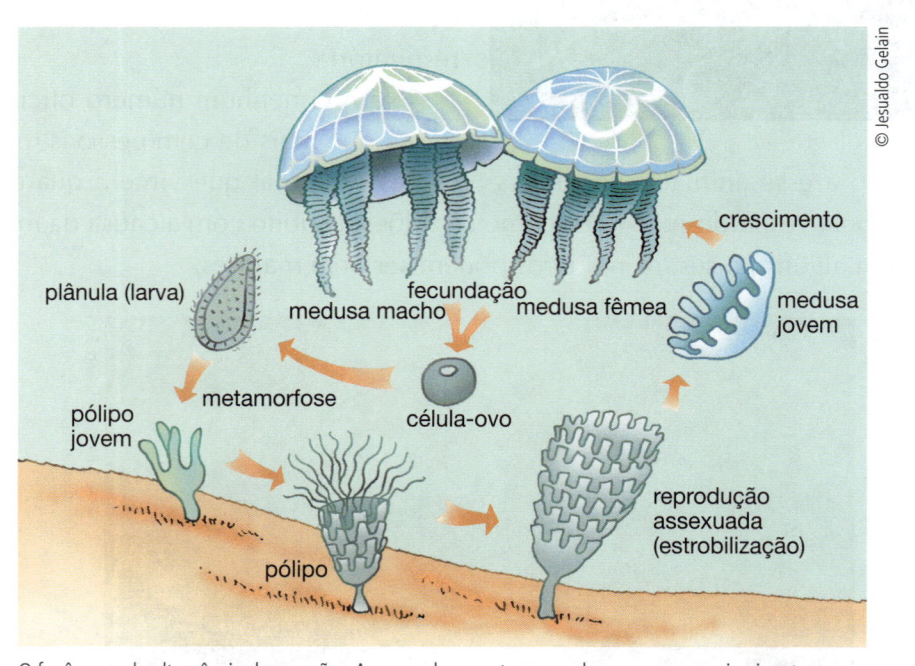

O fenômeno da alternância de gerações. Acompanhe as setas para observar que na primeira etapa as duas medusas (macho e fêmea) produzem e liberam seus gametas. Ocorrendo fecundação, forma-se a célula-ovo que dará origem a larva (plânula). Esta sofrerá metamorfose transformando-se em um pólipo que irá se reproduzir assexuadamente, originando uma medusa jovem, que reinicia o ciclo.

ATIVIDADES

1) Como podemos definir invertebrados?

2) Como são desempenhadas as funções no organismo de uma esponja?

3) A "Grande Barreira de Recifes" se estende por mais de 2.000 km, ao longo da costa nordeste da Austrália, é considerada uma das maiores estruturas construídas por seres vivos.

a) Quais são esses organismos? A que filo eles pertencem?

b) Como é o esqueleto desses animais?

4) Por que a reprodução sexuada é importante para os seres vivos?

5 Cite duas características dos cnidários que não são encontradas nas esponjas..

_____
_____
_____
_____

6 Observe o esquema a seguir e responda:

a) Dê o nome da estrutura III e explique como ela se forma.

_____
_____
_____
_____

b) Quais são os nomes das fases II e V e como se reproduzem?

_____
_____
_____
_____
_____

Capítulo 1
Os vermes e as doenças

Lançado em 1924, *Jeca Tatuzinho*, personagem-símbolo criado por Monteiro Lobato, veio ensinar noções de higiene e saneamento às crianças. Adaptado no ano seguinte e, ao que consta oferecido a seu amigo Cândido Fontoura para promoção dos produtos do laboratório Fontoura Serpe & Cia, em especial do Biotônico, chegaria a 100 milhões de exemplares publicados no centenário do escritor.

Jeca Tatu, personagem criado pelo escritor Monteiro Lobato (1882-1948), era um pobre caboclo que morava no mato, numa casinha de sapé. Vivia na pobreza, em companhia da mulher, muito magra e feia, e de vários filhos, pálidos e tristes. O personagem de Monteiro Lobato era um caipira considerado por todos preguiçoso e idiota que, ao se descobrir doente de amarelão, trata-se, cura-se e torna-se fazendeiro rico. Com esse personagem, Monteiro Lobato queria chamar a atenção para o fato das doenças parasitárias trazerem serias consequências para a população, inclusive os esteriótipos e metáforas que usou nas histórias: do brasileiro ser preguiçoso, não ser inteligente, a probreza etc.

Mesmo após quase um século da publicação do Jeca Tatu, ainda há em nosso país um número alto de pessoas contaminadas por parasitas, não só na zona rural como também nos centros urbanos.

A desinformação e as condições sanitárias nos locais onde ocorrem as verminoses, além da falta de higiene, são motivos suficientes para a alta incidência de tais doenças no Brasil.

É vital a conscientização e informação da população a respeito dos meios pelos quais o ser humano adquire as verminoses e de como pode combatê-las.

A palavra "verme" é usada de maneira geral na literatura científica para denominar diversos grupos de invertebrados. A aplicação do termo não é, contudo, indiscriminada.

Rotular um animal de verme depende da presença de certas características, como

- corpo desprovido de pernas e comprido – isto é, o comprimento deve ser bem maior que a largura;
- corpo totalmente flexível – isto é, desprovido de carapaça, concha ou algum outro tipo de estrutura rígida externa; e
- aparente ausência de cabeça – isto é, a cabeça não é uma região destacada ou facilmente reconhecível.

O tamanho do corpo também é importante, de sorte que o termo não costuma ser usado para animais cujas dimensões são expressivas. Este último critério ajuda a explicar porque a palavra "verme" dificilmente é usada em alusão a algum vertebrado, mesmo quando o aspecto do animal atende aos outros critérios, como é o caso das lampreias ou das serpentes.

Mais de uma dezena de filos animais abrigam espécies que podem ser chamadas de vermes, três dos quais serão estudados neste livro:

- Filo Platyhelminthes (do grego platys = achatado, helmins, verme): os platelmintos ou vermes chatos, entre os quais estão as planárias e as solitárias ou tênias.
- Filo Annelida (do latim annelus = pequeno anel, -ida = sufixo plural): os anelídeos ou vermes segmentados, entre os quais estão as minhocas, os poliquetas e as sanguessugas.
- Filo Nematoda (do grego nematos = filamento): os nematódeos ou vermes cilíndricos, entre os quais estão as lombrigas. Este é o maior filo, em número de espécies, que abriga animais chamados de vermes.

Vermes achatados, os platelmintos

Um exemplo desse grupo é a **planária**, verme acinzentado cujo corpo não passa de 1 a 2 centímetros, encontrada em água doce e limpa.

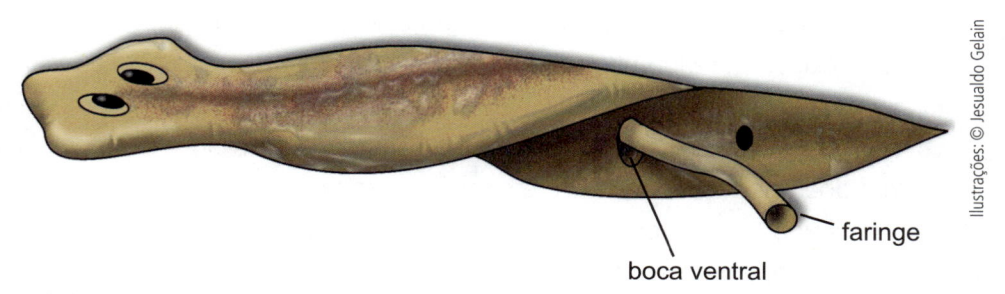

Os "olhos" dorsais da planária permitem apenas que ela perceba claro e escuro, não formam imagens.

A planária é carnívora e só tem a boca como entrada e saída de alimento, pois não possui ânus. A passagem do oxigênio para dentro do corpo e a saída do gás carbônico ocorrem pela pele (tegumento), portanto a respiração é **aeróbia**.

Não há sistema circulatório ou sangue, porém células especiais jogam a urina para fora do corpo e há um sistema nervoso bem mais complexo do que nos celenterados, com um grupo de células especiais na região anterior do corpo que seria um "cérebro" primitivo.

Quanto à reprodução, a planária é hermafrodita, uma vez que produz gametas masculinos e femininos, mas sozinha ela não pode se reproduzir, isto é, os gametas masculinos de uma planária só se encontram com os gametas femininos de outra planária no processo chamado fecundação cruzada, o qual traz vantagens para o organismo pela combinação de materiais genéticos diferentes.

Dos ovos saem minúsculas planárias, portanto não existem fases intermediárias chamadas **larvas**; por isso, dizemos que seu desenvolvimento é **direto**.

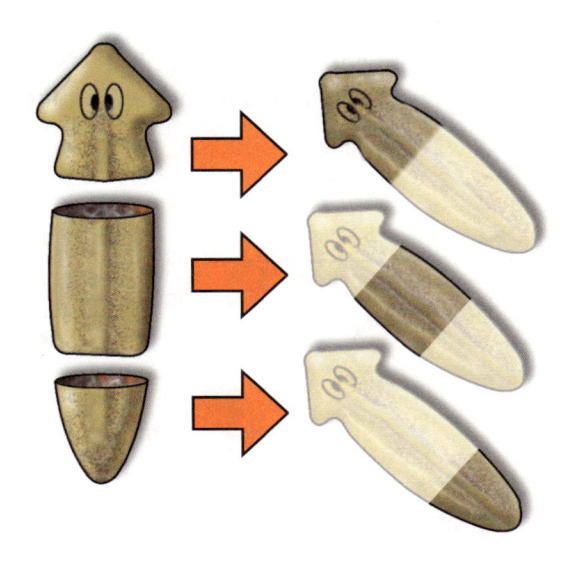

A capacidade de regeneração da planária é muito grande. Cortando-se um animal em três, podemos obter três novas planárias.

Doenças causadas pelos vermes achatados

Schistosoma mansoni

Causador da **esquistossomose**, doença sem cura frequente no Brasil e no mundo: são 4 milhões de doentes em nosso país.

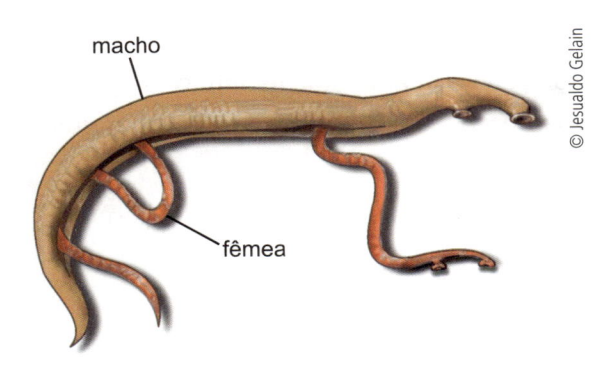

Casal de esquistossomos.

O *Schistosoma* é um verme com 2 a 3 cm, o macho é curto e com um sulco na face ventral, enquanto a fêmea é mais delgada.

Ele vive anos no fígado do hospedeiro, onde os vermes adultos se alojam. Nas veias hepáticas ocorre a fecundação das fêmeas.

Depois, os casais migram para vasos intestinais onde as fêmeas põem ovos providos de um espinho. Assim, os ovos têm condição de perfurar a parede dos capilares e caem na cavidade intestinal onde, com as fezes, são eliminados para o meio.

Na água, os ovos originam uma larva ciliada, o **miracídio**, a qual em poucas horas deve encontrar seu hospedeiro, um **caramujo** de água doce, senão ela poderá morrer.

O miracídio penetra no caramujo e se transforma numa bolsa (esporocisto) que origina grande número de larvas com caudas bifurcadas, as **cercárias**. Lançadas na água, penetram ativamente pela pele e atingem a circulação, por onde sobem até o coração, passam pelo pulmão, voltam para o coração e vão para as veias do fígado, onde se transformam em adultos.

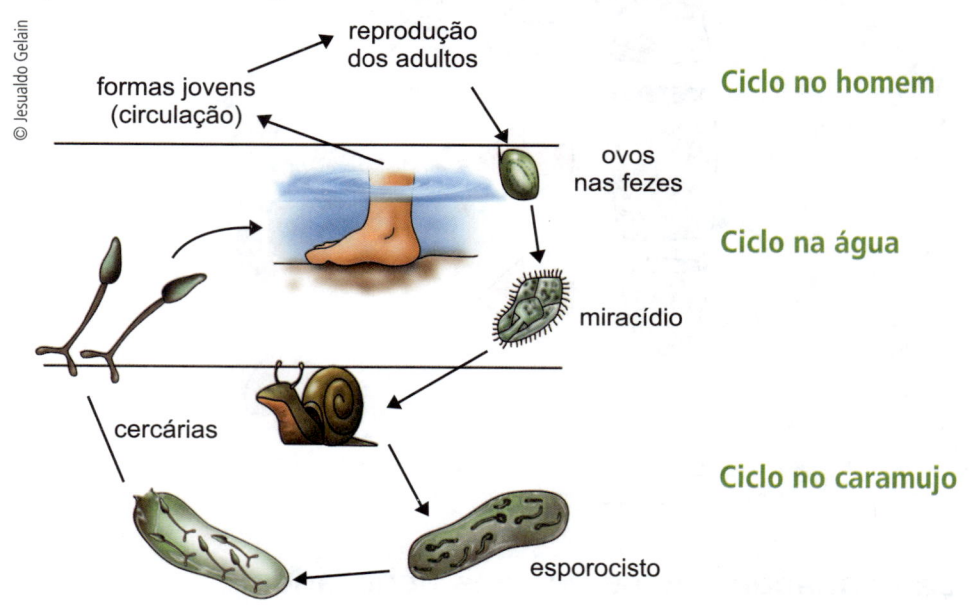

Fases do ciclo de vida do verme *Schistosoma mansoni*.

As consequências são graves: inflamações e hemorragia nos vasos do intestino, **ascite** ou "**barriga-d'água**" pelo acúmulo de líquidos dos órgãos, dilatação do fígado e do baço etc.

Como combater a doença:

- evitando que os ovos cheguem à água através do uso de esgotos (saneamento básico);
- evitando a utilização de água contaminada, fervendo essa água e educando a população para não frequentar "lagoas de coceira", que são lagoas com grande quantidade de caramujos transmissores do *Schistosoma mansoni*;
- destruindo os caramujos transmissores (controle biológico);
- tratando os doentes.

Você sabia?

Em 2010 a imprensa divulgou que o Brasil começará a testar e, em caso de resposta positiva, produzirá a primeira vacina que protegerá contra a esquistossomose, verminose que atinge duzentos milhões de pessoas em todo o mundo, provocando, segundo a Organização Mundial da Saúde, duzentas mil mortes por ano. A vacina, desenvolvida por pesquisadores da Fiocruz (Fundação Oswaldo Cruz), utiliza como base de sua composição uma proteína obtida do *Schistosoma mansoni* e impede que o verme se instale em nosso organismo.

Taenia solium, a solitária do porco

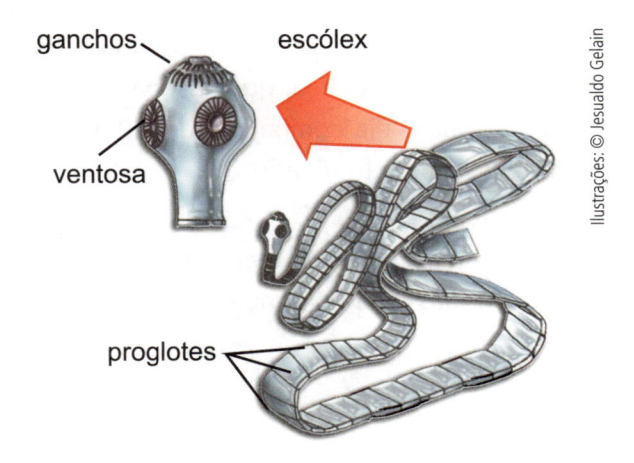

Esquema das estruturas da solitária do porco.

Parasita do porco e do homem, mede vários metros de comprimento e tem o corpo dividido em três partes: **escólex** (ventosas e ganchos para fixação), um **pescoço** curto e **estróbilo** (formado por até mil anéis ou proglotes). As proglotes crescem e se desprendem da extremidade do animal.

Cada proglote madura tem aparelhos reprodutores masculino e feminino, assim pode ocorrer autofecundação.

Formam-se os ovos, eliminados para o meio externo com as fezes. Se ingeridos pelo porco, formam-se larvas que penetram na circulação sanguínea e vão se alojar na musculatura do suíno, formando **cisticercos**.

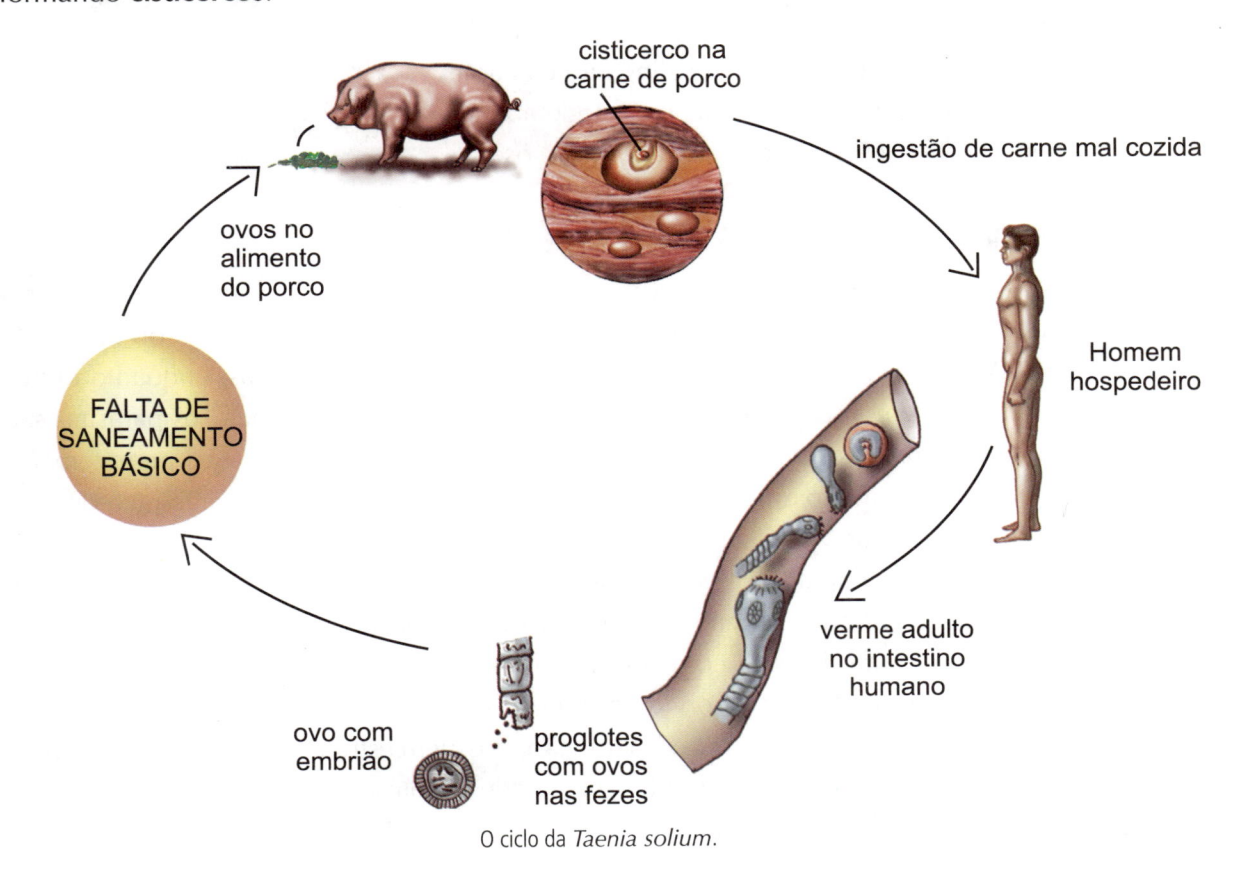

O ciclo da *Taenia solium*.

O cisticerco na carne de porco é chamado **pipoca** ou **canjiquinha** e é uma bolinha esbranquiçada com poucos milímetros.

A ingestão de carne de porco contaminada, geralmente malpassada, libera os cisticercos. Um deles se prende ao intestino e forma uma nova tênia, que absorve o alimento digerido pela pessoa. Ela pode viver cerca de três anos caso não seja combatida, debilitando o indivíduo infestado, uma vez que a tênia consome boa parte do alimento digerido.

Como combater a doença:

- tratamento dos doentes, instalação de saneamento básico, cuidados com as criações de porcos, fiscalização de abatedouros, especialmente os clandestinos, evitar consumir carne malpassada.

A cisticercose

Com verduras ou frutas mal lavadas, ou mãos sujas, uma pessoa pode ingerir ovos e fazer o papel do porco. Os ovos abrem-se no intestino e as larvas originam cisticercos que se alojam principalmente na musculatura, no olho (levando à cegueira) e em outros órgãos; é a **cisticercose**.

Quando os cisticercos atingem o cérebro, ocorre a **neurocisticercose**, muito mais grave, pois acarreta dores intensas, epilepsia, meningite, distúrbios do comportamento e morte. Nem sempre as cirurgias são satisfatórias.

Por isso, devemos evitar a ingestão de água não tratada e verduras mal lavadas, além de fazer a higiene das mãos e das unhas.

A *Taenia saginata* é a solitária do boi. Se ingerirmos carne bovina malpassada e contaminada com cisticercos, podemos adquirir a teníase, porém ela não costuma provocar cisticercose.

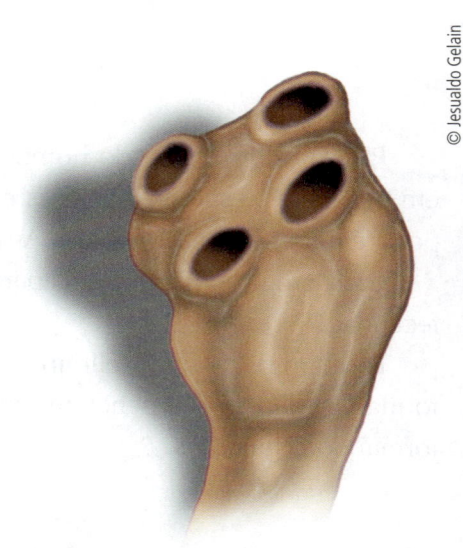

O escólex da *Taenia saginata* não apresenta os ganchos para fixação, somente as ventosas.

Vermes roliços

Os nematódeos, também chamados de vermes cilíndricos ou roliços, incluem a familiar lombriga. Trata-se de um grupo muito rico em espécies, a maioria das quais vive no solo ou dentro de algum hospedeiro. Muitos nematódeos vivem e se alimentam dentro de plantas, enquanto outros vivem dentro de animais. Apesar de prejudiciais aos animais e também às plantas, os parasitas são formas de vida muito interessantes, pois devem apresentar certas características que permitem sua sobrevivência num ambiente muito difícil, o corpo de seus hospedeiros, os quais farão de tudo para ficarem livres desses incômodos organismos.

Vejamos algumas dessas adaptações: os parasitas como os vermes, por exemplo, possuem cutícula resistente que protege seu corpo contra o suco digestivo dos hospedeiros.

Outra característica é a atrofia ou o completo desaparecimento do sistema digestório, pois o alimento já digerido pelo hospedeiro é absorvido através da cutícula. Como os vermes em geral, os nematódeos são desprovidos de pernas; em compensação, possuem estruturas para a fixação, como ventosas e ganchos, por meio das quais se prendem na parede do intestino ou de algum outro órgão. Entre outras adaptações há um grande número de ovos, por isso as fêmeas são maiores.

Doenças causadas pelos vermes roliços

Ascaris lumbricoides

Causa a **ascaridíase** e é o verme conhecido popularmente por **lombriga**, cuja fêmea, maior que o macho, alcança 30 cm.

Os vermes adultos se reproduzem no intestino delgado humano, e milhares de ovos eliminados pela fêmea ganham o meio externo com as fezes.

Se uma pessoa ingere os ovos com verduras mal lavadas ou água contaminada, deles podem sair as larvas que penetram nos vasos sanguíneos. Pela circulação atingem o coração e os pulmões. Daí, alcançam as vias aéreas superiores e, sendo deglutidas, vão até o intestino delgado, no qual se tornam adultas e começam a roubar o alimento que digerimos.

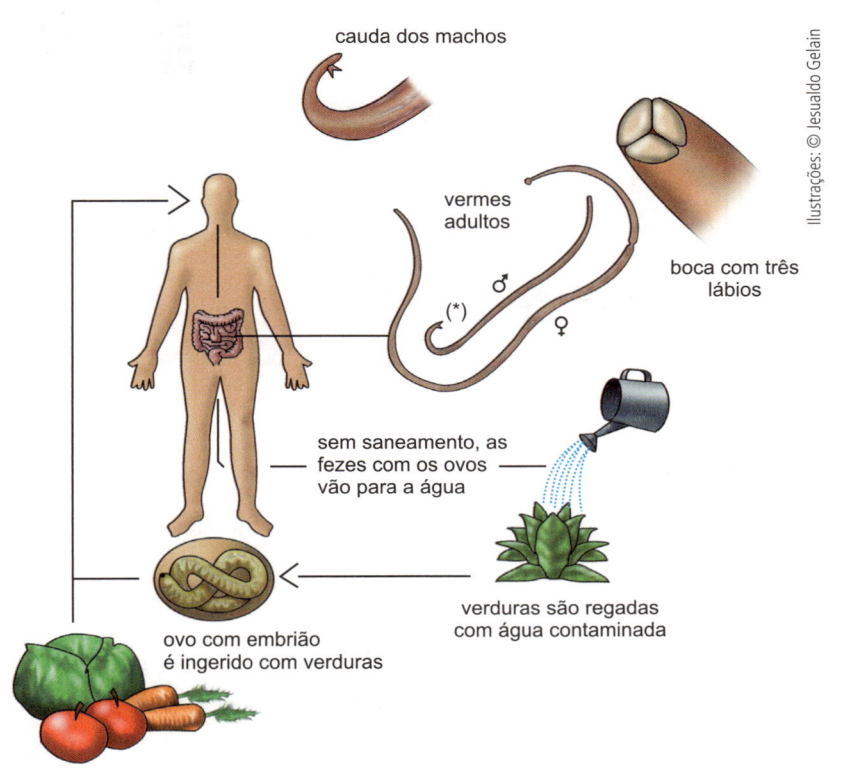

Ciclo evolutivo da lombriga.

Causam feridas no fígado e nos pulmões, com hemorragias e até anemia e intoxicações, perfuração do apêndice e obstrução do intestino pelo grande número de vermes.

Como combater a doença:
- Lavar frutas e verduras, tratar ou ferver a água, saneamento básico (esgoto) e higiene pessoal.

Ancylostoma duodenale

Os adultos têm 1 cm e instalam-se no intestino delgado, onde se alimentam do sangue que obtêm ao "morderem" nossas vilosidades, causando a ancilostomíase.

A doença é conhecida também por **opilação** ou **amarelão**, cujo ciclo é idêntico ao da lombriga (passa pelos pulmões). O verme é adquirido pela penetração ativa da larva através da pele do pé descalço no solo, onde foram jogadas fezes com ovos.

Causa perturbações intestinais e problemas no metabolismo do ferro, uma vez que toxinas do verme prejudicam a medula óssea que produz hemácias (glóbulos vermelhos). Anemia profunda, pele amarelada, cansaço crônico e vontade de comer terra por parte das crianças são alguns dos sintomas.

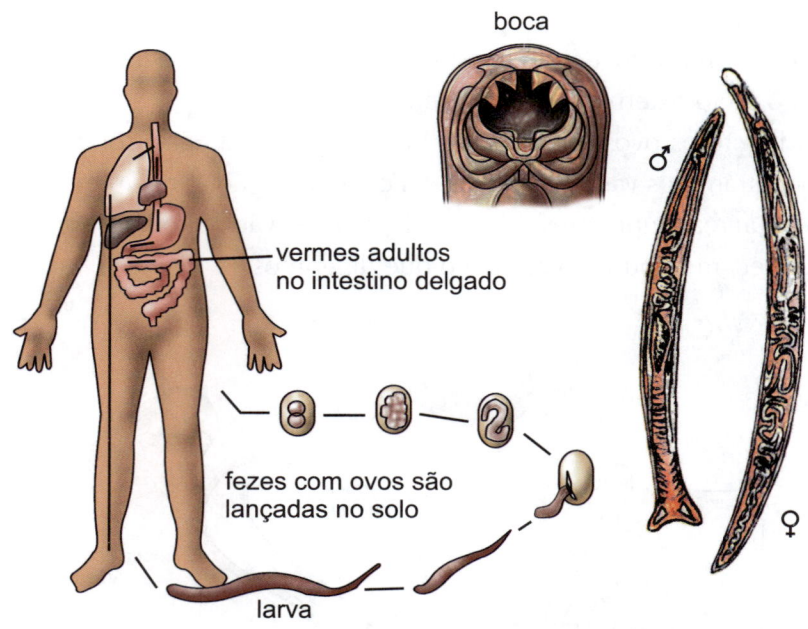

O ciclo evolutivo do ancilóstomo; detalhe de sua boca com as "placas dentárias" e o dimorfismo sexual da espécie, com macho e fêmea com formas diferentes.

Enterobius vermiculares

A enterobiose ou oxiuríase é provocada pelo **oxiúro**, verme de 0,5 cm de comprimento, que agride o **intestino grosso**.

Adquirimos a doença quando:
- a pessoa ingere ovos com alimentos contaminados.
- a fêmea do verme atinge a parte terminal do intestino e produz a **coceira anal**. A pessoa, coçando-se, pode levar a mão à boca e sofrer autoinfestação. É comum nas crianças.

Além da coceira anal, causa inflamações no intestino grosso e perturbações nervosas.
Como combater a doença:
- saneamento básico, higiene pessoal, lavar verduras e frutas e tratar ou ferver a água.

Wuchereria bancrofti

A **filária** é um verme com 4 a 10 cm e utiliza dois hospedeiros: o homem e um mosquito hematófago do gênero *Culex*.

Ao picar o homem infestado, o mosquito ingere larvas **microfilárias**, as quais, no corpo do inseto, sofrem mudanças e migram para as peças bucais do *Culex*.

A saliva contaminada do mosquito passa para o nosso sangue e as larvas transformam-se em vermes adultos nos vasos linfáticos que, obstruídos, causam o acúmulo de substâncias. Daí a formação de inchaços monstruosos nos pés e pernas, braços, mamas, lábios vaginais e bolsa escrotal; por isso a denominação **elefantíase** ou **filariose**.

com a picada do mosquito, as larvas entram na circulação humana

o *Culex* ingere as larvas

o verme adulto obstrui os vasos linfáticos

larva

Esquema do ciclo da filariose.

O controle biológico sobre o vetor e o isolamento do doente para tratamento são boas medidas profiláticas.

ATIVIDADES

1 Em que ambientes encontramos a planária e como elas realizam as trocas gasosas da respiração?
_____
_____
_____

2 Como é o sistem nervoso das planárias?
_____
_____
_____
_____

3 O que é um animal hermafrodita?
_____
_____
_____

4 Explique o que são as "lagoas de coceira" na esquistossomose.

_____

_____

_____

5 Complete com as informações que correspondem aos algarismos da tabela a seguir:

Vermes parasitas	Doenças	Adquire-se	Órgão agredido
Schistosoma mansoni	esquistossomose	1	fígado, intestino e baço (barriga-d'água)
Taenia solium	2	carne de porco com cisticerco	intestino delgado
3	cisticercose	ingestão de ovos	globo ocular e cérebro
Taenia saginata	teníase	carne de vaca com cisticerco	4
Ascaris lumbricoides	ascaridíase	5	intestino delgado
Ancylostoma duodenale	6	larva pela pele (solo)	intestino delgado
Enterobius vermicularis	enterobiose ou oxiuríase (coceira anal)	ingestão de ovos	7
8	elefantíase ou filariose	picada de mosquito *Culex* sp.	vasos linfáticos dos braços, pernas, mamas etc.

6 (PUC/SP) Jeca Tatu, personagem do grande escritor brasileiro Monteiro Lobato, era apresentado como uma típica vítima de verminose conhecida popularmente como "amarelão" ou "opilação", produzida pelos nematódeos *Ancylostoma duodenale* e *Necator americanus*. Do estudo do ciclo desses vermes, pode-se concluir que uma das maneiras de se prevenir desta verminose é

a) evitar, sempre que possível, contato com cães.

b) não nadar em rios de águas muito ricas em sulfato.

c) tomar vacina polivalente indicada para casos de verminose.

d) andar calçado para evitar a penetração das larvas pela sola dos pés.

e) evitar, sempre que possível, o consumo de alimentos que sejam muito ricos em gordura de origem vegetal.

7 Uma criança, depois de passar férias em uma fazenda, foi levada a um posto de saúde com quadro sugestivo de pneumonia. Os resultados dos exames descartaram pneumonia por vírus ou bactéria. A doença regrediu sem necessidade de tratamento. Algumas semanas depois, um exame de fezes de rotina detectou parasitismo por *Ascaris lumbricoides* (lombriga) e por *Enterobius vermicularis* (oxiúro). A mãe foi informada de que um dos vermes poderia ter causado a pneumonia.

Qual poderia ter sido o verme responsável? Justifique sua resposta.

_____

_____

_____

8 Leia e responda:

"Humilhação destas lombrigas/ humilhação de confessá-las(...)

/O que é pior: mínimo verme/ quinze centímetros modestos(...)

/ enquanto Zé, rival na escola (...), / ele expeliu entre ohs! e ahs!

(...) formidável tênia porcina:/ a solitária de três metros"

(Carlos Drummond de Andrade, A dupla humilhação. *A cor de cada um*. Rio de Janeiro: Record, 2000.)

a) Sabendo que o termo "Porcina" se refere a porco, que espécie de tênia tinha o personagem Zé?

_____

_____

b) Dê uma diferença entre a "tênia do porco" e a "tênia do boi".

_____

_____

Capítulo 12

OS ANELÍDEOS

© Niquel Náusea de Fernando Gonsales

OLHA A MINHOCA!!

TEM RAZÃO! É MESMO UM ANELÍDEO OLIGOQUETA LUMBRICÍDEO!

AAA

3708

Vermes segmentados ou anelídeos é uma designação geral dada os animais que integram o filo Annelida. A maioria das espécies de anelídeos vive em hábitats aquáticos, marinhos (poliquetas) ou de água doce (sanguessugas), embora nós estejamos mais acostumados com os representantes que vivem no solo (minhocas).

Para muitas pessoas o aspecto das minhocas não é dos mais agradáveis, ao contrário, sua superfície lisa e úmida aliada aos movimentos sinuosos provocam repugnância, náusea. Cabe notar, no entanto, que esses animais não são prejudiciais à espécie humana. Na verdade, a presença de minhocas no solo é um sinal positivo, indicando boas condições para o cultivo.

Conta a História que na Babilônia, mais ou menos em 500 a.C., as minhocas eram utilizadas no tratamento de dores da coluna. A medicina chinesa também as usava como medicamento. A misteriosa Cleópatra dos egípcios, além de seus gatos, também considerava a minhoca como um animal sagrado, e vários povos, como os romanos, incluíam-nas como um prato de seus exóticos cardápios.

Anelídeos são vermes cilíndricos e segmentados, divididos em anéis (daí seu nome) e com uma grande cavidade corpórea onde estão seus órgãos.

Um exemplo é a minhoca, cujo corpo oco é preenchido por um fluido sob pressão, fazendo com que ele fique rígido, como uma mangueira cheia d'água.

O corpo da minhoca é dividido em anéis tanto externamente como internamente.

Apesar de serem vermes cilíndricos, são animais com lado direito e lado esquerdo muito bem organizados. Os nematelmintes já possuem boca e ânus, mas, na minhoca, o sistema digestório é uma "linha de desmontagem" do alimento. O sistema digestivo da minhoca, no qual a moela é um estômago mecânico que "tritura" o alimento para facilitar a digestão.

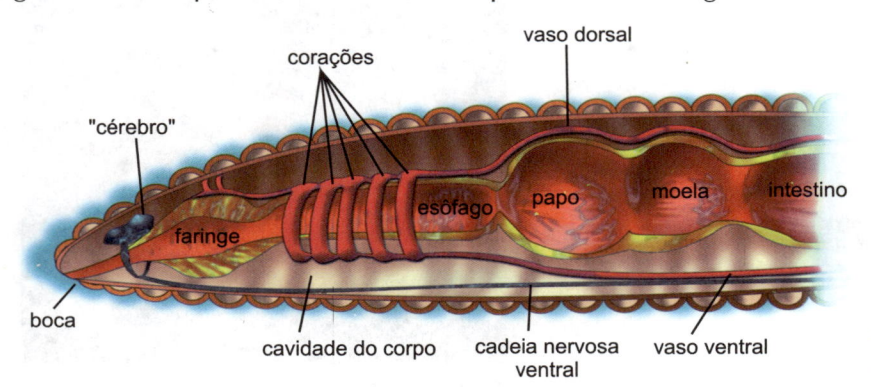

Esquema dos órgãos internos de uma minhoca.

A respiração é cutânea, os gases atravessam um tegumento sempre úmido; por isso, as minhocas vivem enterradas durante o dia. Com muito calor, o tegumento seca e a passagem dos gases fica prejudicada.

Há um sistema circulatório no qual o sangue percorre sempre o interior de vasos, transportando alimentos, catabólitos (excretas) e gases respiratórios, oxigênio e gás carbônico, que se combinam com os pigmentos que deixam o sangue vermelho. Apresentam bolsas dilatadas "pares de corações" que contraem e distribuem o sangue para todo corpo.

A urina é retirada do sangue e da cavidade do corpo através de estruturas especializadas em fazer a filtração do sangue e outros fluídos.

O sistema nervoso apresenta gânglios "cerebroides" e uma cadeia ganglionar no assoalho do animal.

Como as planárias, as minhocas são hermafroditas, porém a fecundação também é cruzada e o desenvolvimento é direto, não existem larvas.

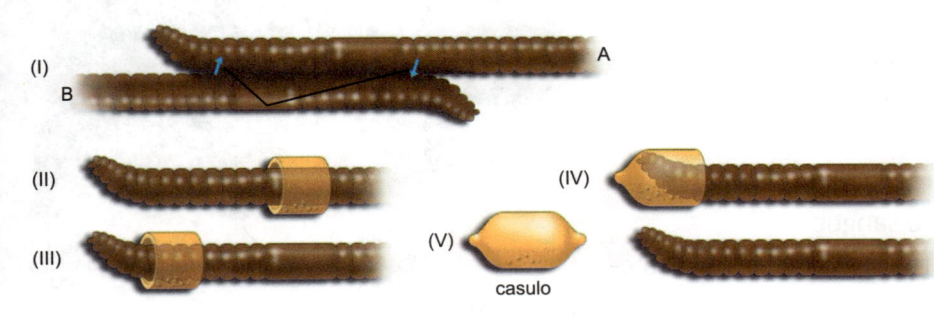

I – A minhoca A recebe espematozoides da minhoca B. II – O clitelo produz o casulo que recebe os óvulos.
III – Quando o casulo vai se deslocando para a esquerda, recebe os espermatozoides de outro animal e aí ocorre a fecundação. IV e V – O casulo sai com os ovos, resultado da fecundação dos óvulos do animal A pelos espermatozoides do animal B. Não há formação de larvas.

83

Importância das minhocas

Esses animais se alimentam de detritos, principalmente vegetais em decomposição, e, para isso, à medida que se locomovem vão cavando túneis. Tais galerias no subsolo permitem o arejamento do solo e a entrada de água para as raízes, o que beneficia muito a agricultura.

Certos países importam minhocas, pois necessitam delas para intensificar a agricultura.

Anelídeos marinhos

São grandes, com 20 a 40 cm, apresentam um par de tufo de cerdas ("pelos") em cada anel, usados na locomoção.

Os anelídeos marinhos podem ser errantes, que se locomovem, ou fixos no solo marinho, vivendo dentro de tubos, são os tubícolas, animais delicados e multicoloridos.

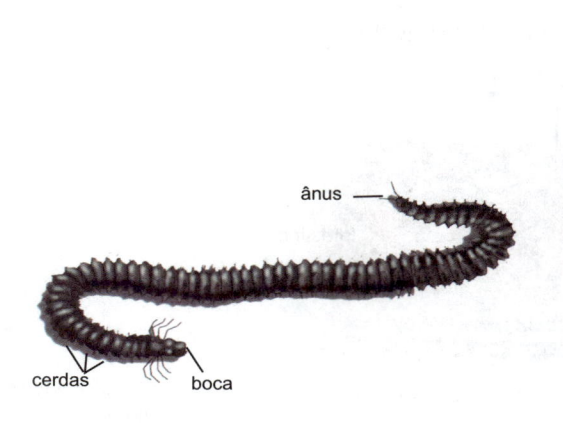

Anelídeo marinho (*Nereis* sp.).

Anelídeos tubícolas.

Esse grupo respira por meio de brânquias, leques filamentosos e muito vascularizados que retiram o oxigênio dissolvido da água.

Alguns desses animais são comestíveis, pelo menos em certas regiões da Oceania; é o caso da *Eunice virides* ou verme palolo.

Sanguessugas

Vivem quase sempre na água doce, geralmente em brejos. O corpo achatado é dividido em anéis estreitos e, nas duas extremidades, encontramos uma ventosa. Numa delas está a boca e na outra o ânus.

São ectoparasitas (parasitas externos) hematófagos (alimentam-se de sangue). Com suas ventosas, prendem-se fortemente em animais silvestres, ocasionalmente no homem, cortando sua pele e introduzindo um anticoagulante na ferida, para poder sugar bastante sangue.

Depois de soltar sua presa, a sanguessuga passa semanas imóvel, digerindo o sangue.

A respiração e outras funções são muito semelhantes às da minhoca.

Sanguessugas.

> **Você sabia?**
>
> No ano de 2007 foi descoberta uma nova espécie de sanguessuga que vive no alto Amazonas, no Peru, e foi retirada do interior das narinas de uma garota que se banhava em um rio.
>
> Segundo os cientistas, ela é mais uma das centenas de espécies conhecidas de sanguessugas e seu nome científico é *Tyrannobdelle rex*, cujo significado é "sanguessuga-rainha-tirana".
>
> Sanguessuga-rainha-tirana que alcança 4,5 cm.

ATIVIDADES

1 Para que serve o clitelo? O que acontece com ele após o acasalamento?

_____
_____
_____
_____
_____

2 Para que serve a moela da minhoca? Pesquise e explique.

_____
_____
_____
_____
_____
_____

3 Do que as minhocas se alimentam?

_____
_____
_____
_____

© Jesualdo Gelain

4 a) Qual é a importância da minhocultura?

_____

_____

b) Pesquise o que é o humo produzido pelas minhocas e sua importância para o solo.

_____

_____

5 Pesquise e responda: em que parte do corpo das minhocas é possível observar os "corações"?

_____

_____

_____

_____

6 "O Departamento de Agricultura da Irlanda do Norte prevê uma queda de um terço em sua produção agrícola, devido a uma praga que está atacando e reduzindo a população de minhocas na região". (*New Scientist*).

a) Qual é a importância das minhocas para a agricultura?

_____

_____

_____

_____

b) A que filo pertencem as minhocas?

_____

_____

_____

7 Que característica permite classificar os anelídeos como animais mais complexos que os platelmintos e os asquelmintos?

_____

_____

_____

_____

Capítulo 3
OS ARTRÓPODES

Besouros, mariposas, abelhas, moscas, baratas, percevejos, camarões, caranguejos, aranhas, carrapatos, escorpiões, centopéias etc., constituem o filo dos artrópodes (do grego arthros = articulação, podos = pés). O nome é uma alusão ao fato de apresentarem pernas articuladas.

Além de diversificado, o filo é extremamente numeroso: mais de 85% das espécies animais conhecidas de animais são artrópodes.

Os artrópodes exibem algumas características notáveis que os distinguem de outros animais, tais como:

- carapaça resistente e externa formada de quitina (um açúcar), que protege o animal contra choques mecânicos e perda da água, além de funcionar como um esqueleto esterno ou exoesqueleto;
- apêndices articulados, como pernas e antenas, que se movimentam graças à ação de músculos internos presos às paredes do exoesqueleto;
- sistema nervoso bem desenvolvido, talvez o mais sofisticado dentre os invertebrados, excetuando moluscos como polvo, lula etc.

Os quatro grandes grupos que compõem o filo dos artrópodes são:

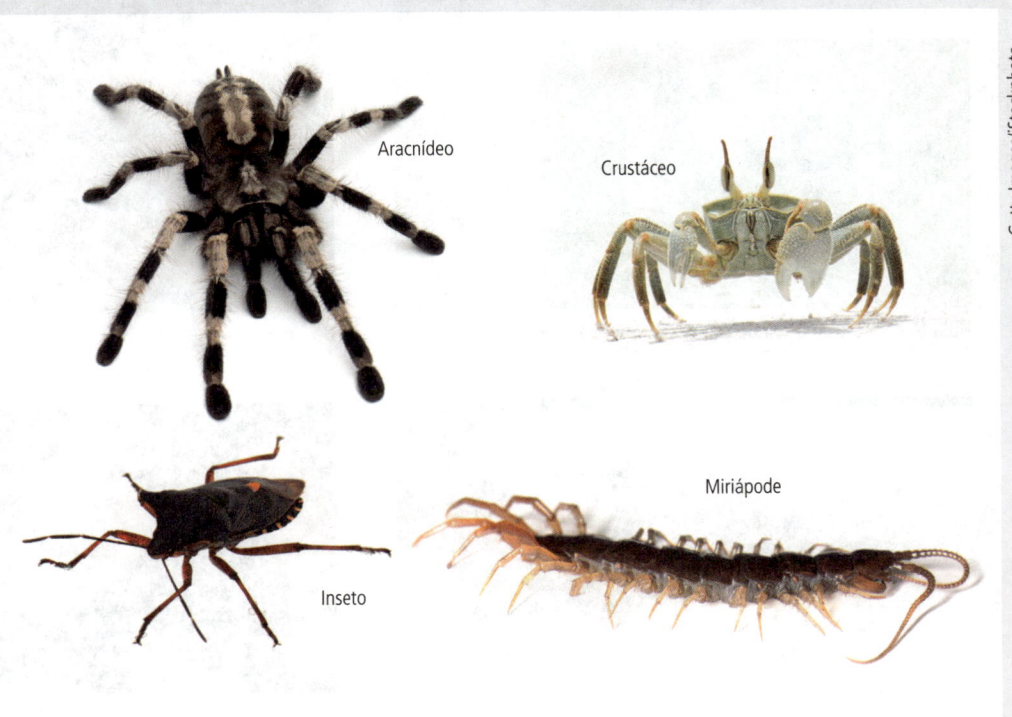

Aracnídeo

Crustáceo

Inseto

Miriápode

87

Os quatro grupos do filo artrópodes

	Insetos	Crustáceos	Miriápodes	Aracnídeos
Regiões do corpo	Cabeça Tórax Abdome	Cefalotórax Abdome	Cabeça Tronco	Cefalotórax Abdome
Pernas	3 pares	5 ou mais pares	Muitos	4 pares
Antenas	1 par	2 pares	1 par	Não
Asas	Sim	Não	Não	Não
Desenvolvimento	Indireto	Indireto	Direto	Direto
Hábitat principal	Terrestre	Marinho	Terrestre	Terrestre

Insetos

Talvez os seres vivos com maior capacidade de adaptação, já que eles se desenvolvem em todos os ambientes do planeta.

Libélula (o inseto tem 8 cm de ponta de uma asa a outra).

Borboleta (o inseto tem 10 cm de uma asa a outra).

Besouro (o inseto tem 7 cm de comprimento).

Abelha. Cada inseto mede cerca de 1,2 cm.

A carapaça externa impede que os animais cresçam exageradamente, portanto, eles são pequenos e muito fortes. O único período de total fragilidade é quando trocam as carapaças, isto é, quando ocorrem as **mudas**, o que ocorre periodicamente no crescimento do animal.

Além de uma série de importantes características de sua fisiologia, que fizeram dos artrópodes um grupo muito importante, existem outros aspectos maravilhosos. As antenas dos insetos têm função tátil e olfativa. Os olhos dos insetos são facetados, com milhares de unidades visuais, e cada uma delas envia para o cérebro uma imagem parcial daquilo que o animal enxerga, originando uma imagem final rica em detalhes e em cores.

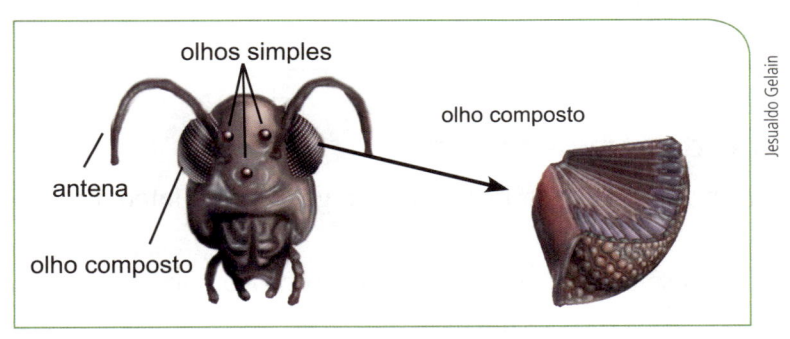

Corte de um olho composto de inseto. Os olhos simples percebem claro e escuro.

Quanto ao hábito alimentar os insetos podem comer outros insetos, vegetais, néctar, pólen, matéria orgânica em decomposição e sangue. Para isso possuem aparelho bucal especializados.

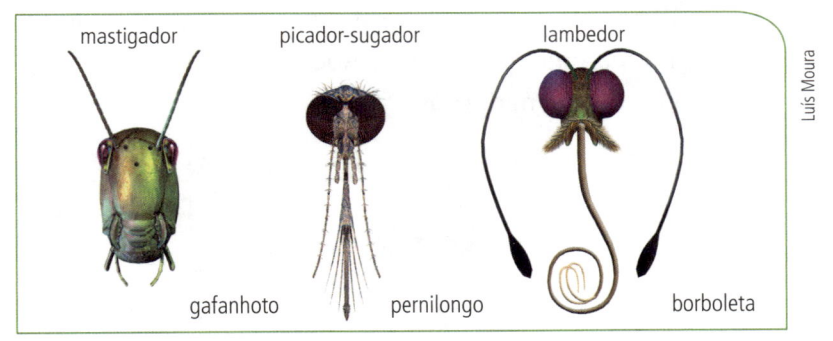

Tipos de aparelho bucal dos insetos.

Seu organismo apresenta já órgãos bem definidos, responsáveis pelas diferentes funções vitais.

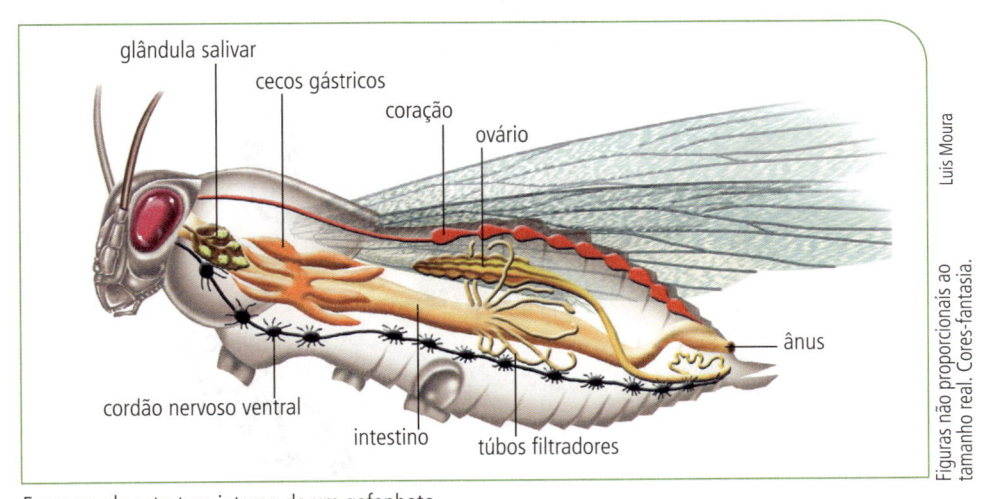

Esquema da estrutura interna de um gafanhoto

89

> **Você sabia?**
>
> ### A importância dos insetos
>
> A larva do bicho-da-seda, uma mariposa, produz um casulo cujo fio é utilizado na fabricação do fino tecido.
>
> Abelhas produzem mel, cera, geleia real e própolis, este usado como medicamento.
>
> Várias espécies são usadas para o controle biológico, isto é, a técnica de extermínio de um inseto-praga por uma espécie predadora que não prejudica a lavoura.
>
> Muitas plantas são polinizadas por espécies de insetos, inclusive abelhas, as quais se tornam muito importantes para a agricultura.

Reprodução e desenvolvimento

Os insetos têm machos e fêmeas, a fecundação é geralmente interna e, a partir do ovo, o desenvolvimento pode ser:

- Sem metamorfose: insetos inferiores que já saem do ovo com a organização definitiva, não sofrendo mudanças. É o caso das traças.

- Semimetamorfose: saem dos ovos as **ninfas** que, com algumas modificações, atingem o estado de imago (adulto). Baratas, cupins, libélulas, cigarras e percevejos.

- Metamorfose completa: insetos mais complexos, em que de seus ovos sai uma larva que dá origem à pupa ou crisálida, uma forma de transição durante a qual o inseto passa por modificações profundas. Da pupa emerge o adulto. Abelhas, vespas, formigas, besouros, pulgas, moscas, mosquitos, borboletas e mariposas.

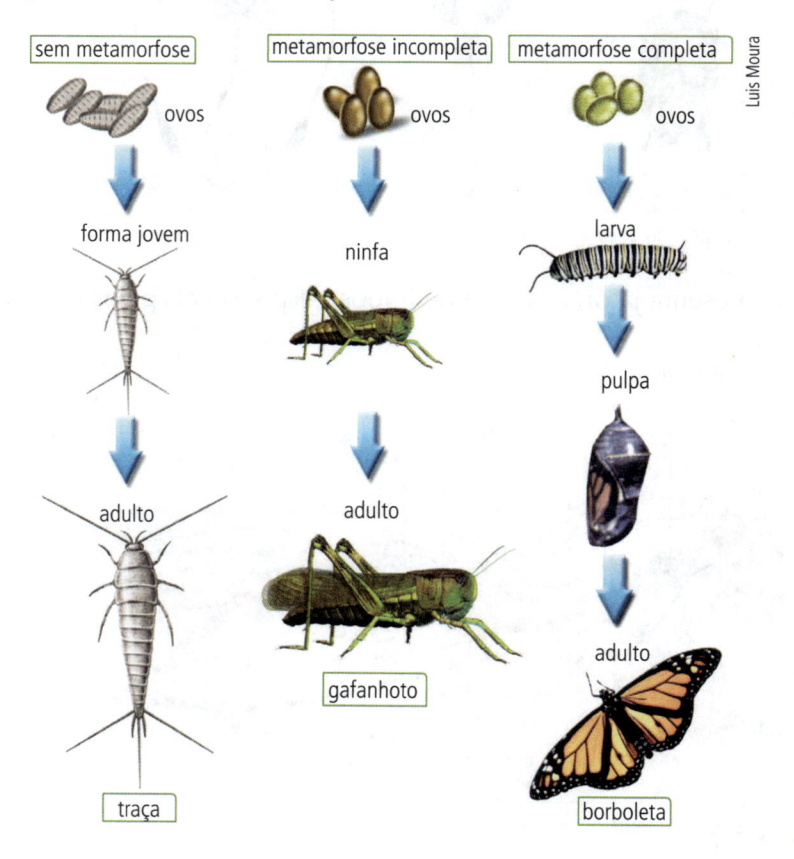

sem metamorfose: ovos → forma jovem → adulto (traça)

metamorfose incompleta: ovos → ninfa → adulto (gafanhoto)

metamorfose completa: ovos → larva → pulpa → adulto (borboleta)

Luis Moura

ATIVIDADES

1 Numa aula de Ciências, os alunos classificaram os artrópodes que o professor lhes apresentou em três grupos, de acordo com as características que distinguiam cada grupo dos demais:

I – aranha e besouro   II – barata e escorpião   III – caranguejo e siri

O professor disse que a classificação estava errada.

a) Reagrupe os animais, corrigindo os erros.

_____
_____
_____
_____
_____

2 Observe a tirinha e responda.

a) Qual é o nome e a função dessa fabulosa carapaça dos insetos?

_____
_____
_____

b) Qual é a composição química dessa carapaça?

_____
_____
_____

91

3 A traça é um inseto sem metamorfose completa. Com base nesta informação, responda:

a) É possível encontrar larvas de traça escondidas nos guarda-roupas?

_____

_____

4 Explique o processo de metamorfose das borboletas e mariposas.

_____

_____

_____

5 Identifique na imagem as estruturas internas do corpo de um gafanhoto.

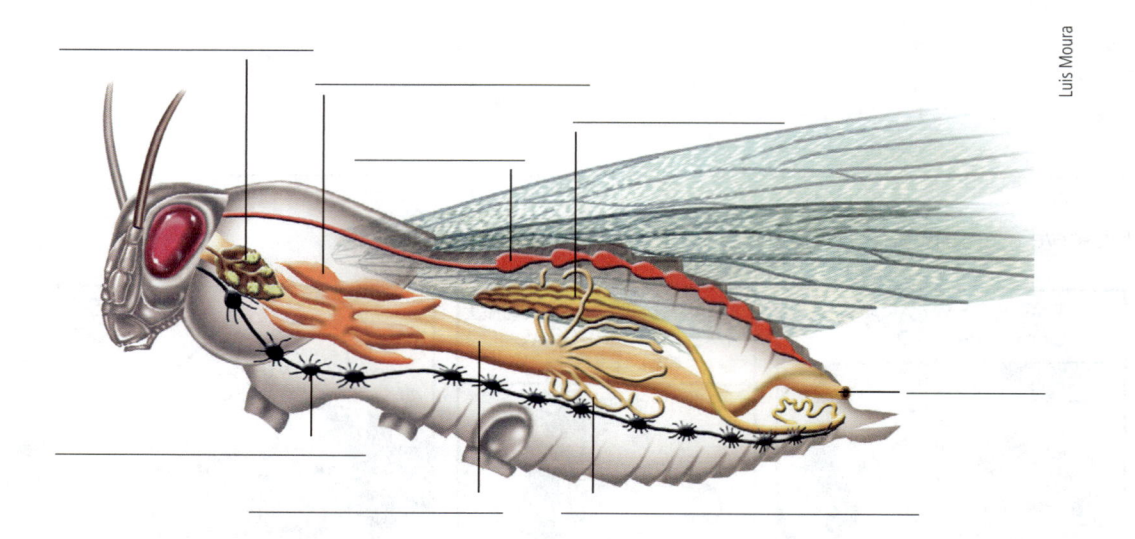

Luis Moura

6 A barata doméstica é um inseto que tem um ciclo de vida bastante longo e dividido em três fases. A fase do ovo ao adulto leva em média cerca de 600 dias, enquanto o tempo de vida de adultos pode ser mais 400 dias. Uma fêmea adulta produz em média 150 novas baratas em sua vida.

a) Considerando que os ovos de uma barata levam de seis a oito semanas para amadurecem, quanto dura, em média, a fase intermediária de uma barata?

_____

_____

b) Qual o nome dessa fase intermediária?

_____

_____

92

7 Juliana e Pedro encontraram dois animais enquanto estavam no parque. O de Juliana apresentava seis patas e duas antenas, enquanto o de Pedro possuía oito patas e não apresentava antenas.

a) Sabendo que os dois animais são artrópodes, a quais grupos eles pertencem?
_____
_____

b) Explique como você chegou a essa conclusão?
_____
_____
_____

c) Algum dos animais poderia ser um miriápode?
_____
_____

Crustáceos

Ao contrário dos insetos, animais principalmente de ambientes terrestres, os crustáceos são geralmente aquáticos e principalmente marinhos, porém podem também ser encontrados em todos os ambientes do mundo.

O tatuzinho-de-jardim é um crustáceo terrestre, porém sua respiração é branquial, como a dos outros animais desse grupo, logo, precisam ficar em lugares úmidos para realizar essa respiração.

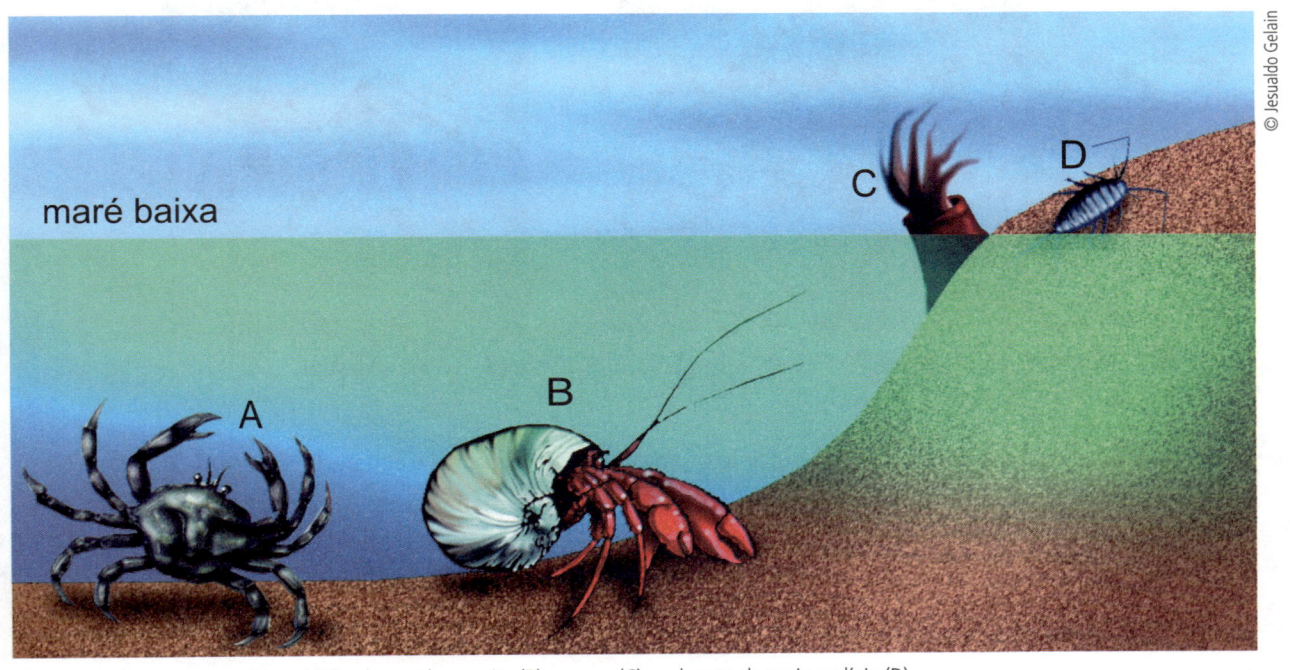

Alguns crustáceos, como o siri-azul (A), o bernardo-eremita (B), a craca (C) e a barata-da-praia ou lígia (D).

93

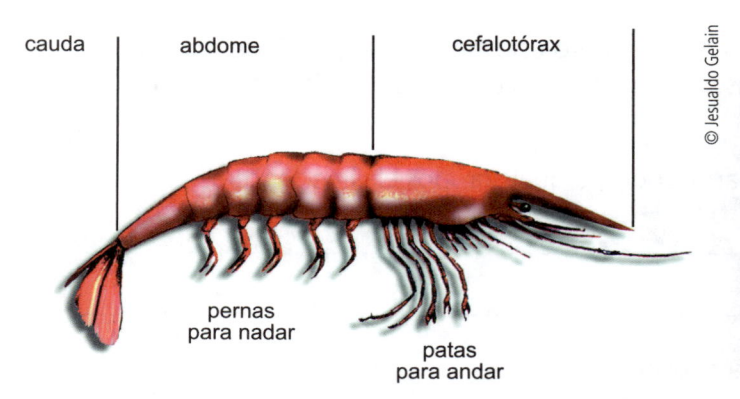

O camarão (à esquerda) e o tatuzinho-de-jardim (à direita), este um crustáceo terrestre.

Camarões, lagostas, siris, caranguejos e "parentes" têm enorme importância econômica, pois são "capturados" e processados como variado alimento industrializado. Em outras regiões do globo terrestre, representam a maior parte do alimento disponível para algumas populações litorâneas.

Já existe uma **aquicultura** relativamente bem desenvolvida em muitos locais do planeta, onde verdadeiras "fazendas" aquáticas produzem interessante quantidade de alimentos e nutrientes, os quais poderão solucionar parte do problema que envolve a fome no mundo.

Você sabia?

Siri ou caranguejo?

Siri-azul – *Callinectes sapidus*

Uçá – *Ucides cordatus*

O siri é um animal adaptado à natação, por isso seu último par de patas é achatado, em forma de remo. Os siris são exclusivamente marinhos, entretanto, podem adentrar manguezais. A enverdadura do corpo, ou seja, a distância de uma extemidade a outra da carapaça, não ultrapassa 20 cm.

O caranguejo anda sobre o substrato, por isso suas patas são pontudas e há caranguejos com até 50 cm de envergadura.

Aracnídeos

Nossa primeira reação ao encontrarmos uma aranha ou um escorpião é o medo, o horror, mas esquecemos que esses animais, como todos os outros, fazem parte de cadeias alimentares específicas, isto é, são predadores de vários insetos, cujo número poderia crescer em demasia, provocando desequilíbrio ecológico, não fosse o papel de predadores de muitas espécies de aranhas e de escorpiões.

As aranhas possuem glândulas fiandeiras das quais sai um líquido que, ao entrar em contato com o ar, se transforma num fio extremamente resistente com o qual tecem suas teias, num trabalho delicado e cuidadoso que serve para a captura de presas, principalmente insetos voadores.

Estrutura interna de uma aranha

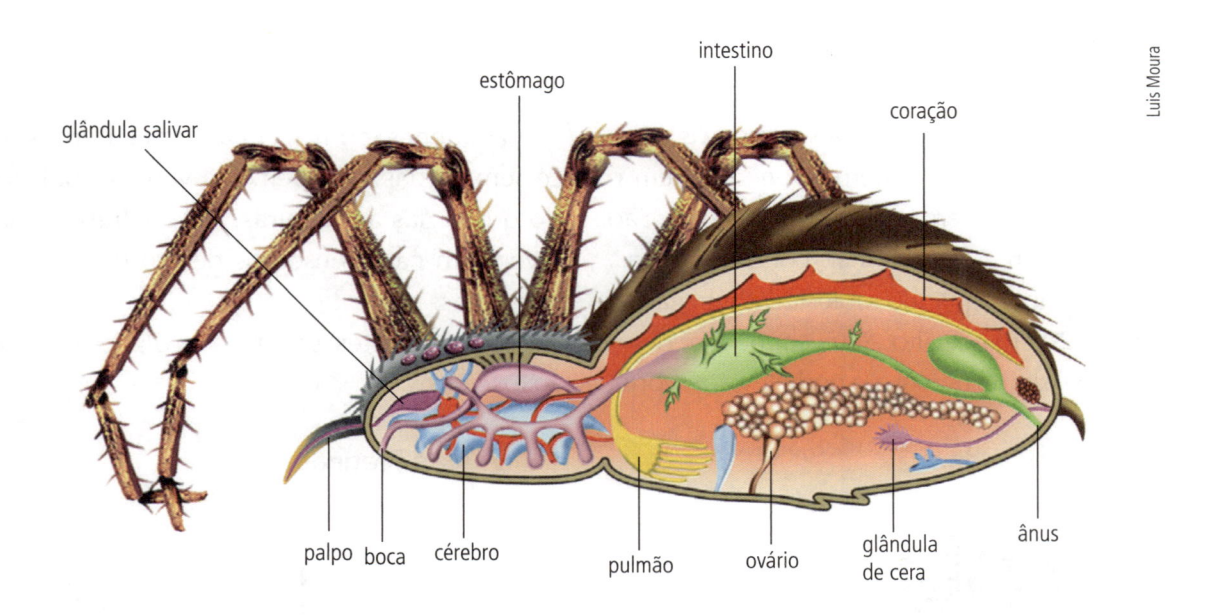

Quando o veneno da aranha é injetado na presa, esta se liquefaz, numa verdadeira digestão externa. Em seguida, a aranha suga os nutrientes em solução.

Escorpião (à esquerda) e límulo, o caranguejo-pata-de-cavalo ou caçarola-das-molucas, que parece um crustáceo, mas é um aracnídeo marinho; alcança 45 cm de comprimento.

95

Algumas aranhas:

Armadeiras

Phoneutria bahiensis, litoral sul da Bahia

Consideradas como as mais agressivas e perigosas, as aranhas do gênero *Phoneutria* têm o corpo coberto por cerdas curtas e cinzentas. São pequenas, 3 cm a 6 cm, e não constroem teias, armando o "bote" quando molestadas, chegando a alcançar 20 cm no salto. Seu veneno é poderoso, ataca o sistema nervoso e pode levar à morte.

Aranhas marrons

Loxosceles sp.

Pequenas, com 1 cm a 3 cm e pernas quase sem cerdas; possuem um veneno mais forte do que o das armadeiras. Ao contrário dessas, vivem em cantos escuros dentro de casa e fazem teias.

Os acidentes são raros com este gênero *Loxosceles*.

Caranguejeiras

Vitalius sp.

Gigantes, "peludas", pardas e pretas, contam com várias espécies em todo o Brasil. De hábitat variado, inclusive arborícolas, andam até em superfícies lisas como o vidro, graças às estruturas semelhantes a ventosas em suas patas.

Extremamente resistentes, inclusive à fome, saltam a distâncias superiores a 1 m e, apesar de venenosas, não apresentam grande perigo ao homem.

Viúvas-Negras

Latrodectus curacaviensis

Aranhas do gênero *Latrodectus* são encontradas em algumas regiões brasileiras. Pequenas, totalmente negras e lisas, com manchas vermelhas no abdome. Seu veneno é neurotóxico e muito ativo. Constroem teias irregulares sob plantas das praias ou em qualquer lugar escuro nos campos. As espécies brasileiras não são tão perigosas.

Escorpiões

Preferem lugares secos, permanecendo escondidos durante o dia, geralmente saem à noite para procurar alimento: insetos e aranhas.

Há muito, ouvimos falar que o escorpião dentro de um círculo de fogo se "suicida".

Wolfgang Bücherl (1911-1985), do Instituto Butantã de São Paulo, autor do livro *Acúleos que matam*, realizou pesquisas sobre o assunto e verificou que muitos escorpiões realmente assumem posição de defesa quando acuados num círculo de fogo. Mas nenhum deles chega a se matar.

O mesmo pesquisador verificou que esses animais, inclusive, são imunes ao próprio veneno. E, segundo ele, o escorpião não se mata.

Tityus serrulatus

Escorpião-amarelo, o mais perigoso, comum em Minas Gerais. Considerado o mais venenoso, foi responsável por muitas mortes antes da existência do soro. Também encontrado em São Paulo, no Rio de Janeiro e em outros estados. Pode se esconder um bom tempo dentro de residências.

Tityus bahiensis

Escorpião-preto, considerado o segundo mais perigoso, é comum em vários estados, inclusive em São Paulo e nos centros urbanos.

Os ácaros

São artrópodes predominantemente terrestres, tendo o corpo dividido em duas regiões: o cefalotórax, de onde emergem quatro pares de pernas, e o abdome. Pedipalpos e quelíceras modificaram-se, transformando-se num aparelho bucal do tipo picador-sugador. Os **ectoparasitas** têm hábitos hematófagos e outros, **endoparasitas**, escavam túneis sob a pele.

Sarcoptes scabiei: causa uma doença vulgarmente denominada **sarna** ou **escabiose**.

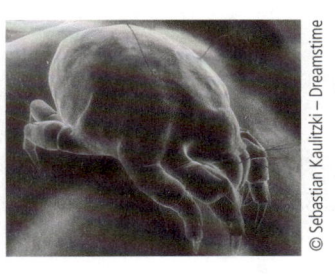

Demodex folliculorum: vive nas glândulas sebáceas e nos folículos pilosos do homem. É o chamado "cravo".

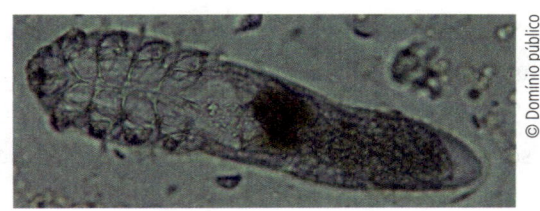

Tyrolichus casei: vive na poeira doméstica. Um dos maiores responsáveis pelas alergias respiratórias.

O carrapato comum (ao lado), que suga nosso sangue, e, bem menor, o ácaro da sarna ou escabiose.

Você sabia?

O carrapato-estrela (*Amblyomma cajennense*) pode transmitir ao homem a febre maculosa, uma grave enfermidade causada pela bactéria *Rickettsia rickettsii*. Esse ácaro tem como hospedeiros preferenciais os equinos, mas também ataca bovinos, cães, capivaras e outros animais, além do homem. Nos últimos anos, por falta de predadores naturais, o número de capivaras vem aumentando em algumas áreas urbanas do interior do estado de São Paulo e, com esse aumento, casos de febre maculosa têm ocorrido com maior frequência.

Carrapato da espécie *Amblyomma cajennense*, conhecido como carrapato-estrela ou micuim.

Miriápodes

Os miriápodes podem ser facilmente reconhecidos pelo corpo comprido e segmentado e pela "fileira" de pernas que possuem. As espécies viventes são arranjadas em dois grupos principais: os quilópodes e os diplópodes.

Quilópodes

Animais carnívoros, predadores, de hábitos noturnos, terrestres, vivem escondidos sob pedras e paus podres. São as lacraias.

Diplópodes

São terrestres, vivem em lugares úmidos e escuros, movem-se lentamente com as numerosas patas que possuem.

São em geral detritívoros, alimentando-se predominantemente de material vegetal acumulado no solo. Possuem glândulas de secreção fétida como defesa. São os piolhos-de-cobra, chamados embuás ou gongolôs.

Miriápodes: lacraia (à esquerda) e piolho-de-cobra (à direita).

ATIVIDADES

1 (UFMG) "Agosto e setembro são os meses em que mais aparecem escorpiões, pois é justamente nestes meses que eles têm seu período de reprodução. O inseto se refugia nos mais diferentes lugares, como amontoados de madeira, pedras, fendas de parede ou atrás de móveis. Diariamente, pelo menos uma pessoa picada por escorpião é atendida no Centro de Toxicologia do Hospital João XXII." (Jornal *Estado de Minas*)
Essa notícia contém um erro em relação à classificação do escorpião.
Qual é o erro? Justifique.

2 "... tropeço em uma pedra, escavo a cavidade descoberta e uma aranha imensa de pelo vermelho me olha fixamente, imóvel, grande como um caranguejo..." (Pablo Neruda)

a) Quais as classes de artrópodes que são citadas no trecho acima?

b) Dê uma característica para cada classe citada.

c) Quais as classes de artrópodes que não são citadas por Pablo Neruda?

_____
_____
_____
_____
_____

3) Os carrapatos são geralmente pequenos, com cabeça, tórax e abdome, aparelho bucal do tipo picador-sugador. Os **ectoparasitas** têm hábitos hematófagos e outros, **endoparasitas**, escavam túneis sob a pele.
Com base no texto acima diferencie os dois aracnídeos mencionados:

Ectoparasita: _____

Endoparasita:_____

4) O tatuzinho-de-jardim é um crustáceo terrestre e como todo crustáceo respira por meio de brânquias. Pensando na informação anterior, por que esse animal vive em lugares úmidos e escuros?

_____
_____
_____

5) Observe as imagens e responda:

Siri-azul – *Callinectes sapidus*

Uçá – *Ucides cordatus*

a) A que filo e classe eles pertencem?

_____
_____

100

b) Qual o nome popular deles?

c) Cite uma característica, visível nas fotos, que os diferencie.

6 Folhetos distribuídos pelos órgãos de saúde recomendam evitar o contato com a grama e o mato de locais com presença de capivaras, pois as larvas e ninfas do carrapato-estrela ficam nas folhas e acabam se prendendo na pele humana. Ao sugar o sangue, o carrapato transmite a *Rickettsia*. Os folhetos informam ainda que a febre maculosa não é transmitida de uma pessoa para outra.

a) Explique por que a febre maculosa não é transmitida de uma pessoa para outra.

b) Os carrapatos são artrópodes que pertencem à mesma classe das aranhas. Explique por que os carrapatos estão incluídos nessa classe indicando duas características morfológicas exclusivas do seu grupo.

7 Um aluno encontrou uma espécie de animal sob umas madeiras acumuladas na sua casa que está em reforma.
Segundo o aluno, o animal possui o corpo dividido em cabeça e tronco, um par de patas por segmento, uma par de antenas, um par de estruturas que inoculam veneno. Qual a classe em que poderia ser classificado esse animal? Justifique.

101

8 Observe a tirinha e responda:

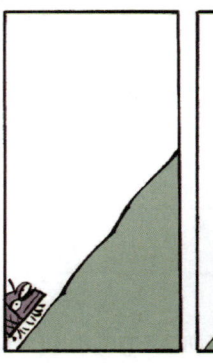

a) Qual o nome e a classe do animal da tirinha?
_____
_____

b) Dê duas características que justifiquem a classificação desse animal na classe respondida acima.
_____
_____

c) Dê o nome de três animais que estão na mesma classe do animal da tirinha.
_____
_____

9 Marcela, aluna do 7º ano, foi nas férias para Maceió, em Alagoas. Durante a viagem ela comeu muita "casquinha de siri", prato que ela adora e observado abaixo. A que parte do animal corresponde a "casquinha" em que é servido o prato?

_____
_____
_____
_____
_____
_____
_____

102

Capítulo 4
Os moluscos e os equinodermas

> ESTE CARANGUEJO ESTÁ ESCOLHENDO UMA CONCHA VAZIA PARA MORAR DENTRO...
>
> NA MINHA CASA FAÇO QUESTÃO DE UMA COISA
>
> VISTA PARA O MAR!

© Niquel Náusea – Fernando Gonsales

    Os caranguejos apresentam o corpo inteiramente coberto por uma carapaça rígida. Apesar disso, para alguns, como os da tirinha, viver dentro de uma concha vazia oferece vantagens adicionais – em termos de camuflagem, por exemplo. Alguns caranguejos chegam a decorar a concha onde vivem com anêmonas-do-mar, estabelecendo com elas uma relação de benefício mútuo.

103

Moluscos

Depois dos artrópodes, os moluscos constituem o grupo animal mais numeroso, com mais de 100 mil espécies.

Seu corpo mole, dividido em cabeça, massa visceral (órgãos internos) e pé ou tentáculos, pode ser recoberto total ou parcialmente por uma concha calcária, geralmente muito colorida.

O tegumento ou **manto** que reveste o corpo é que secreta a concha, a qual pode ser interna (em algumas lulas) ou ausente.

Quase sempre aquáticos, a maioria é marinha e alguns são dulcícolas ou terrestres, como o caracol-de-jardim.

Bivalves

A concha é constituída por duas partes (valvas) articuladas, daí o nome bivalves. São representados pelos mariscos, mexilhões, pelas ostras etc. Em sua maioria são marinhos, podem rastejar pelo fundo do mar, enterrar-se na areia ou fixar-se a objetos sólidos, como os mexilhões.

Bivalves, como o **Pecten**, podem nadar locomovendo-se através da abertura e do fechamento rápido de suas valvas (locomoção a jato).

Algumas espécies vivem na água doce.

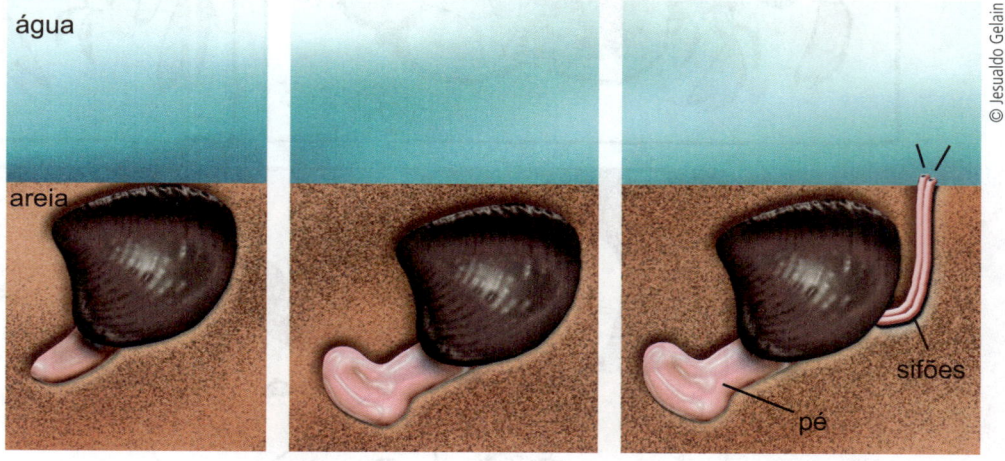

O pé de um bivalvo é uma "língua" musculosa com a qual ele cava a areia submersa. Pelos sifões a água entra e sai do organismo.

O mexilhão, muito apreciado na culinária de alguns países, prende-se às rochas por filamentos muito resistentes.

> **Você sabia?**
>
> Em alguns bivalves, como as ostras, quando acidentalmente entra no animal um objeto estranho este produz nácar para envolvê-lo, resultando em uma bolinha de nácar chamada pérola. Esse objeto estranho pode ser um pequeno verme, um grão de areia. A pérola é uma forma resultante da defesa do animal. 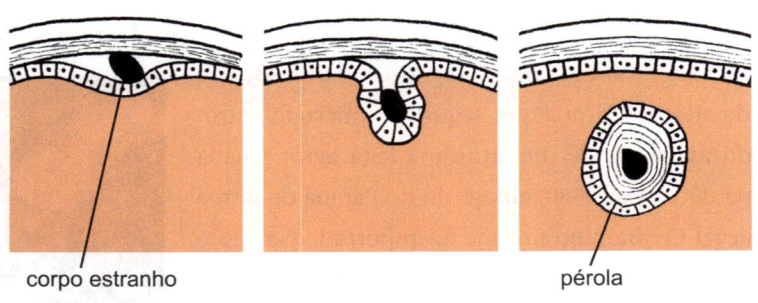
>
> Formação de pérola dentro da ostra. Imagem adaptada do livro *Gemas do Mundo* do autor Walter Schumann.
>
> Temos pérolas formadas artificialmente. Para isso, insere-se um objeto estranho na ostra, que é mantida em viveiros na água.

Gastrópodes

Representados pelos caramujos, caracóis e lesmas. Possuem, geralmente, uma concha univalva enrolada em espiral.

Os gastrópodes em geral respiram por meio de brânquias. Existem, contudo, espécies pulmonadas, como os caracóis e as lesmas terrestres. Os caramujos do gênero *Biomphalaria*, de grande importância sanitária, por abrigarem platelmintos do gênero *Schistosoma*, também são pulmonados.

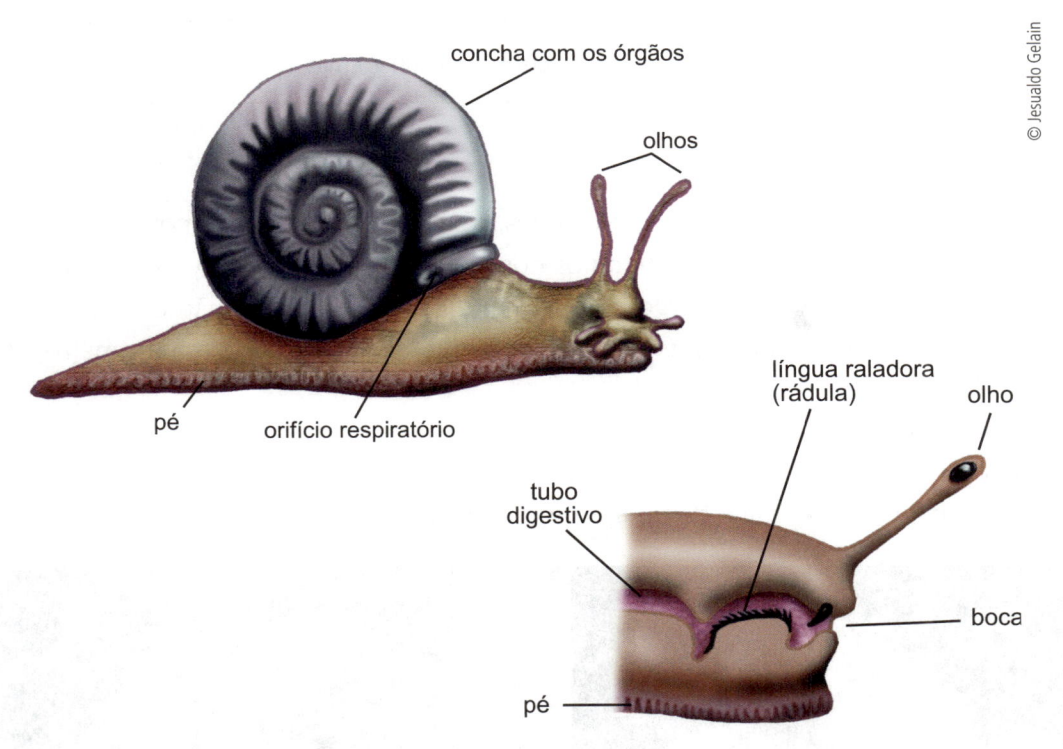

Caracol-de-jardim e detalhe da cabeça com a rádula.

Espécies marinhas do gênero *Conus* são conhecidas pela potente toxina paralisante que produzem contra suas presas, capaz, em casos de acidente, de provocar a morte do ser humano.

> **Você sabia?**
>
> ## O caramujo-gigante ou caramujo-africano é uma espécie invasora.
>
> *Achatina fulica* (caramujo-gigante) é uma espécie de origem africana que, segundo notícia, foi introduzida no Brasil durante uma feira agropecuária na década de 1980, no estado do Paraná de forma ilegal. O caramujo africano foi importado para consumo humano como uma alternativa ao consumo de *escargot* (*Helix aspersa*).
>
> *Achatina fulica.*
>
> Este molusco é consumido principalmente na África e tem suas vantagens nutricionais, pois é rico em proteínas. Na feira realizada no Paraná, foram comercializados *kits* que incluíam a matriz com alguns exemplares e livretos que ensinavam como iniciar a criação. Porém, como o brasileiro não tem o hábito de consumir este tipo de alimento, a demanda não existiu e os criadores soltaram os moluscos inadvertidamente na natureza, sem imaginar o mal que estavam causando. Ele é hospedeiro de dois vermes nematódeos perigosos: o *Angiostrongylus cantonensis* causador de meningite eosinofílica, na qual o verme se instala no sistema nervoso central, com sintomas da meningite, levando à morte. O outro nematódeo é o *Angiostrongylus costaricensis*, causador da angiostrangilíase abdominal que muitas vezes é assintomática, mas em alguns casos pode levar ao óbito por perfuração intestinal e peritonite. As densas populações desse molusco no Brasil devem-se principalmente à ausência de predadores naturais. Apesar de ser herbívoros, são muito vorazes e pouco exigentes para se alimentar, comendo praticamente de tudo. Um exemplar pode colocar em média 200 ovos por postura e se reproduzir mais de uma vez por ano. Os adultos atingem 18 cm de comprimento e até 500 gramas de peso total

Cefalópodes

Exclusivamente marinhos, são muito elegantes, têm cabeça volumosa com olhos altamente diferenciados e pé transformado em tentáculos com ventosas. São "inteligentes" e ativos, representados pelas lulas, polvos, sépias, argonautas e náutilos. Seu tamanho não excede 30 cm, mas existe uma espécie de lula gigante que vive em profundidade e que pode atingir metros de comprimento.

São carnívoros e sua boca possui um poderoso bico com o qual destroça suas vítimas. Outra "arma" interessante é a enorme capacidade desses animais de se disfarçarem ante os inimigos, alterando suas cores e também enrugando ou alisando o tegumento.

Lula.

Polvo.

Há uma glândula de tinta que eles eliminam para encobrir sua fuga, atrapalhando a visão de um eventual predador. É dessa tinta que se faz o nanquim.

Os cefalópodes podem se locomover a jato, pela expulsão rápida de água através de um sifão.

Concha cortada mostrando os compartimentos que se enchem e se esvaziam.

Náutilo, um cefalópode com 30 cm em média.

Equinodermos

Todos os representantes desse grupo são exclusivamente marinhos, sua pele tem espinhos como a dos ouriços-do-mar e estrelas-do-mar.

Apesar de suas inúmeras larvas apresentarem lado esquerdo e lado direito, os adultos têm a mesma estrutura corpórea ou simetria das medusas e anêmonas, são arredondados ou circulares, isto é, sua simetria não é bilateral e sim radial, como os raios de uma roda de bicicleta.

Possuem um endoesqueleto calcário, composto por uma série de placas ou ossículos. A parede do corpo também é revestida por elementos calcários, adquirindo em muitas espécies o aspecto de uma carapaça. O padrão de desenvolvimento embrionário, entre outras características, indica que os equinodermos são intimamente relacionados com os cordados.

O sistema ambulacrário

Este sistema aquífero funciona com a entrada da água do mar, sob pressão, pela **placa madrepórica**. Em seguida a água passa pelo **canal pétreo** até chegar no **canal circular**, de onde vai para os **canais radiais** e, em seguida, para os pares de **pés ambulacrários**.

Quando as ampolas pressionam a água para o pé, sua ventosa "agarra" no substrato e só irá soltá-lo quando a água voltar para cima.

Os pés **ambulacrários** servem para locomoção, preensão e para abrir conchas de moluscos bivalves, alimento das estrelas-do-mar, entre outras funções.

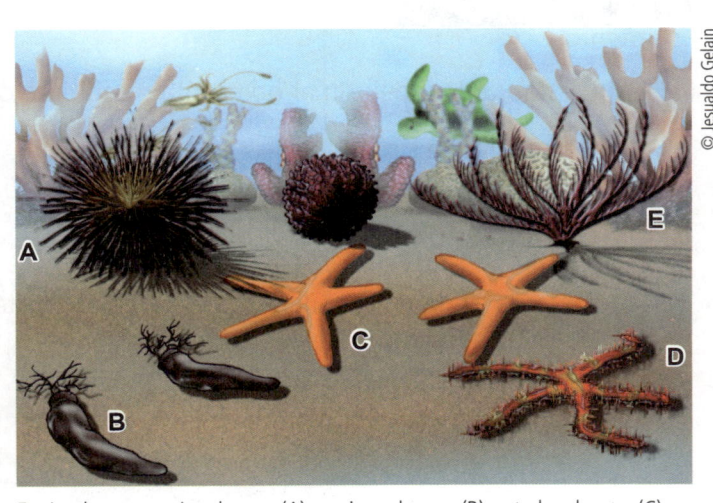

Equinodermas: ouriço-do-mar (A); pepinos-do-mar (B); estrelas-do-mar (C); serpente-do-mar ou ofiúro (D); lírio-do-mar (E).

107

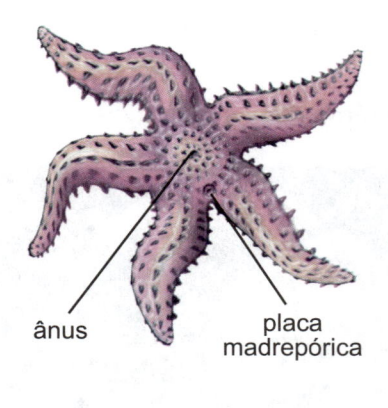

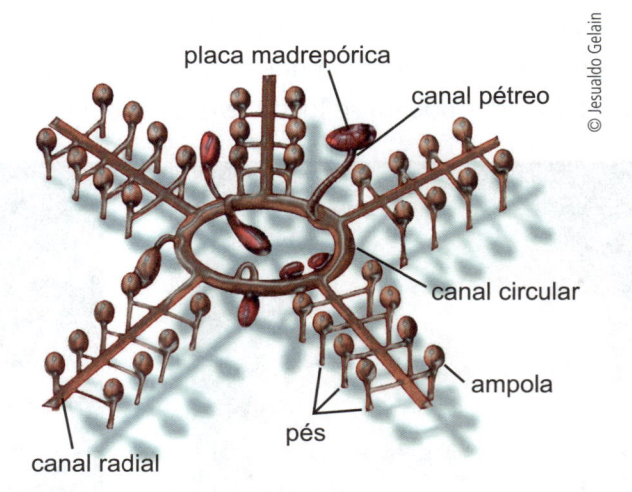

Estrela-do-mar, cujo ânus é dorsal e a boca ventral, com o sistema ambulacrário ao lado.

Outra característica notável dos equinodermos é sua capacidadede de regeneração, ou seja, ao perder um de seus braços, a estrela-do-mar constrói um novo braço. Em algumas espécies, o disco central sozinho é capaz de renegar todos os braços. Isso é possível em função da capacidade que o adulto tem de produzir, após um acidente, novas células que darão origem aos diferentes tipos celulares que formam o corpo do animal.

Corrupio ou bolacha-da--praia, um tipo de ouriço.

Esqueleto calcário do ouriço-do-mar.

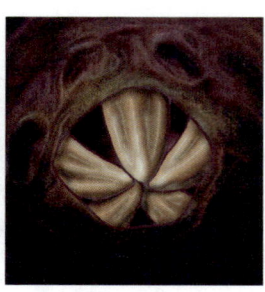

Dentículos na boca do ouriço.

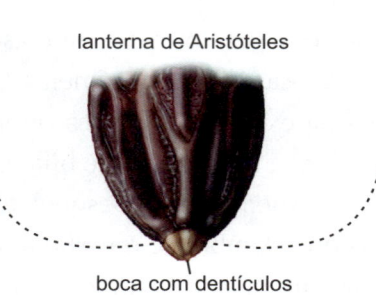

Lanterna-de-aristóteles com os dentículos na boca do ouriço-do-mar.

ATIVIDADES

1) Um restaurante à beira-mar apresenta o seguinte cardápio:

I – Casquinha de siri.
II – Salada de rúcula e agrião com camarões.
III – Risoto de polvo e marisco.
IV – Mexilhões ao molho escabeche.
V – Lagostins marinados.

a) Eduarda e sua amiga Clara são alérgicas a crustáceos. Quais os pratos que elas não podem pedir? Justifique.

___

___

___

108

b) Os outros pratos são formados por qual filo animal?

c) Classifique os animais do filo do item b segundo as diferentes classes que os compõem.

2 Dois amigos, Pedro e Raphael, resolveram passar as férias de julho no estado de Goiás. Durante a viagem, Pedro, lembrando das aulas de ciências, disse para Raphael que eles nunca poderiam encontrar nesse estado equinodermas.

Raphael imediatamente respondeu que o amigo não tinha prestado atenção nas aulas, pois em Goiás são encontrados muitos rios, córregos e aquíferos (águas subterrâneas; logo, a região é repleta de equinodermas).

Quem prestou atenção na aula? Justifique.

3 Pesquise e responda:

Como são formadas as pérolas e também como podemos obter pérolas cultivadas.

4) Dê o nome dos animais abaixo e responda as questões relacionadas:

I – _____

II – _____

III – _____

a) A que filos pertencem os animais das imagens I, II e III respectivamente?

_____
_____
_____
_____

b) Dê a classe dos animais das imagens II e III respectivamente.

_____
_____
_____

c) Dê duas características do filo dos animais da imagem I.

_____
_____
_____
_____

5) Como respiram os moluscos?

_____
_____
_____
_____

6 Como esses dois animais a seguir podem ter semelhanças?

_____
_____
_____

7 Quando uma estrela-do-mar captura um bivalve e abre sua concha, como ela procede para comer o animal?

_____
_____
_____

8 Responda ao teste a seguir e justifique.

(Pouso Alegre/MG) As estrelas-do-mar são equinodermas inimigos das ostras. O fato de pescadores de ostras separarem as estrelas-do-mar que encontram nos bancos de ostras, braço por braço, e as jogarem no mar, assim em pedaços,

a) diminui o número de ostras.

b) aumenta o número de ostras.

c) não aumenta nem diminui o número de ostras.

d) torna as ostras maiores pelo maior consumo de alimentos.

e) não altera o equilíbrio ecológico.

_____
_____
_____
_____

9 Observe os animais e responda:

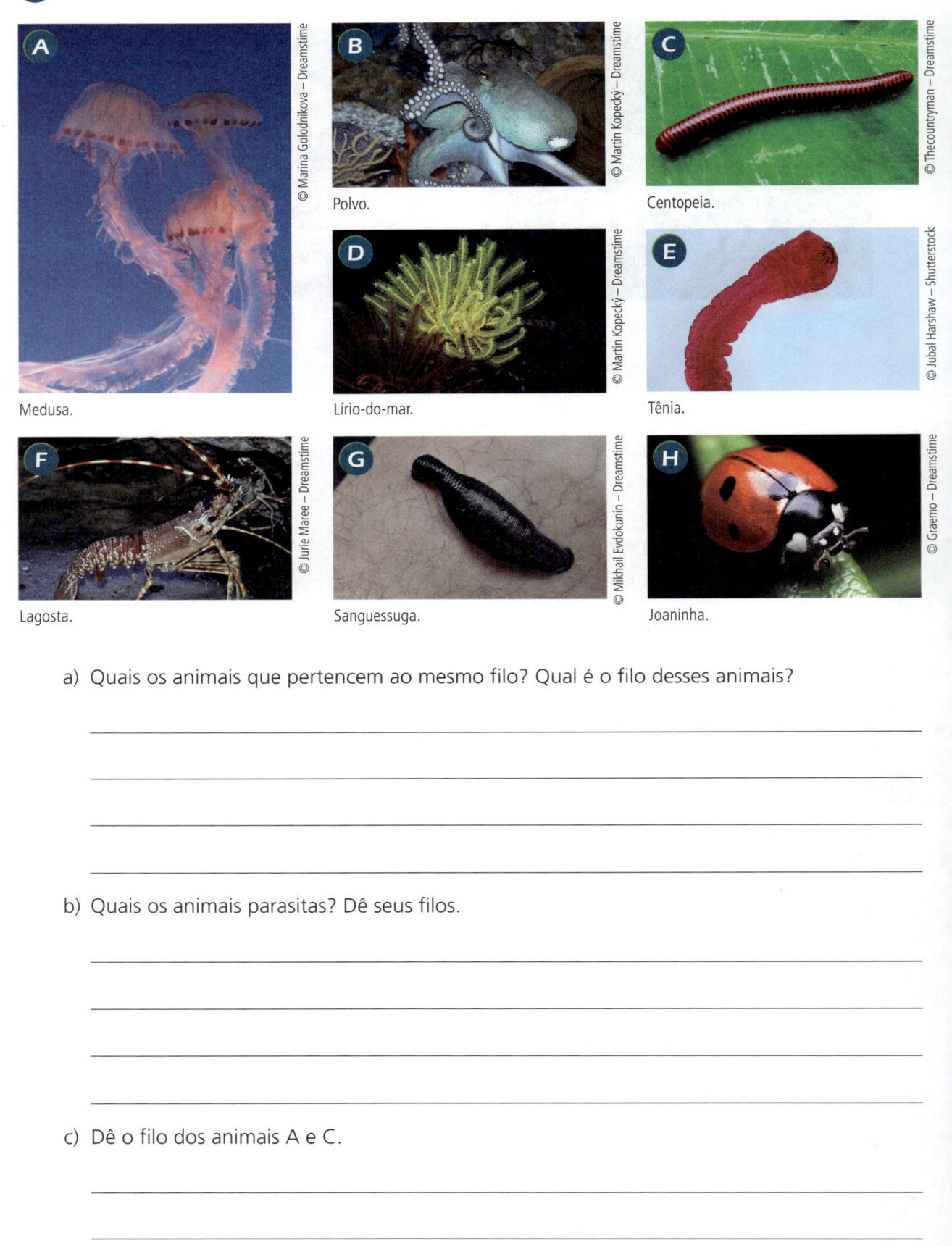

A - Medusa.
B - Polvo.
C - Centopeia.
D - Lírio-do-mar.
E - Tênia.
F - Lagosta.
G - Sanguessuga.
H - Joaninha.

a) Quais os animais que pertencem ao mesmo filo? Qual é o filo desses animais?

b) Quais os animais parasitas? Dê seus filos.

c) Dê o filo dos animais A e C.

112

10. Numa festa de final de ano um grupo de invertebrados resolveu fazer um "amigo-secreto". Nas semanas que antecediam à festa, eles começaram a trocar bilhetes para dar dicas sobre seu amigo-secreto.

- A sanguessuga recebeu um bilhete dizendo que seu amigo-secreto gosta muito de água, porém não tinha afinidade com rios e lagos, portanto só é encontrado em águas marinhas.
- A planária mandou um bilhete para seu amigo-secreto, dizendo que vivia na água e não era parasita. Seu amigo-secreto possui muitas patas e é terrestre.
- A lombriga recebeu um bilhete dizendo que ele, seu amigo-secreto, também é um parasita, porém ectoparasita, com duas ventosas e que vive na água doce.
- O piolho-de-cobra informou a seu amigo-secreto que eles pertenciam ao mesmo filo, porém são de classes diferentes.
- A lombriga disse para a joaninha que seu amigo-secreto possui simetria radiada e um endoesqueleto calcário.
- A estrela-do-mar soube que o amigo-secreto da joaninha pertence ao filo de muitos parasitas.

a) A partir das informações descritas, forme os pares de amigos-secretos.

b) Dê os filos dos amigos-secretos.

11 Observe a tirinha e responda: A "desculpa" do aluno é verdadeira? Justifique.

Capítulo 5

OS CICLÓSTOMOS

A Arca de Noé

Esta história é muito,
Muito antiga.
Eu li
Num livrão grande do papai,
Que se chama Bíblia.
É a história de um homem chamado Noé.

Um dia, Deus chamou Noé.
E mandou que ele construísse
Um barco bem grande.
Não sei por que,
Mas todo mundo chama esse barco
De Arca de Noé.
Deus mandou
Que ele pusesse dentro do barco
Um bicho de cada qualidade.

Um bicho, não. Dois.
Um leão e uma leoa...
Um macaco e uma macaca...
Um caititu e uma caititoa...
Quer dizer, caititoa não,
Que eu nem sei se isso existe.
E veio tudo que foi bicho.
Girafa, com um pescoço
Do tamanho de um bonde...

Tinha tigre de bengala.
Papagaio que até fala.
E tinha onça-pintada.
Arara dando risada,
Que era ver uma vitrola!
E um casal de tatu-bola...

Bicho d'água, isso não tinha,
Nem tubarão, nem tainha,
Procurando por abrigo.
Nem peixe-boi nem baleia,
Nem arraia nem lampreia,
Que não corriam perigo...

[...]

Ruth Rocha. Disponível em: <www2.uol.com.br/ruthrocha/historias_13.htm>. Acesso em: Agosto/2012.

As espécies conhecidas de vertebrados estão reunidas no filo Chordata, o qual abriga ainda outros grupos de animais marinhos menos conhecidos, os tunicados e os anfioxos. Uma característica comum a todos os cordados é a presença de notocorda, um tubo gelatinoso que se estende ao longo da parte dorsal do corpo do embrião.

Nos vertebrados, mas não nos demais cordados, a notocorda do embrião dá origem à coluna vertebral ou espinha dorsal do adulto. É por isso que se diz que os vertebrados são animais que possuem coluna vertebral.

A coluna desempenha dois papéis fundamentais: em primeiro lugar, porque serve como eixo de sustentação do esqueleto e, portanto, de todo o corpo do animal; em segundo, porque envolve e protege a medula espinhal, estrutura do sistema nervoso que se estende por dentro das vértebras.

Os primeiros vertebrados eram animais marinhos diminutos, com um formato geral do corpo que lembrava o de um peixe sem nadadeiras.

Eles são chamados de agnatos, em alusão a falta de mandíbula na boca. Para se alimentar, eles aparentemente filtravam o conteúdo da água do mar ou sugavam fluídos do corpo de outros animais.

A grande maioria das espécies de agnatos desapareceu há muito tempo, sendo conhecida hoje apenas por meio de restos fósseis. As poucas espécies viventes, chamadas de lampreias e feiticeiras, são coletivamente designadas de ciclóstomos.

Assim como os seus ancestrais, as espécies modernas de ciclóstomos são incapazes de morder. Nenhuma delas ocorre no Brasil.

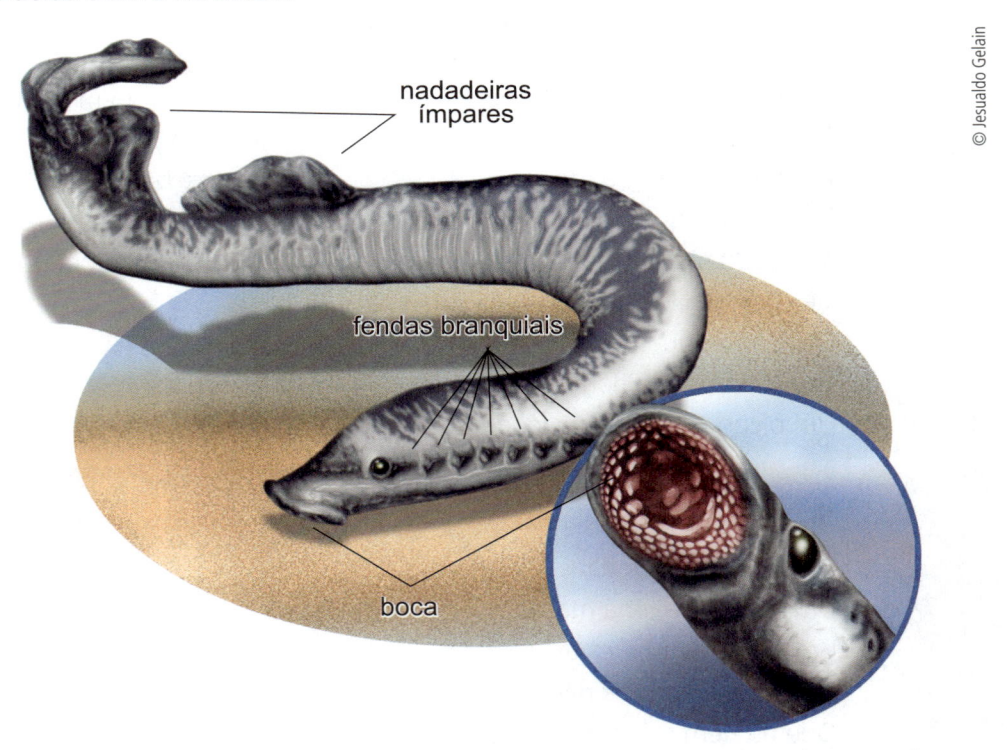

A lampreia fixa-se à sua vítima por meio da boca, raspa sua pele com os dentes e com a língua e suga-lhe os tecidos e o sangue.

O nome do grupo ciclóstomo (do grego cyklos = circular, stoma = boca) tem relação com o formato circular da boca. A lampreia, de corpo roliço e acinzentado no dorso, atinge até um metro de comprimento e, com sua boca circular, fixa-se no corpo dos peixes e abre uma ferida com uma língua raladora, sugando o sangue e a carne das suas vítimas.

A feiticeira ou peixe-bruxa, faz o mesmo, só que dentro do corpo de peixes feridos ou mortos, dos quais come a carniça. Ela vive no mar como a lampreia, mas esta pode migrar para a água doce em certas épocas do ano, quando estão para se reproduzir. Dos ovos nascem larvas, que se alimentam por filtração e, depois de algum tempo, os animais jovens voltam para o mar.

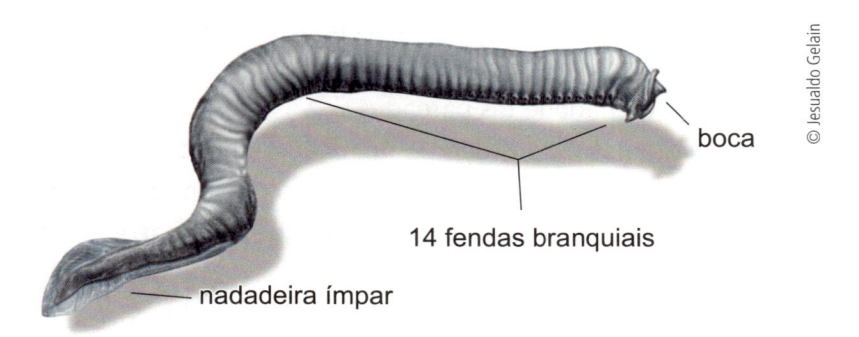

A feiticeira, outro ciclóstomo.

Você sabia?

A lampreia é uma das sete maravilhas da gastronomia portuguesa

Algumas espécies de lampreias são usadas como alimento. No sul da Europa, sobretudo em Portugal, Espanha e França, a lampreia é tida por iguaria requintada, sendo vendida nos restaurantes a preços muito elevados.

Em Portugal existem três espécies de lampreias: a marinha, a de rio e a de riacho. A mais conhecida e muito apreciada na gastronomia é a lampreia-marinha.

Ela é encontrada em abundância, mas as populações existentes estão diminuindo devido à pesca excessiva de que têm sido alvo, bem como à destruição dos locais de desova e crescimento e à captura ilegal.

As medidas de conservação passam, entre outras, pela proteção rigorosa e manutenção das áreas de desova e crescimento, do aumento do período durante o qual a pesca é proibida, bem como pela intensificação da fiscalização da pesca.

Em Portugal, os principais pratos feitos com lampreia são o arroz de lampreia e à bordalesa, um guisado normalmente acompanhado de arroz. Alguns restaurantes e casas fazem-na também assada no espeto, e outros ainda fazem-na de escabeche. Em Portugal, a lampreia é consumida de finais de janeiro a meados de abril.

Arroz de lampreia (Portugal).

Ciclóstomos e a evolução dos vertebrados

As lampreias e as feiticeiras são os únicos representantes vivos de um rico e variado grupos de vertebrados agnatos, entre os quais se incluem ainda os chamados ostracodermes, todos já extintos.

Todas as linhagens de ostracordermes se caracterizavam pela presença de um revestimento ósseo, geralmente na forma de uma extensa armadura ou carapaça. Uma dessas linhagens teria dado origem aos placodermes, comumente tratados como os primeiros peixes verdadeiros, notabilizados pela presença de mandíbulas e de nadadeiras pareadas.

O aparecimento das mandíbulas é considerado um evento-chave na história evolutiva dos vertebrados. Dotados de tais estruturas, eles passaram a morder, o que implica dizer que os vertebrados se tornaram capazes de se alimentar de presas maiores, algo que até então só era possível se a vítima já estivesse morta.

Durante certo período, os placodermes dominaram o meio aquático e estenderam seu domínio para diversos ambientes e, quase ao mesmo tempo, deram origem aos peixes com esqueleto cartilaginoso, como os tubarões e as raias atuais, e originaram também os peixes com esqueleto ósseo.

Portanto, numa mesma época, já conviviam os agnatas ou peixes sem mandíbulas, os peixes cartilaginosos e os peixes ósseos. Os primitivos placodermes, enormes e desajeitados, apesar de mandibulados, foram extintos.

A partir do quadro apresentado abaixo, podemos ter uma ideia de quando tudo isso aconteceu.

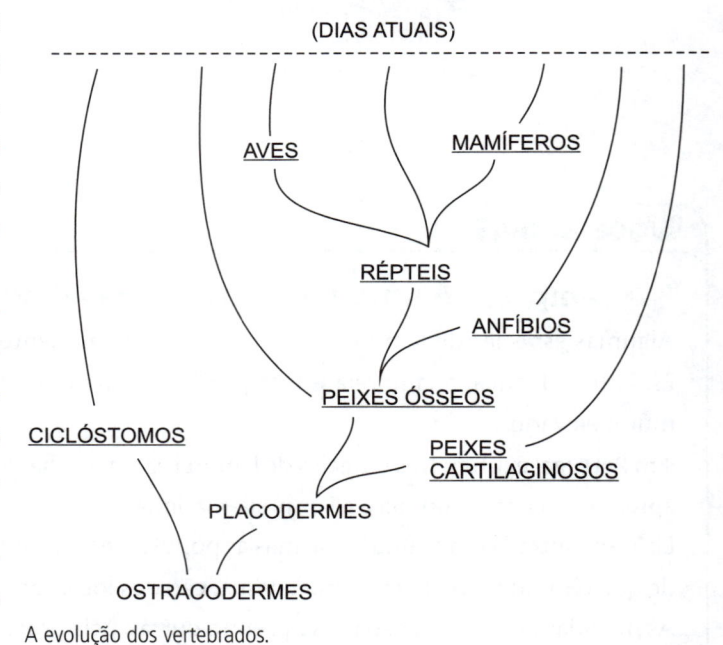

A evolução dos vertebrados.

Era	Período	Milhões de anos	Formas de Vida
	Quaternário	0-1,8	Espécie humana
	Neogeno	1,8-23	Gênero *Homo*
	Paleogeno	23-66	Primatas
Mesozoico	Cretáceo	66-146	
Mesozoico	Jurássico	146-200	
Mesozoico	Triássico	200-251	Aves e mamíferos
Paleozoico	Permiano	251-299	
Paleozoico	Carbonífero	299-359	Répteis
Paleozoico	Devoniano	359-416	Anfíbios
Paleozoico	Siluriano	416-444	
Paleozoico	Ordoviciano	444-488	Placodermes
Paleozoico	Cambriano	488-542	Ostracodermes
Pré-cambriano		542-4.500	

ATIVIDADES

1) Dê três características que identifiquem os animais vertebrados.

2) Qual a relação evolutiva entre ostracodermes, placodermes e peixes modernos? (Responda com um texto ou com um esquema.)

3) Pesquise em livros de biologia ou na internet quais as semelhanças e diferenças entre cartilagem e osso.

4 Analise os dois esquemas abaixo e justifique qual deles está correto:

```
        I. Placodermes              II. Ciclóstomos atuais
              ↑                               ↑
        Ciclóstomos atuais          Ostracodermes  →  Placodermes
              ↑
        Ostracodermes
```

_____
_____
_____
_____

5 Observe a figura e responda:

a) Qual o nome do animal da figura? Justifique com uma característica morfológica externa.

_____
_____
_____
_____

b) Onde vive esse animal?

_____
_____
_____
_____

c) Qual o tipo de alimentação?

_____
_____
_____
_____

Capítulo 6
OS PEIXES

O termo "peixes" é aplicado para um amplo e variado conjunto de vertebrados, tanto os extintos como os atuais.

A ancestralidade dos peixes ainda é um assunto repleto de dúvidas. O que se sabe é que a separação entre os agnatos e os mandibulados ocorreu muito cedo na história evolutiva dos vertebrados, talvez há cerca de 450 milhões de anos, em meados do período Ordoviciano. Pouco depois, teria ocorrido a separação dos peixes mandibulados em linhagens independentes (peixes cartilaginosos e ósseos, por exemplo).

Cerca de 20 mil espécies de peixes já foram descritas, as quais costumam ser arranjadas em dois grupos: o dos peixes cartilaginosos (tubarões, raias, quimeras) e o dos peixes ósseos (bacalhau, bagre, baiacu, cascudo, guppy, peixe-espada, piranha, sardinha, tambaqui, tilápia etc.). Tal distinção leva em consideração o tipo de material – cartilagem ou osso – que predomina na constituição do esqueleto desses peixes.

121

Observando os peixes, percebemos que a maioria deles apresenta o corpo **comprimido** (achatado lateralmente) ou **deprimido** (achatado dorsoventralmente), muito bem adaptados, portanto, para "cortar" a água.

O corpo dos peixes é achatado lateralmente.

O deslocamento é obtido pela contração da musculatura do corpo, e as nadadeiras oferecem direção e equilíbrio.

A linha lateral é uma série de poros com células que medem a pressão e direção da água. Ela está ausente nos peixes cartilaginosos.

As nadadeiras dos peixes.

Tegumento e esqueleto

A maioria dos peixes possui escamas. Os cartilaginosos têm escamas microscópicas.

Certos peixes ósseos são chamados peixes-de-couro e não possuem escamas, como o pintado, o surubim, o poraquê ou peixe-elétrico, a pirarara e o gigantesco piraíba, com quase 2 metros e 300 quilos.

O esqueleto de cartilagem é mais flexível, pois não sofre impregnação de sais de cálcio.

Escamas de peixe ósseo.

Escamas de tubarão, peixe cartilaginoso

122

Alimentação

Boca, faringe, estômago e intestino são comuns no sistema digestório dos peixes cartilagnosos e dos ósseos, mas, enquanto os primeiros possuem cloaca, os últimos possuem ânus.

Os hábitos alimentares são variados: **carnívoros**, **herbívoros** e **onívoros**, estes com alimentação mista.

O tubarão-baleia, com mais de dez metros de comprimento, alimenta-se de toneladas de plâncton, conjunto de algas e animais microscópicos que ocupam uma faixa superficial dos mares.

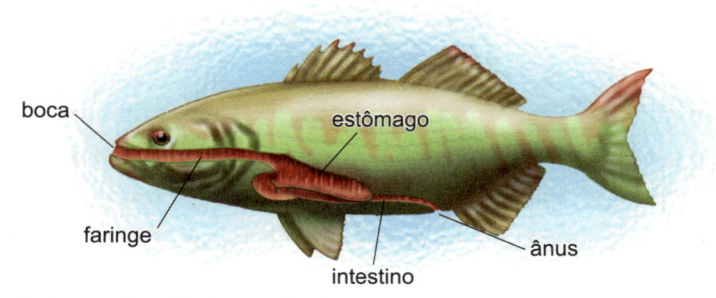

O sistema digestório de um peixe ósseo.

O tubarão-baleia, com mais de dez metros de comprimento, alimenta-se de toneladas de plâncton, conjunto de algas microscópicas que ocupam a faixa superficial dos mares.

Respiração

A respiração se dá por meio de **brânquias**, filamentos ricamente vascularizados que retiram o gás oxigênio da água e devolvem para ela o gás carbônico. Os peixes ósseos têm quatro pares de brânquias numa câmara recoberta por um opérculo ou lâmina óssea, e a maioria dos peixes cartilaginosos tem cinco pares em câmaras independentes e sem opérculo.

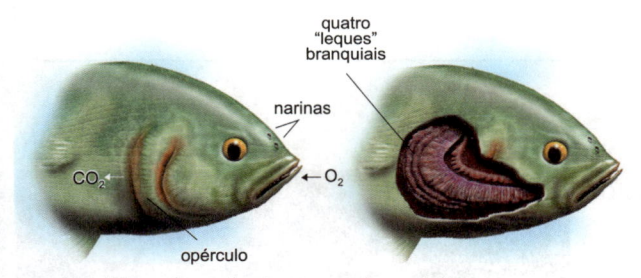

Os peixes ósseos têm opérculo, que recobre as brânquias.

As fendas branquiais dos tubarões não têm opérculo.

Temperatura do corpo

Peixes são animais ectotérmicos: a temperatura do corpo depende de fontes externas de calor. Isso quase sempre implica em heterotermia: a temperatura interna muda em função de oscilações ocorridas na temperatura externa.

Na verdade, com raras exceções, como as aves e os mamíferos, que são endotérmicos (isto é, a temperatura do corpo depende de fontes internas de calor) os seres vivos em geral são ectotérmicos.

Bexiga natatória

Em alguns peixes ósseos há a presença de uma bolsa localizada acima do sistema digestório, a qual pode acumular gases provenientes do sangue do animal; é a bexiga natatória.

O peixe pode subir ou descer na massa líquida, de acordo com a quantidade de gases em tal bexiga. Com menor pressão da água, aumentam os gases na bexiga e, com maior pressão da água, maior profundidade, a bexiga é comprimida e os gases diminuem.

Dizemos, portanto, que a bexiga natatória tem função hidrostática.

Peixes cartilaginosos não possuem bexiga natatória.

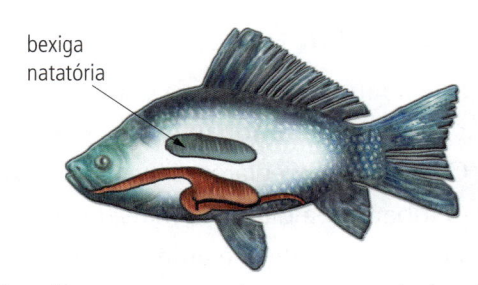

Quando os gases passam do sangue para a bexiga, ela se enche. Quando os gases voltam para o sangue, ela esvazia.

Você sabia?

A **piramboia**, peixe ósseo que vive em rios da região norte do Brasil, teve sua bexiga natatória transformada em um "pulmão", tanto que ela respira absorvendo o oxigênio do ar e não da água.

Esse animal descende de peixes pulmonados ancestrais que originaram os anfíbios, só que tais peixes ancestrais apresentavam nadadeiras de carne e osso e não de pele e espinhos.

Só existem três peixes **dipnoicos** ou pulmonados: a piramboia e outros dois que vivem na África e na Austrália.

A piramboia retira o oxigênio da atmosfera.

Esquema da evolução dos peixes pulmonados

PEIXES PULMONADOS　　ANFÍBIOS
ATUAIS (ex: piramboia)　　ATUAIS

PEIXES PULMONADOS ANCESTRAIS
(nadadeiras de carne e osso)

Reprodução

A maioria das fêmeas dos peixes é ovípara, isto é, a fecundação é interna e a fêmea põe os ovos fecundados, de onde saem os **alevinos** ou filhotes.

Algumas são ovulíparas, outras ovovivíparas e até vivíparas, como certos peixes de aquário e alguns tubarões.

O cavalo-marinho é um peixe ósseo com um processo reprodutivo diferente, pois a fecundação e a incubação dos filhotes é feita nos machos. As fêmeas transferem seus ovócitos (gametas) para uma bolsa de incubação existente nos machos, que é eliminada no nascimento dos filhotes.

Hippocampus sp.

Biologia

Entre cartilaginosos e ósseos são mais de 20 mil espécies de peixes, devidamente catalogadas, muitas das quais representam, há muito, o sustento alimentar de vários povos.

Muito nutritiva, a carne dos peixes é rica em proteínas, vitaminas, sais minerais e geralmente é "magra", ou seja, possui pouca gordura.

Todavia, a contínua destruição dos seus hábitat marinhos ou de água doce tem provocado a redução do número de muitas espécies de pescado.

Algumas barreiras de corais, ecossistemas riquíssimos em diversidade de vida, também estão ameaçadas não só pela poluição, como também pelas bruscas variações de temperatura provocadas por alterações do clima. Com o desaparecimento dos corais, as cadeias alimentares ficam interrompidas e muitas espécies de peixes não têm o que comer.

Da mesma forma que cresce a aquicultura de crustáceos e moluscos, há o aumento do número de criadores de peixes em reservatórios, lagos e açudes, para o cultivo de espécies como a tilápia e o pacu, por exemplo, que possam alimentar o ser humano.

Você sabia?

Butantan desenvolve novo remédio contra a asma

Desenvolvida a partir do veneno do peixe *Thalassophryne nattereri*, chamado popularmente de Niquim (encontrado nas regiões Norte e Nordeste do país), uma nova droga é a descoberta do Instituto Butantan no combate à asma.

Após 14 anos estudando o veneno de peixes no Instituto Butantan, em São Paulo, as pesquisadoras Mônica Lopes Ferreira e Carla Lima descobriram que esse peixe, além de possuir substâncias tóxicas, produz uma espécie de anti-inflamatório, o peptídeo, que tem a vantagem de não apresentar os mesmos efeitos colaterais dos corticoides, medicamentos mais usados hoje no controle e tratamento da doença. De acordo com Carla, há quatro anos elas se dedicaram especialmente a analisar a composição do veneno do Niquim e sua atuação em camundongos. A asma é uma doença inflamatória e que recebe muita influência ambiental.

Segundo Carla, o número de pessoas que sofrem com asma tem crescido nos últimos 20 anos no país, principalmente por causa de fatores como a poluição. "No Brasil, há cerca de 15 milhões de pessoas sofrendo com asma, de acordo com a OMS (Organização Mundial de Saúde)", disse. Com toda a parte científica já desenvolvida, a descoberta da nova droga aguarda agora a fase de testes clínicos, que serão realizados, segundo a pesquisadora, pelo Laboratório Cristália, que detém a co-parceria da patente, para poder finalmente chegar à população. (Fernanda Moraes)

O gênero *Thalassophryne* apresenta várias espécies no Brasil e a espécie *Thalassophryne nattereri* (peixe niquim) é a mais comum, todas apresentando veneno. O veneno é inoculado por duas espículas ocas na nadadeira dorsal e duas nas regiões pré-operculares, ligadas a uma glândula de veneno na base. Os envenenamentos causaram dor intensa e edema.

ATIVIDADES

1) Com relação a forma do corpo dos peixaes, explique porque a forma comprimida é adequada ao hábito de vida do animal?

_____

_____

_____

2) Quais são as nadadeiras dos peixes?

_____

_____

3) O que é o plâncton que alimenta o tubarão-baleia?

_____

_____

_____

4) Com relação à estrutura indicada pela seta no desenho, responda:

a) Qual o nome da estrutura indicada pela seta?

_____

b) Que tipo de peixe possui essa estrutura?

_____

c) Qual a principal função dessa estrutura?

_____

d) Quando o peixe se encontra junto à superfície da água, qual a alteração sofrida pela estrutura?

_____

e) Qual a função dessa estrutura nos peixes dipnoicos como a piramboia?

_____

_____

© Jesualdo Gelain

126

5 (UNESP) "Cientistas ingleses disseram ter descoberto os restos de um dos primeiros tubarões. Os fósseis encontrados datam de 25 milhões de anos antes do que se acreditava. A impressão, a partir dos achados, é que os tubarões desta época não tinham mandíbulas."

(O Estado de S. Paulo)

a) Qual é o grupo de vertebrados que não possuía mandíbulas e que, provavelmente, antecedeu aos peixes? Cite um exemplo de um animal desse grupo.

_____

_____

b) Qual a grande vantagem da aquisição de mandíbula pelos peixes.

_____

_____

_____

6 Explique a função hidrostática da bexiga natatória.

_____

_____

_____

7 Observe a tirinha e responda:

© Níquel Náusea – Fernando Gonsales

a) Quais os filos dos invertebrados da tirinha?

_____

_____

b) A água onde estão esses animais é de mais ou menos 23° C. Porém, como durante toda a semana tivemos chuvas constantes, a temperatura da água está em torno de 20° C. Qual é a temperatura do vertebrado durante essa variação da água? Justifique.

_____

_____

127

8 O que é mais vantajoso para os ecossistemas: a pesca extrativa ou o manejo sustentável de várias espécies de peixes? Explique.

_____
_____
_____
_____
_____
_____
_____

9 O peixe ao lado vive em grandes profundidades (regiões abissais). Sabemos que peixes podem ser, entre outras formas alimentares, carnívoros ou herbívoros. Quanto a essas duas formas de alimentação: como é a do peixe ao lado? Justifique sua resposta.

_____
_____
_____
_____
_____
_____
_____
_____

Melanocetus johnsonii, ou peixe-diabo negro.

10 Após uma breve pesquisa, explique como se reproduz o cavalo-marinho. É verdade que o macho fica "grávido"?

_____
_____
_____
_____
_____
_____

Capítulo 7
OS ANFÍBIOS: TENTATIVA DE SAIR DA ÁGUA

Os anfíbios ou batráquios são vertebrados tetrápodes (isto é, providos de dois pares de membros locomotores).

A maioria das espécies passa por um ciclo de vida complexo, durante o qual atravessam três estágios: ovo, larva (girino) e adulto. Em algumas espécies, contudo, o desenvolvimento é direto, sem passar pela fase de girino.

O girino é aquático, enquanto o adulto pode viver tanto em hábitats aquáticos quanto terrestres. Os girinos respiram por meio de brânquias, já os adultos, embora tenham pulmões, em muitas espécies as trocas gasosas também são feitas através do tegumento (pele), que é úmido e desprovido de escamas.

© Níquel Náusea – Fernando Gonsales

129

Os primeiros tetrápodes surgiram há cerca de 400 milhões de anos, ainda no período Devoniano, a partir de uma linhagem de peixes pulmonados semelhante àquela que deu origem ao celacanto.

Cabe ressaltar que o pulmão não surgiu com os anfíbios. Trata-se, na verdade, de uma característica que já estava presente em alguns peixes ósseos. A evolução inicial dessa estrutura ocorreu, portanto, em linhagens de vertebrados que viviam dentro da água.

Os anfíbios foram abundantes durante o Carbonífero, entre 320 milhões e 360 milhões de anos, mas nunca chegaram propriamente a "conquistar" a terra firme, no sentido de conseguir viver longe da água.

Os anfíbios estão representados na natureza por três grupos:

- sapos, rãs e pererecas.
- salamandras e tritões.
- cecília ou cobra-cega.

Os anfíbios. A cecília ou cobra-cega é um anfíbio ápode, sem patas.

Tegumento e esqueleto

A pele é lisa e precisa estar sempre úmida, facilitando a passagem dos gases oxigênio e dióxido de carbono, uma vez que a respiração também é cutânea.

O sapo apresenta glândulas de veneno que, ao contrário do que muitos pensam, não conseguem espirrar o seu produto e este também não provoca cegueira. Entretanto, pequenas e coloridas rãs da Floresta Amazônica possuem glândulas em todo o corpo, cujo veneno pode facilmente matar pessoas e animais.

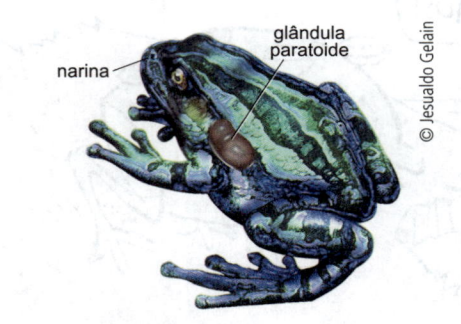

A glândula paratoide do sapo.

Perereca, geralmente de hábitos noturnos.

130

> **Você sabia?**
>
> ## O menor sapo venenoso do mundo
>
> O menor sapo venenoso do mundo é este minúsculo serzinho, do tamanho da ponta de um lápis. A despeito de seu tamanho diminuto (apenas um centímetro quando adulto), ele é um primor em termos de veneno. Sua toxidade é suficiente para matar várias pessoas. A pele dele é cerca de 200 vezes mais tóxica que uma dose de morfina.
>
> Este sapo está entre os anfíbios mais venenosos do planeta, e só é encontrado em estado selvagem nas encostas ocidentais dos Andes, no Equador, na América do Sul. Atualmente, dezenas de espécies raras foram criadas no Blue Reef Aquarium, em Portsmouth, Hampshire. Quando adultos, os sapinhos se tornam vermelho brilhante, com três listras fluorescentes normalmente esverdeadas em suas laterais. Mesmo na fase adulta, o animal atinge apenas um centímetro de comprimento. A porta-voz do aquário, Jenna MacFarlane, disse: "Estes sapos bonitos estão sob ameaça crescente no estado selvagem devido à perda de hábitat e à poluição, e estamos satisfeitos por termos sido capazes de criá-los com sucesso aqui."
>
> O veneno poderoso do *Epipedrobates tricolor*, está sendo pesquisado para desenvolver drogas contra a dor que sejam mais baratas e mais eficientes que a morfina atual. Um sapo tão pequeno poderá trazer grandes benefícios para a saúde humana, sobretudo para o aplacamento das dores terríveis de pacientes terminais de doenças graves como câncer e Aids.
>
> O menor sapo do mundo é este sapinho cubano, de 8,5 mm, chamado "Monte Iberia Eleuth". Este não é venenoso.

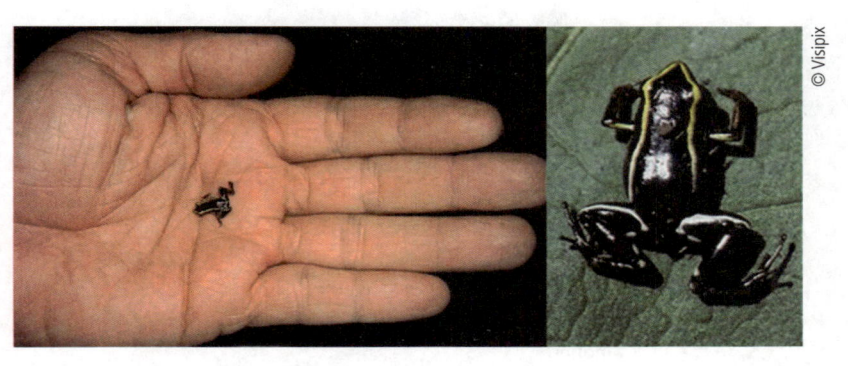

Se os peixes geralmente apresentam uma coluna vertebral tão longa, procure raciocinar o motivo de os anfíbios possuírem uma coluna vertebral mais curta. Para responder ao desafio, lembre-se de que, de certo modo, os anfíbios modernos descendem de animais que saíram da água.

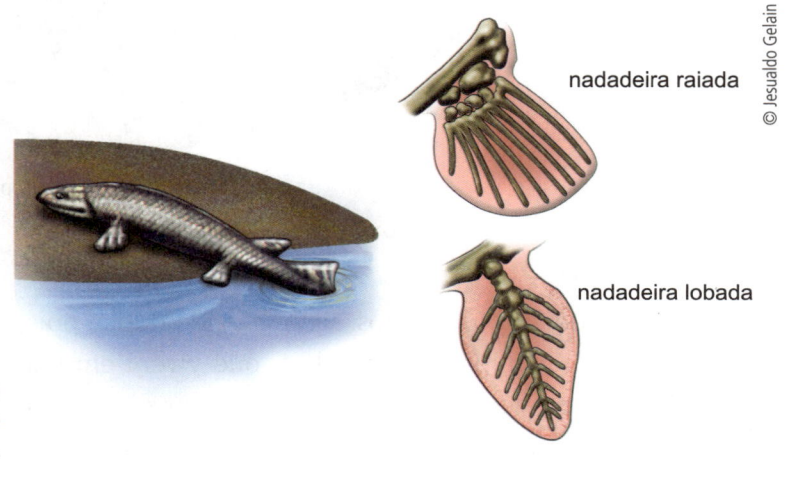

nadadeira raiada

nadadeira lobada

Os peixes que "saíram da água" só puderam se locomover porque possuíam nadadeiras de carne e osso (lobadas) e não de pele e espinhos (raiadas).

Alimentação

A maioria dos anfíbios é carnívora e se alimenta, principalmente, de insetos.

Respiração

Como os pulmões dos anfíbios ainda não são pregueados, não têm alvéolos e são um pouco deficientes nas trocas gasosas, eles apresentam respiração cutânea, isto é, pela pele.

Larvas e certas formas aquáticas possuem respiração branquial.

Reprodução

Os sexos são separados e as fêmeas, ovulíparas. A fecundação ocorre na água. Dos ovos, envoltos por gelatina, saem as larvas com cauda e sem patas, os girinos. A partir de uma série de mudanças, a metamorfose, surgem os jovens sapos.

As etapas da metamorfose do sapo.

Biologia

O nome do grupo, anfíbios, significa vida dupla, pois vivem na água e no ambiente terrestre.

Entretanto, algumas salamandras, que vivem em grandes altitudes, onde não existe água, se reproduzem com fecundação interna e desenvolvimento interno; são, portanto, vivíparas. Outras salamandras vivem sempre dentro da água e até possuem brânquias na fase adulta.

Você sabia?

Excêntrico, sapo azul usa cor para evitar ataques de predadores

Ele mede não mais do que cinco centímetros e carrega uma substância que pode paralisar.

Bonito para os humanos, o sapo-flecha-venenosa-azul usa a cor como estratégia para se manter vivo.

Enquanto muitos animais se escondem para preservar a vida, este anfíbio faz o contrário – uma atitude "excêntrica" na natureza.

Segundo especialistas, sua pele de um azul vivo (cor pouco comum entre os animais) com manchas pretas tem a função de avisar que ele não deve ser tocado, pois carrega toxinas na pele.

Também conhecido no Suriname como *okopipi*, o animal vive em áreas úmidas e escuras, como pedras próximas a leitos de rios em florestas.

Seu nome científico é *Dendrobates azureus* e ele vive até seis anos na natureza.

Sapo-flecha-venenosa-azul (*Dendrobates azureus*), que pode ser encontrado no Suriname, carrega toxinas em sua pele.

ATIVIDADES

1 Como é a pele dos anfíbios?

2 Como respiram os anfíbios? Justifique.

3 Explique o motivo principal pelo qual os anfíbios ainda não podem ser vistos como animais tipicamente terrestres.

___

4 Descreva o ciclo reprodutivo dos sapos?

___

5 Pensando nos grandes biomas do Brasil – caatingas, cerrados, pampas, florestas – responda:

a) Em qual deles espera-se encontrar maior abundância de anfíbios?

___

b) Justifique sua resposta, relacionando as características do ambiente com as deste grupo de vertebrados.

___

6 Podemos dizer que sapos são sempre maiores que as pererecas?

___

Capítulo 8
Os répteis: conquistando novo ambiente

As espécies atuais de répteis descendem dos primeiros tetrápodes verdadeiramente terrestres – isto é, aqueles cujo ciclo de vida independe da proximidade de corpos de água. Um grande fator que contribuiu para isso foi o surgimento de ovos com casca e com estruturas que permitem o desenvolvimento embrionário em seu interior.

Os répteis possuem um ciclo de vida direto, sem formas larvais. As trocas gasosas são realizadas exclusivamente por meio de pulmões; o tegumento recoberto de escamas, seco e impermeável não é utilizado para esse fim.

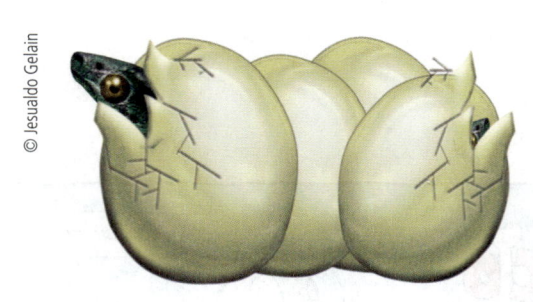

Os ovos com casca foram importantes na conquista do ambiente terrestre.

Os diferentes répteis

Podemos separar estes animais nos seguintes grupos:

Quelônios

Possuem uma carapaça óssea curva e dorsal e uma estrutura ventral de formato achatado, denominada plastão. As tartarugas são geralmente marinhas, os cágados, animais de água doce, e os pesados jabutis terrestres, além da tartaruga-gigante das Ilhas Galápagos.

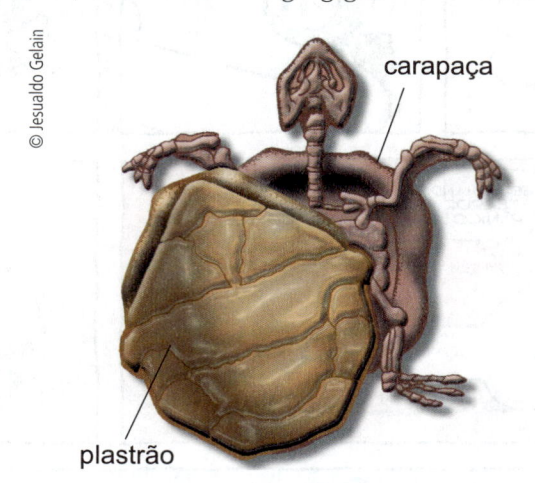

Esqueleto de quelônio com a carapaça dorsal e o plastrão ventral deslocado.

Quelônios não possuem dentes, mas apresentam um afiado bico córneo.

Escamados

São os lagartos (lacertílios) e as serpentes (ofídios), cujo corpo é recoberto por escamas.

Exemplos de lacertíleos: teiú (comum no Brasil), camaleões, lagartixas etc.

Todas as serpentes são ápodes, isto é, desprovidas de membros locomotores. Não se trata, porém, de uma exclusividade, pois outras linhagens de tetrápodes, em especial entre os lagartos, também desenvolveram uma condição ápode.

Algumas serpentes injetam substâncias tóxicas em suas presas, paralisando-as. Essas serpentes são chamadas de peçonhentas.

Ao contrário do que insinuam os famosos encantadores com suas flautas, as serpentes são surdas, embora possam perceber vibrações no solo. Pesquise como elas acompanham o encantador.

A cobra-rei, à esquerda, e o iguana-marinho, à direita, das Ilhas Galápagos.

Crocodilianos

São os fortes e poderosos jacarés sul-americanos, os crocodilos africano e australiano, os aligatores da América do Norte e o gavial, um crocodiliano do rio Ganges, na Índia.

Tegumento e esqueleto

Carapaças, escamas e placas córneas dos "encouraçados" crocodilianos não permitem a respiração através da pele, que não possui glândulas.

As várias linhagens de répteis diversificaram-se bastante desde o período Carbonífero, atingindo o apogeu no final do Permiano e início do Triássico, com o aparecimento dos dinossauros há cerca de 245 milhões de anos. Os dinossauros dominaram a fauna terrestre durante cerca de 180 milhões de anos, até desaparecerem por completo. Os últimos desses répteis gigantescos foram extintos antes do final do Cretáceo, há aproximadamente 65 milhões de anos.

inserção lateral   inserção vertical

A posição dos membros mudou ao longo da evolução dos tetrápodes: desce uma inserção lateral (como no caso dos répteis) até uma inserção mais vertical (como no caso dos mamíferos).

Alimentação

Se alguns quelônios e certos lagartos são herbívoros, a maioria tem hábitos alimentares carnívoros.

137

Respiração

Pulmonar, porém as tartarugas marinhas também absorvem oxigênio da água pela pele que reveste a cloaca, abertura comum aos sistemas digestório, excretor e reprodutor. Também possuem cloaca os peixes cartilaginosos, os anfíbios, os répteis, as aves e alguns mamíferos primitivos.

Circulação

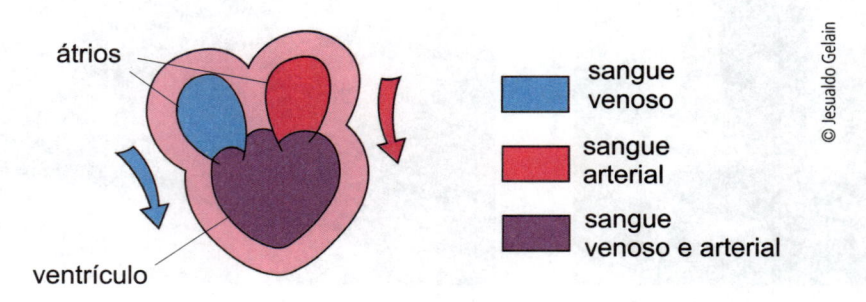

A maioria dos répteis, assim como acontece com os anfíbios, possui um coração com três câmaras (dois átrios e um ventrículo). Há uma pequena mistura de sangue venoso (vindo do átrio direito) com arterial (vindo do átrio esquerdo) no ventrículo. Em linhas gerais, o sangue percorre dois circuitos: o primeiro, coração, pulmões, coração; e o segundo, coração, corpo, coração.

Reprodução

Os sexos são separados e as fêmeas, geralmente ovíparas, põem ovos com casca e com estruturas que facilitam a sobrevivência do embrião no interior do ovo e, portanto, fora da água.

Garantem o desenvolvimento embrionário:

- Gema ou vitelo: proteínas e gorduras que fazem a nutrição.

- Bolsa d'água ou âmnio: não só protege contra choques mecânicos, como impede a desidratação do embrião.

- Alantoide: bolsa ou saco que acumula a urina do embrião, evitando que ele seja envenenado por ela. A sua parede permite as trocas gasosas (O_2 e CO_2) com o ambiente, pois a casca calcária (de cálcio) é bem porosa.

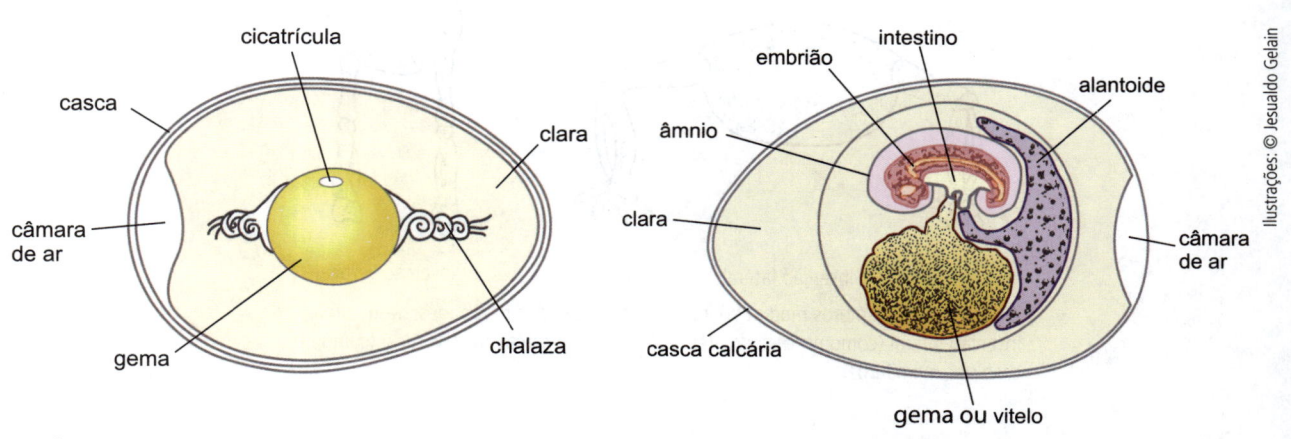

Ovo de répteis e aves. Chalaza é um cordão de clara mais denso que sustenta a gema. Cicatrícula ou disco germinativo é a região de desenvolvimento do embrião.

Embrião de ave com pouco mais de doze dias.

Ao contrário dos anfíbios, os répteis têm desenvolvimento direto, isto é, não apresentam larvas.

A jararaca-ilhoa, cobra peçonhenta da Ilha de Queimada Grande, litoral paulista, é hermafrodita, possui os dois sexos no mesmo indivíduo, os quais não funcionam ao mesmo tempo.

Acidentes com cobras

No Brasil, existem sete grupos ou famílias de cobras não peçonhentas, as quais compreendem as muçuranas, caninanas, jiboias, sucuris, cobras-cipós, falsas-corais etc.

Cobras peçonhentas no Brasil compõem duas famílias: o grupo das corais e o das jararacas, surucucus, cascavéis etc.

Não podemos garantir se uma cobra é peçonhenta pela forma triangular da cabeça, pelas pupilas verticais, pelo tipo de escamas ou pela espessura da cauda. Algumas possuem fossetas lacrimais ou loreais entre as narinas e os olhos, com as quais localizam as presas pelo calor; entretanto, as corais não possuem fossetas loreais e são peçonhentas.

De acordo com certas características dentárias, as serpentes são arranjadas em quatro grupos:

- Áglifas

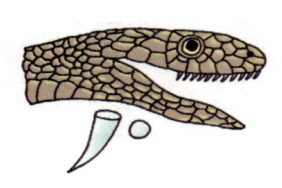

  Não possuem presas inoculadoras de veneno. Exemplos: sucuri, jiboia, jararacuçu do brejo etc.

- Opistóglifas

  Apresentam um ou mais pares de presas posteriores, com sulco externo por onde escorre o veneno. Exemplos: falsa-coral e muçurana.

- Proteróglifas

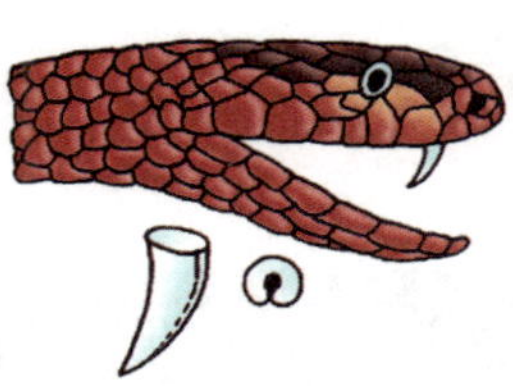

  Possuem presas sulcadas, porém situadas anteriormente. Exemplos: verdadeira coral e serpentes marinhas.

- Solenóglifas

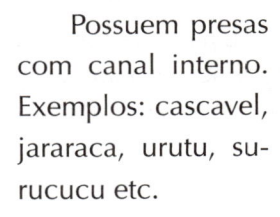

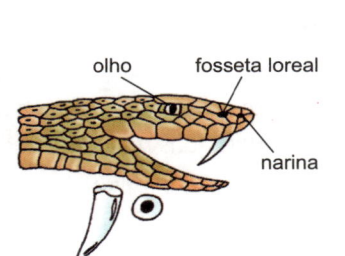

  Possuem presas com canal interno. Exemplos: cascavel, jararaca, urutu, surucucu etc.

Os tipos de veneno de cobra são:
- Elapídico: das cobras-corais, da mamba-negra da África, das serpentes do mar etc.
- Botrópico: da jararaca, da jararacuçu, da urutu etc.
- Crotálico: das cascavéis.
- Laquético: da surucucu, a maior cobra peçonhenta do nosso país (chega a 3 metros de comprimento).

Para cada um dos venenos existe um soro antiofídico específico, antielapídico ou antibotrópico etc.

Você sabia?

Vital Brasil Mineiro da Campanha (28-4-1864, Campanha (MG) – 8-5-1950, Niterói (RJ)) exerceu diversos ofícios para pagar os estudos de Medicina: foi condutor de bondes, auxiliar de engenheiro e professor particular. Os esforços não foram em vão. Formado em 1891 pela Faculdade do Rio de Janeiro, é conhecido internacionalmente por seus estudos pioneiros sobre veneno de cobra. Formado, clinicou em várias cidades paulistas, entre as quais Rio Claro, Jaú, Leme, Pirassununga, combatendo epidemias. Casado, fixou-se em Botucatu. Impressionado com o elevado número de pessoas que morriam depois de serem picadas por cobra, começou a dedicar-se ao estudo do veneno desses animais e das intoxicações provocadas em outros seres (ofidismo). Em 1897, foi nomeado ajudante do Instituto Bacteriológico do Estado, dirigido por Adolfo Lutz. Um ano mais tarde, Vital conseguiu imunizar animais com veneno de cascavel, jararaca e urutu, obtendo os primeiros soros específicos no combate aos seus venenos. Estes começaram a ser aplicados em 1901. Com a criação do Instituto Butantã, em 1901, Vital Brasil assumiu a direção dos trabalhos de instalação do laboratório. Poucos meses depois, fabricou os primeiros tubos de soro antipestoso. Realizou ainda um extenso programa no instituto que passou a fornecer soros e vacinas contra o tifo, a disenteria bacilar, o tétano, a varíola, a vacina BCG, contra tuberculose, as sulfonas, as penicilinas e soros contra animais peçonhentos. Fundou em Niterói, no Rio de Janeiro, o Instituto de Higiene, Soroterapia e Veterinária, mais tarde conhecido como Instituto Vital Brasil. Dirigiu-o até sua morte.

ATIVIDADES

1 Leia a tirinha abaixo, retirada do site www.tamar.org.br

(O nome TAMAR foi criado a partir da contração das palavras "tartaruga" e "marinha". A abreviação se mostrou necessária ainda no início dos anos 1980, para a confecção das pequenas placas de metal utilizadas na identificação das tartarugas marcadas pelo Projeto para os estudos científicos. Desde então, o Projeto TAMAR passou a designar o Programa Brasileiro de Conservação das Tartarugas Marinhas, que é patrocinado por várias empresas).

Responda:

a) Quais são os animais que aparecem na tirinha?

b) A que classe de animais eles pertencem?

c) Dê duas características de cada um desses animais.

2 Responda:

a) Quais os répteis que podem viver em ambientes marinhos?

b) Por que os répteis não respiram através da pele?

3 Explique a relação entre os ovos com casca e a adaptação dos répteis ao ambiente terrestre.

4 Se resolvêssemos cobrir a casca de um ovo com uma camada de um gel qualquer o que aconteceria com o embrião?

5 Dê o nome dos anexos embrionários do ovo ou estruturas que mantêm vivo o embrião no seu interior.

6 (UNESP) Um menino colocou a mão em um buraco onde havia uma cobra e, apesar de não tê-la tocado, foi picado por ela. Seu pai, um biólogo, mesmo sem ver a cobra, deduziu que ela era peçonhenta e socorreu o filho, tratando-o com soro antiofídico.

a) Que característica desse réptil levou o pai a deduzir que se tratava de cobra peçonhenta?

7 Pesquise como devemos proceder em caso de uma picada de cobra peçonhenta?

8 Pesquise quais os tipos de jacaré que fazem parte da fauna brasileira.

9 Os dinossauros foram répteis que viveram na era Mesozoica na história do planeta (reveja o quadro do Capítulo 16). Com seu grupo de estudos, procure algumas possíveis causas de sua extinção na Terra (lembre-se de que esses animais eram ovíparos na sua maioria).

Capítulo 9
AS AVES: ANIMAIS DE SANGUE QUENTE

As aves são tetrápodes com o tegumento coberto de penas. O primeiro par de membros foi transformado em asas que, na maioria das espécies, servem para o voo.

A presença de penas é uma característica singular e notável. É importante ressaltar, no entanto, que as penas surgiram antes das aves. O papel original dessas estruturas ainda é uma questão controversa – algumas hipóteses levantam possibilidades relacionadas com o balanço térmico –, embora a maioria dos estudiosos concorde que elas inicialmente nada tinham a ver com o voo.

O Brasil abriga uma elevada diversidade de aves: cerca de 20% das quase 10 mil espécies conhecidas em todo o mundo já foram observadas no país, seja na condição de espécie residente ou migratória. O maior problema que ameaça essa riqueza é a perda de hábitats; um segundo problema, particularmente importante em certos grupos de aves, é o tráfico de animais.

143

Tegumento e esqueleto

A pele quase sem glândulas é recoberta por **penas**, característica exclusiva do grupo. As penas auxiliam o voo, pois representam um revestimento leve, além de manter a temperatura do animal.

Nas aves aquáticas, uma única glândula (**uropigiana**) produz uma substância oleaginosa que impede as penas de ficarem encharcadas. Nas outras aves esse produto lubrifica as penas, mantendo-as flexíveis.

Outras adaptações para o voo:

- membros superiores transformados em **asas**.
- ossos **pneumáticos**, ocos, porém muito resistentes.
- vários **ossos soldados** uns aos outros, conferindo um conjunto mais firme.
- osso esterno com **quilha** ou **carena**, lâmina na qual estão presos os músculos que movem as asas.

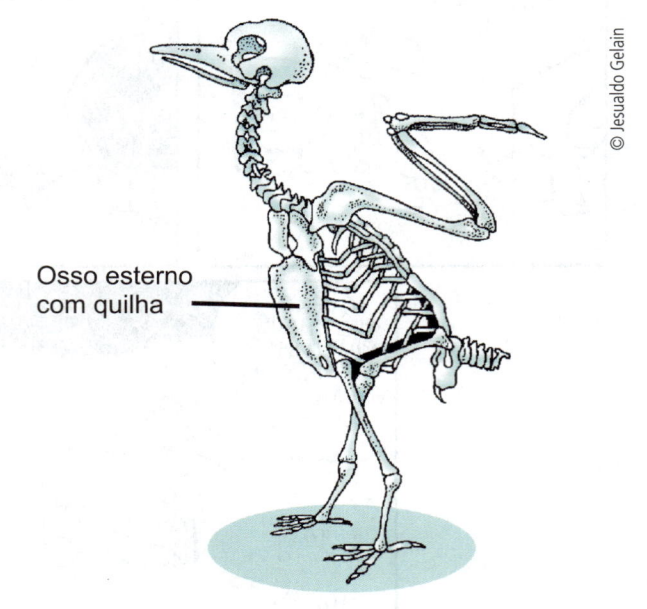

Esqueleto de ave.

Não é apenas no esqueleto que encontramos adaptações para o voo:

- pares de bolsas que saem dos pulmões, cheios de ar quente, facilitam o voo, são os **sacos aéreos**.
- redução do peso pela ausência de bexiga excretora.

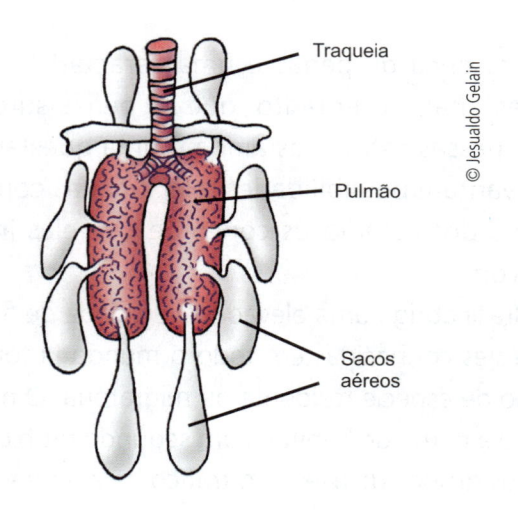

Os grupos de aves:

Ratitas

Não possuem quilha ou carena no osso esterno e, portanto, não voam.

Alguns exemplos de Ratitas:

- **ema** sul-americana
- **avestruz** africano
- **emu** e **casuar** australianos
- **quivi** da Nova Zelândia

Carinatas

Possuem quilha ou carena no osso esterno.
Alguns exemplos de Carinatas:

- sabiá
- tuiuiú
- pato
- perdiz
- papagaio
- rolinha
- seriema
- coruja
- gavião

Avestruz.

Perdiz.

Papagaio.

Você sabia?

As aves migram quando há necessidade alimentar, mudanças do clima ou hábitos de reprodução. Quando o outono começa no Alasca, o maçarico levanta voo e, sem escalas, atravessa milhares de quilômetros até o Havaí. A tesourinha migra do Sul e Sudeste do Brasil para a Amazônia no inverno. Como elas conhecem o caminho, ainda é tema de discussões. Alguns afirmam que é devido à sua excelente visão e a uma "memória" visual, fato que deixa dúvida nas migrações sobre os oceanos ou quando os voos são noturnos. Outros autores acreditam que nas migrações as aves se orientam pelo Sol ou pelas estrelas, verdadeira navegação celeste.

Alimentação

pássaro

ave aquática

ave de rapina

ave pernalta

Bicos e pés revelam hábitos alimentares e hábitats das aves.

145

Muitas aves são herbívoras ou granívoras, algumas são carnívoras, como os falconiformes (gaviões, águias, falcões etc.) e estrigiformes (a maioria das corujas), enquanto outras são onívoras.

Se o olfato das aves não é muito bom, o contrário ocorre com a visão, surpreendentemente aguçada nas aves, como nos falconiformes.

Respiração e Circulação

Pulmonar em todas as espécies.

Uma característica notável das aves, prontamente percebida por quem coloca as mãos sobre elas, é a elevada temperatura corpórea – daí a expressão "sangue quente", em contraposição aos ectotérmicos, que seriam animais de "sangue frio".

Assim, independentemente da época do ano ou da hora do dia, a temperatura do corpo dos animais de "sangue quente" parece variar dentro de limites bem estreitos. A condição de manter a temperatura do corpo mais ou menos constante, a despeito da temperatura externa, é chamada de homotermia.

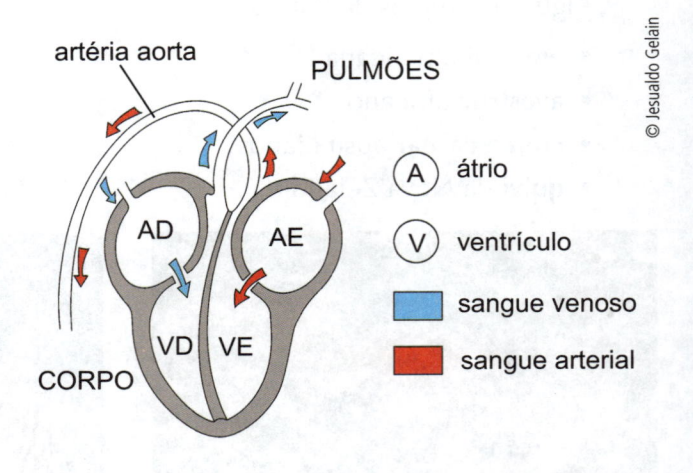

Esquema do coração das aves.

No caso das aves, assim como no dos mamíferos, a homotermia é conseguida por via metabólica, isto é, por meio da produção interna de calor. Esta última condição é chamada de endotermia.

Evolução

Aves e mamíferos devem ter surgido de diferentes grupos de répteis, tanto que não só as aves, como os mamíferos mais primitivos (ornitorrinco e equidna), possuem ovos.

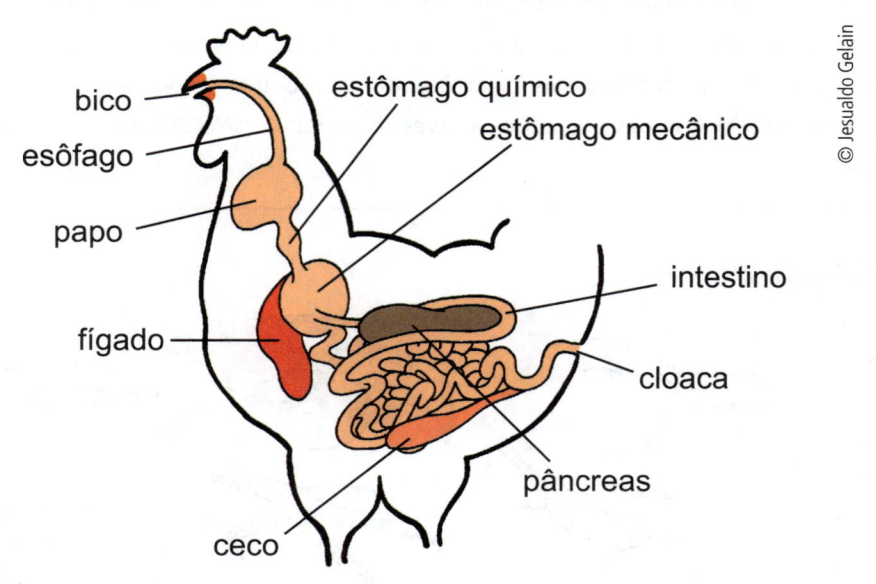

Aparelho digestório de ave. O estômago químico é onde se realiza a quebra dos alimentos por enzimas e outras substâncias. O estômago mecânico, conhecido como moela, é onde os alimentos são quebrados de forma mecânica.

Excreção

A urina esbranquiçada com pouca água representa uma adaptação à vida terrestre, e sai junto com as fezes pela cloaca.

Cloaca é uma bolsa onde convergem simultaneamente os ductos dos sistemas digestório, excretório e reprodutor.

O principal resíduo nitrogenado das aves é o ácido úrico excretado.

> **Você sabia?**
>
> Guano é o nome dado aos excrementos de milhares de aves litorâneas que ficam depositados e acumulados nas rochas e nos penhascos. Depois de seco, o guano é recolhido às toneladas e serve para a produção de fertilizantes à base de fósforo, utilizados na agricultura.

Reprodução

Todas as aves são ovíparas e seus ovos são iguais aos dos répteis, com os mesmos anexos embrionários.

Nas aves temos o dimorfismo sexual, diferenças externas entre machos e fêmeas, serve para a atração sexual na época da reprodução.

Os machos das aves podem ser mais coloridos.

Biologia

Há muito tempo, o ser humano tem uma estreita relação com as aves de criação, das quais aproveitam os ovos, a carne, as penas e até a pele ou couro (ema, avestruz). É o que ocorre com galinhas, patos, perus, codornas, perdizes e outras, sempre lançando mão do **manejo sustentável**.

Depois de importar avestruzes africanos para criação, o mercado brasileiro passa a ver com melhores olhos a criação de emas, animais brasileiros e bem mais adaptadas às condições nacionais, além de mais dóceis.

Porém, muitas pessoas querem ter em casa animais silvestres, como tucanos, araras, gaviões, corujas etc., o que é proibido por lei se não houver licença do Ibama. Pessoas que não se contentam em ver os animais, e sim possuí-los, além dos colecionadores daqui e de fora, motivam cada vez mais os cruéis traficantes de animais silvestres. Esse crime ambiental é considerado a terceira fonte de renda ilícita do mundo (as duas primeiras são o narcotráfico e o contrabando de armas).

Mesmo quando recuperados, muitos dos animais silvestres estão mutilados, feridos ou moribundos e, quando sobrevivem, precisam ser reabilitados antes de serem devolvidos à natureza. Nem sempre os centros de reabilitação têm verba ou pessoal disponível, o que também acontece com a fiscalização.

Além do egoísmo e da crueldade, as pessoas se enjoam de seus "pets" ou eles crescem em demasia, como águias, jacarés, cobras e outros, e acabam abandonados às margens de um rio da cidade ou em algum parque onde, com certeza, não teram capacidade de sobreviver ou serão massacrados.

Dos milhares de animais apreendidos anualmente, 80% são aves.

> **Você sabia?**

Pombos são foco de muitas reclamações no Centro de Zoonozes

Por: Luis Fernando da Silva 17/04/2011.

**De janeiro a março deste ano, já foram quase 30 chamados.
Problema com as aves em Niterói é antigo, mas médico veterinário da UFF desmitifica algumas lendas e sugere soluções**

Os pombos são foco de reclamações no Centro de Controle de Zoonoses (CCZ). O órgão, em 2010, recebeu 80 reclamações de problemas com as aves. De janeiro a março de 2011, foram 28 chamados.

As aves têm fama de serem transmissoras de doenças, mas, o médico veterinário da Universidade Federal Fluminense (UFF) Môsar Lemos ressalta que o fato de colocar a mão nos pombos não transmite doenças. O que leva a pessoa ter doenças é o contato direto com os fungos existentes nas fezes do pombo e para isso, a pessoa precisaria inalar ou comer alimentos contaminados com as fezes, onde cresce um tipo de fungo.

Segundo o veterinário, ambientes úmidos com abrigo e comida são atrativos para as aves.

"É importante a pessoa procurar dificultar o acesso aos telhados, fechando os vãos entre as telhas, não deixando espaços entre a caixa-d'água e a laje, fechando os espaços nas caixas de ar-condicionado, pois existe a possibilidade de os fungos crescerem nas fezes deixadas pelos pombos e seus esporos serem impulsionados para dentro do ambiente junto com o ar", aconselha Môsar.

O CCZ explica que não faz combate a pombos porque eles são protegidos pelo Ibama e representa crime inafiançável. Mas diz que, quando recebe uma reclamação, os veterinários vão ao local e orientam as pessoas a tomar medidas preventivas a fim de evitar a existência de espaços para a formação do ninho e a proliferação das aves.

(Fonte: <http://jornal.ofluminense.com.br/editorias/cidades/pombos-sao-foco-de-muitas-reclamacoes>.)

Polícia Ambiental faz maior apreensão de animais silvestres do ano no interior de SP

Todos os bichos irão passar por uma avaliação antes de voltarem à natureza.

A Polícia Ambiental de São José do Rio Preto, cidade a 440 km da capital paulista, apreendeu mais de 67 animais silvestres – entre eles cobras, aranhas, tartarugas e camaleões. É a maior apreensão de animais feita neste ano.

Todos os animais estavam dentro de caixas plásticas no momento da abordagem policial. O proprietário dos animais disse que cuidava dos bichos apenas por *hobby*, mas admitiu que não possuía autorização do Ibama (Instituto Brasileiro do Meio Ambiente e dos Recursos Naturais Renováveis).

Os bichos apreendidos irão passar por uma avaliação para ver se há a possibilidade de serem devolvidos para a natureza. As cobras exóticas devem ser encaminhadas para criadouros e estabelecimentos de ensino autorizados.

O dono dos animais foi multado em R$ 8.500,00 e vai responder a um processo por criar animais silvestres sem autorização.

(Fonte: Do R7, com São Paulo no Ar. Publicado em 22/11/2010.)

ATIVIDADES

1 Observe a figura e responda:

a) Qual o nome do órgão 2?

_____

b) Qual o nome e a função do órgão 4?

_____

c) Qual o número do pâncreas?

_____

2 Qual a diferença entre a circulação das aves e a dos vertebrados de sangue frio?

_____

_____

_____

_____

_____

3 Observe a figura e responda.

a) Qual o nome e a função da estrutura II?

_____

_____

_____

_____

_____

b) Qual o nome do órgão I?

_____

_____

_____

_____

149

4 Qual a função da glândula uropigiana?

_____
_____
_____
_____
_____
_____
_____

5 Veja as imagens abaixo e responda:

a) Quais as classes dos animais das imagens acima?

_____
_____
_____

b) Dê o nome de outros animais que pertencem ao mesmo grupo do avestruz.

_____
_____
_____

150

6 Analise os pés das aves e responda:

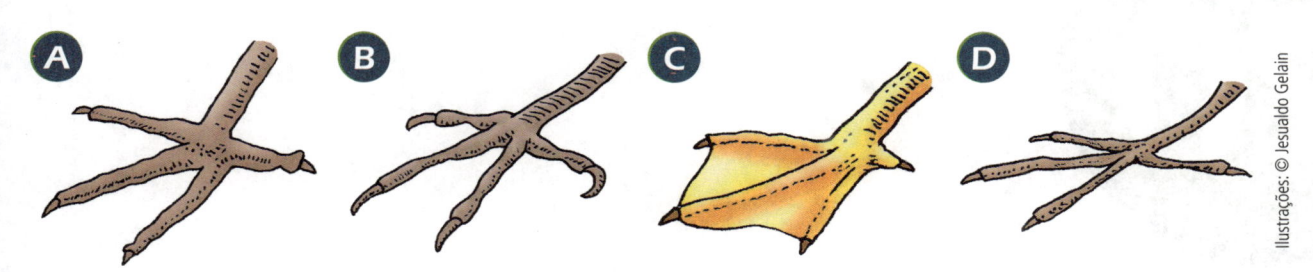

A   **B**   **C**   **D**

a) Pés característicos de aves aquáticas _____. Justifique.

_____
_____
_____
_____

b) Pés característicos de uma ave de rapina _____. Justifique.

_____
_____
_____
_____

7 (FUVEST) Compare anfíbios e aves no que se refere a:

a) número de câmaras cardíacas.

_____
_____
_____
_____

b) existência de anexos embrionários.

_____
_____
_____
_____

151

Capítulo 20

OS MAMÍFEROS

O Leão

Fagner & Vinicius de Moraes

Leão! Leão! Leão!
Rugindo como um trovão
Deu um pulo, e era uma vez
Um cabritinho montês
Leão! Leão! Leão!
És o rei da criação!
Leão! Leão! Leão!
És o rei da criação!
Tua goela é uma fornalha
Teu salto, uma labareda
Tua garra, uma navalha
Cortando a presa na queda
Leão longe, leão perto
Nas areias do deserto
Leão alto, sobranceiro
Junto do despenhadeiro
Leão! Leão! Leão!
És o rei da criação!
Leão na caça diurna
Saindo a correr da furna
Leão! Leão! Leão!
Foi Deus quem te fez ou não?
Leão! Leão! Leão!
És o rei da criação!

O salto do tigre é rápido
Como o raio, mas não há
Tigre no mundo que escapa
Do salto que o leão dá
Não conheço quem defronte
O feroz rinoceronte
Pois bem, se ele vê o leão
Foge como um furacão
Leão! Leão! Leão!
És o rei da criação!
Leão! Leão! Leão!
Foi Deus quem te fez ou não?
Leão se esgueirando à espera
Da passagem de outra fera...
Vem um tigre, como um dardo
Cai-lhe em cima o leopardo
E enquanto brigam, tranquilo
O leão fica olhando aquilo
Quando se cansam, o Leão
Mata um com cada mão
Leão! Leão! Leão!
És o rei da criação!
Leão! Leão! Leão!
Foi Deus quem te fez ou não?

Os mamíferos são tetrápodes com tegumento coberto de pelos. Além de pelos, no entanto, eles exibem outra característica exclusiva: a amamentação – isto é, o fornecimento de leite aos filhotes recém-nascidos.

A vida em grupos familiares é comum. Os pais – ou ao menos um deles – cuidam ativamente dos filhotes durante um período de tempo que pode variar de alguns dias até alguns anos. Em algumas espécies, mesmo após o término do período de amamentação, os filhotes continuam vivendo na companhia da mãe e de outros parentes próximos.

Cabe ressaltar que a lactação e a amamentação são características distintas e, como tais, não devem ter surgido ao mesmo tempo. De acordo com alguns estudiosos, a lactação teria se estabelecido, ainda nos primórdios da história evolutiva dos mamíferos, como um modo de proteger os ovos contra microrganismos patogênicos.

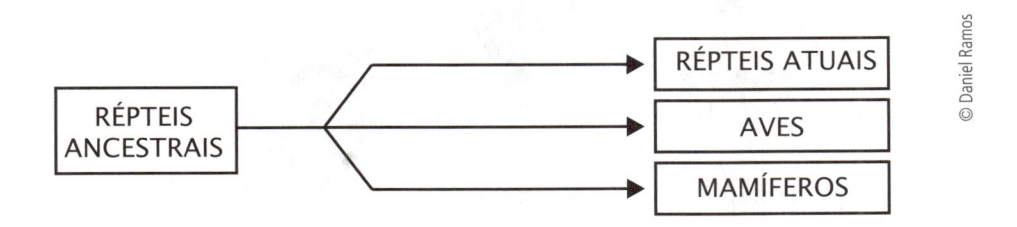

```
RÉPTEIS         →   RÉPTEIS ATUAIS
ANCESTRAIS      →   AVES
                →   MAMÍFEROS
```
© Daniel Ramos

Os diferentes grupos de mamíferos

Monotremos

São os mamíferos mais antigos e descendem diretamente dos répteis. Possuem bico, esqueleto semelhante e ovos com casca, dentro dos quais se desenvolvem os filhotes.

A esse grupo pertencem apenas o **ornitorrinco** e a **equidna**, animais da Austrália, Nova Guiné e Tasmânia.

Ornitorrinco (à esquerda) e equidna (à direita).

Marsupiais

Além do **gambá** ou **sariguê** e das **cuícas** que vivem nas Américas, a maioria desses mamíferos (canguru, coala, diabo-da-tasmânia, vombate etc.) é encontrada na Austrália e localidades vizinhas.

Essa ordem recebe esse nome porque os filhotes prematuros saem do **útero** (exclusivo dos mamíferos) e terminam o desenvolvimento embrionário numa bolsa denominada **marsúpio**, onde se alimentam.

Placentários

O desenvolvimento embrionário ocorre totalmente no interior do **útero**, no qual o filhote se prende por meio da **placenta** e, através dela, recebe oxigênio e alimentos e devolve gás carbônico e excretas.

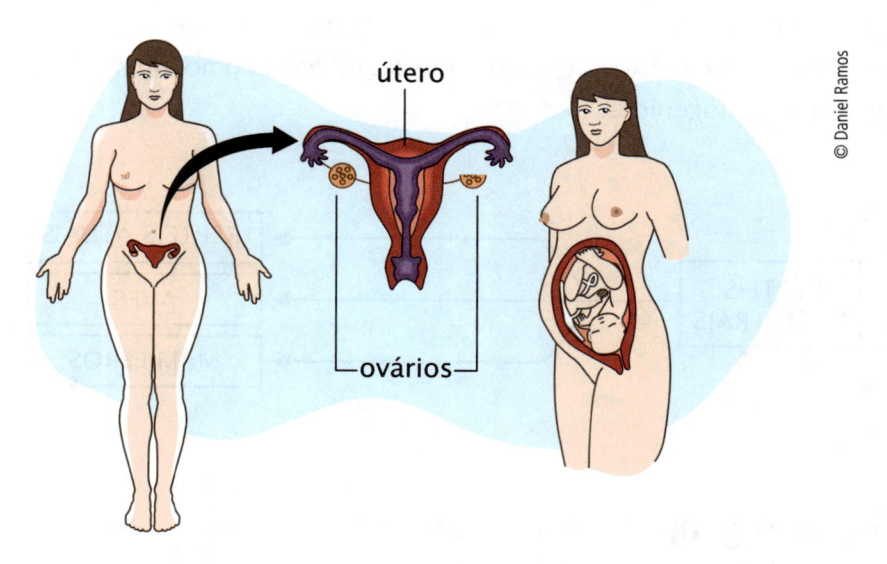

O feto dos placentários se desenvolve dentro do útero materno protegido pela placenta.

É por isso que a gema do ovo é quase inexistente e o alantoide, dispensável. Apenas o âmnio ou **bolsa-d'água** se mantém para oferecer proteção contra os choques mecânicos.

Cada (▼) a seguir representa um grupo de placentários aparentados:

▼ Anta, tapir-malaio, cavalo, burro, mula, zebra, rinoceronte (número ímpar de dedos nas patas).

▼ Veado-campeiro*, veado-galheiro*, cervo-do-pantanal*, carneiro*, cabra*, boi*, porco, javali, hipopótamo, cateto, queixada, búfalo*, girafa*, camelo*, alce*, lhama* (número par de dedos).
  * = ruminantes.

▼ Morcegos.

▼ Coelhos, lebres e tapiti.

▼ Elefante-africano e elefante-indiano.

▼ Capivara, caxinguelê ou serelepe, esquilos, pacarana, tuco-tuco, porco-espinho, ratos, rato-do-banhado, preá, paca, cutia, moco, ouriço-cacheiro, marmota, castor, chinchila, *hamster* (roedores).

▼ Preguiça, tatu e tamanduá (desdentados) Musaranhos e toupeiras (insetívoros).

▼ Pangolim.

▼ Focas, elefante-marinho, leão-marinho e morsa.

▼ Golfinho, orca (não é baleia), cachalote, beluga, narval, botos, baleias.

A – peixe-boi; B – morcego (a "asa" do morcego chama-se **patágio**); C – ouriço-cacheiro.

▼ Carnívoros:

- Suçuarana ou puma, onça-pintada ou jaguar, leão, tigre, gato-maracajá, jaguatirica, lince, guepardo, leopardo, pantera, gatos.
- Hienas.
- Mangusto, civeta, geneta e binturong.
- Lobo-guará, cachorro-do-mato, raposas, lobo, coiote, chacal e feneco.
- Lontra, ariranha, irara, marta, "skunk" ou gambá norte-americano, vison e texugo.
- Ursos.
- Guaxinim ou mão-pelada, quati, jupará e pandas.

▼ Primatas

- Lemuroides, tarsioides, macacos com cauda, gibão, orangotango, gorila, bonobo, chimpanzé e homem.

Do mesmo modo que as aves de rapina (gavião, falcão etc.) têm garras e pernas potentes, além de excelente visão (a melhor dos vertebrados), os mamíferos carnívoros possuem, além da possante musculatura, sistemas nervoso e sensorial bem desenvolvidos para a perseguição e captura de suas presas.

Você sabia?

Wolverine corre perigo nos Estados Unidos
Aquecimento global ameaça espécie que inspirou personagem de HQ

O wolverine (mamífero carnívoro) está ameaçado nos Estados Unidos. Conhecido em português como carcaju ou glutão, o animal que serviu de inspiração para o personagem de mesmo nome da Marvel Comics pode não ser poderoso o suficiente para sobreviver às mudanças climáticas.

A conclusão é de um estudo publicado no periódico americano *Environmental Research Letters*. Cientistas do Centro Nacional de Pesquisa Atmosférica, no estado do Colorado, fizeram simulaçõs em computador e concluíram que a temperatura da região noroeste dos Estados Unidos, hábitat natural do carcaju, continuará aumentando por conta da emissão de gases de efeito estufa. A mudança no clima da região coloca os carcajus em perigo de duas formas: reduzindo ou eliminando a cobertura de gelo que permanece após o inverno, utilizada para criar os filhotes; e aumentando as temperaturas no verão para um patamar acima do que a espécie tolera. "As espécies que dependem da cobertura de neve para a sobrevivência serão as mais atingidas pelas mudanças climáticas", disse o cientista Synte Peacock, chefe da pesquisa.

Ameaçado – Conforme os pesquisadores, mantido o ritmo das emissões, a neve na região irá desaparecer até a segunda metade do século. Além disso, as temperaturas em agosto, auge do verão, poderão exceder os 32° C, calor que o carcaju pode não suportar. O animal vive nas frias florestas da América do Norte, Europa e Ásia. O pelo grosso e oleoso protege o carcaju das baixas temperaturas e suas patas grandes e achatadas ajudam a cavar a neve profunda. Pelo menos 15 000 carcajus vivem no Canadá, mas nos Estados Unidos eles são apenas algumas centenas. "O futuro da espécie no país é incerto", afirmou Peacock.

(Fonte: Portal da Metrópole e *Veja* Online-09/02/2011).

Tegumento

Recobertos por **pelos**, uma exclusividade dos mamíferos. Do mesmo modo que algumas aves de regiões frias trocam suas penas escuras por brancas na época do inverno, muitos mamíferos fazem o mesmo para se disfarçar com o ambiente.

Em alguns animais, como o ouriço-cacheiro, os pelos são mais duros e pontudos protegendo-os dos predadores.

Além da camada de gordura sob a pele, o **panículo adiposo** (mais espesso nos animais que resistem ao frio), o tegumento apresenta várias glândulas: **sudoríparas**, para o controle da temperatura; **sebáceas**, para a lubrificação; e **mamárias**, exclusivas do grupo, para a nutrição da prole.

Alimentação

Os tipos de nutrição são os mais variados, basta notarmos os diferentes tipos de dentes: **incisivos**, que cortam; **caninos**, que rasgam; e **molares**, que trituram e raspam.

Notável é o estômago com quatro cavidades dos ruminantes, o alimento ingerido sofre a ação de bactérias na pança, vai para o barrete e

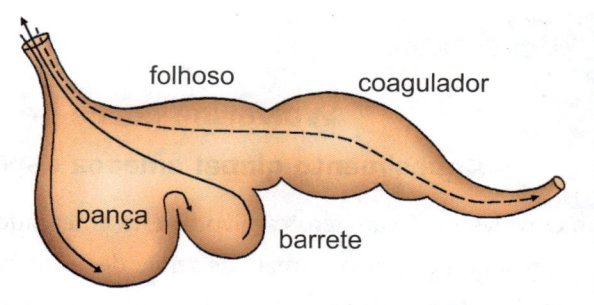

Estômago quádruplo dos ruminantes.

retorna à boca para ser mastigado ou ruminado; em seguida, passa para o folhoso e, depois, para o coagulador, onde atua o suco digestivo do animal.

Respiração

Nos mamíferos a respiração é pulmonar até mesmo nas espécies aquáticas. Os pulmões têm uma enorme superfície respiratória devido à presença dos **alvéolos**, minúsculas bolhas membranosas onde o CO_2 é eliminado e o sangue recebe O_2.

Os pulmões respondem a uma lâmina muscular chamada **diafragma**, ligada ao sistema nervoso e exclusiva dos mamíferos.

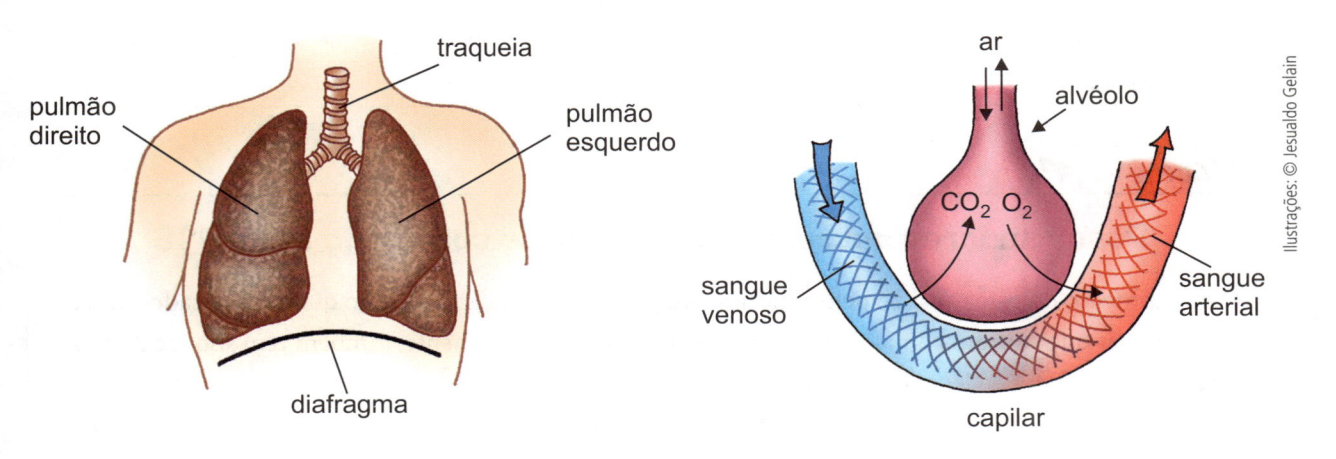

Diafragma, lâmina muscular dos mamíferos.

Detalhe do alvéolo, onde ocorrem as trocas de gases.

Circulação

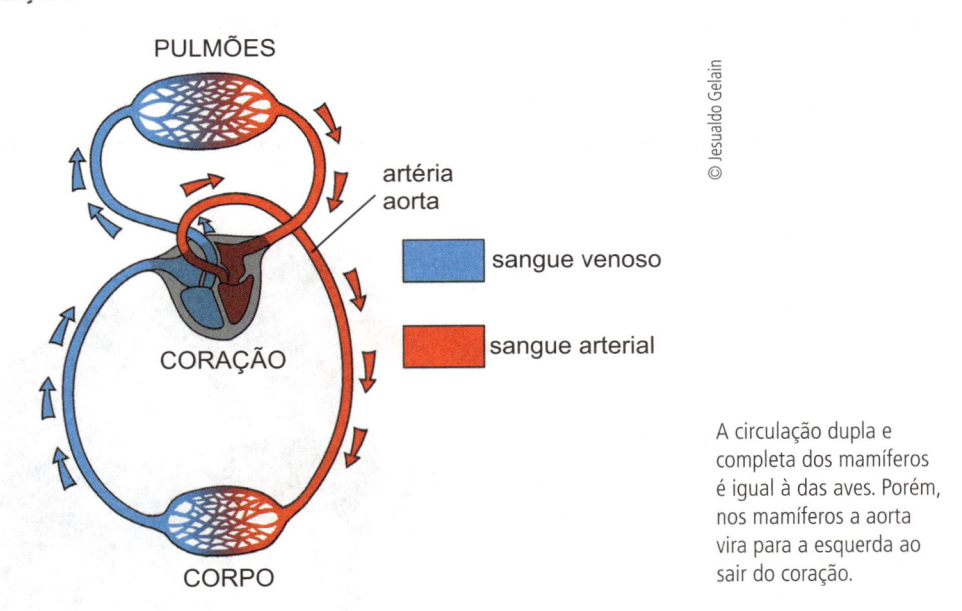

A circulação dupla e completa dos mamíferos é igual à das aves. Porém, nos mamíferos a aorta vira para a esquerda ao sair do coração.

Os mamíferos são endotérmicos, uma característica que partilham com as aves. Outra semelhança importante entre as espécies dos dois grupos está no tipo de circulação, que é dita dupla: o sangue passa duas vezes pelo coração, mas sem que o sangue venoso e o arterial se encontrem.

O trajeto ventrículo direito/pulmões/átrio esquerdo é chamado de pequeno circuito ou circuito pulmonar; o trajeto ventrículo esquerdo/corpo/átrio direito é chamado de grande circulação ou circulação sistêmica. O sangue é impulsionado de modo desigual pelos dois ventrículos, de tal modo que a circulação pulmonar é de baixa pressão, enquanto a sistêmica é de alta pressão.

Reprodução

Com exceção os monotremos, cujas fêmeas são ovíparas, os demais mamíferos são vivíparos. O desenvolvimento ocorre, parcial ou totalmente, no interior do **útero** materno.

A **gestação** depende da bolsa-d'água ou **âmnio** e da **placenta**, através da qual o embrião recebe alimento e oxigênio e elimina catabólitos ou excretas e gás carbônico.

Período de Gestação						
Mamífero	Gambá	Coelho	Cão	Porco	Cavalo	Elefante
Período	13 dias	30 dias	63 dias	4 meses	12 meses	20 meses

Você sabia?

Pesquisadores querem clonar mamute congelado até 2016

O derretimento do gelo causado pelo aquecimento global tem revelado mais do que antepassados humanos. Animais que viveram há milhares de anos, alguns extintos atualmente, também têm siso localizados. Boa parte deles em excelente estado de conservação.

Tamanha preservação permite aos cientistas fazer algumas experiências, no mínimo, curiosas. É o caso de pesquisadores japoneses, que querem ressuscitar os mamutes, extintos há aproximadamente 12 mil anos. Para trazer o gigantesco paquiderme de volta à vida, eles pretendem usar técnicas de clonagem. Isso só é possível porque foram encontrados exemplares extremamente bem conservados, com o material genético bastante preservado. A "matriz" do clone mamute, de acordo com o jornal *Yomiuri Shimbun*, será uma carcaça da espécie que está preservada em um laboratório russo.

A ideia é injetar células contendo o DNA desse indivíduo em células de elefantes sem núcleo. Esse material será implantado no útero de uma elefanta comum, onde o clone se desenvolverá normalmente.

O objetivo dos cientistas, liderados por Akira Iritani, da Universidade de Kioto, no japão, é que, em até cinco anos, eles possam apresentar ao mundo o primeiro exemplar de mamute "ressuscitado".

"Os preparativos para começar o projeto já foram feitos", disse Akira. "Depois que o mamute tiver nascido, nós vamos examinar sua composição e seus genes para estudar por que espécies são extintas, entre outros fatores." A técnica de clonagem a ser usada já foi testada com sucesso. Em 2008, cientistas, também do Japão, conseguiram clonar um rato congelado.

(Fonte: *Folha de S.Paulo*, terça-feira, 18/01/2011 07:27. Editoria: CIÊNCIA Página: C13.)

Biologia

Não são poucos os mamíferos úteis ao homem, principalmente os chamados domésticos ou de criação.

O gado bovino, por exemplo, fornece a carne como alimento, além do couro, dos chifres e de outras partes muito utilizadas por nós. O mesmo ocorre com carneiros, porcos, javalis etc.

A maior preocupação, contudo, é a sobrevivência das espécies silvestres, as quais não devem ser vistas apenas pela sua beleza, e sim como responsáveis pela qualidade de vida de cada hábitat.

O fato de uma espécie estar ameaçada de extinção pode revelar que o ambiente no qual ela vive, seu hábitat., também deve estar decadente. Além da caça e apreensão ilegais de animais silvestres, a poluição e destruição dos hábitats. são causas publicado da extinção de muitas espécies.

O *Livro vermelho da fauna brasileira ameaçadas de extinção*, publicado em 2008, trouxe uma lista de 627espécies animais ameaçadas no país, 130 são de invertebrados terrestres, 16 de anfíbios, 20 de répteis, 160 de aves, 69 de mamíferos, 78 de invertebrados aquáticos e 154 de peixes.

Em linhas gerais, podemos resumir a caracterização dos seis grupos de vertebrados tratados neste livro da seguinte maneira:

	Fonte de calor	Tegumento	Respiração	Mandíbulas	Membros
Ciclóstomos	Ectotermia	Liso	Branquial	Não	Ápodes
Peixes	Ectotermia	Escamoso	Branquial	Sim	Ápodes
Anfíbios	Ectotermia	Liso	Branquial, pulmonar, pele	Sim	Tetrápodes
Répteis	Ectotermia	Escamoso	Pulmonar	Sim	Tetrápodes
Aves	Endotermia	Penas, escamoso (pésw)	Pulmonar	Sim	Tetrápodes
Mamíferos	Endotermia	Pelos	Pulmonar	Sim	Tetrápodes

ATIVIDADES

1 Cite duas características exclusivas dos mamíferos.

_____
_____
_____

2 Observe as figuras e responda:

a) Qual a ordem dos animais da figura?

_____

b) Dê uma característica dessa ordem.

_____
_____
_____
_____

c) O animal C é o vombate, qual o nome dos animais A e B respectivamente?

_____
_____

d) Dê mais dois exemplos de animais que pertecem a esse grupo, ordem.

_____

3 Como é a circulação dos mamíferos?

_____
_____
_____
_____

4 Cada uma das letras deve ser associada a um algarismo.

A – Placenta   B – Ovos com gema   C – Marsúpio
I – Coala   II – Cachorro   III – Ornitorrinco

Em seguida, justifique cada associação.

_____
_____
_____
_____
_____

5 Explique como as aves e os mamíferos podem viver em qualquer latitude, inclusive nas zonas polares, enquanto répteis e anfíbios ficam restritos nas faixas equatorial e temperada.

_____
_____
_____
_____
_____
_____
_____
_____

6 (UFSCAR) Determinada cidade do interior paulista utiliza a seguinte figura como logotipo de uma de suas secretarias:

A quais filos e classes taxonômicas pertencem os organismos representados no círculo central da figura?

_____
_____
_____
_____
_____

161

7 (Unicamp) Observe o esquema que se refere à diversidade dos vertebrados.

Nesse esquema, as áreas A, B, C, D, e E correspondem ao número aproximado de espécies atuais em cada grupo.
Com base no esquema e em conhecimento sobre o assunto, responda ao que se pede.

a) Nomeie os grupos colocando-os em ordem crescente do número de espécies atuais.

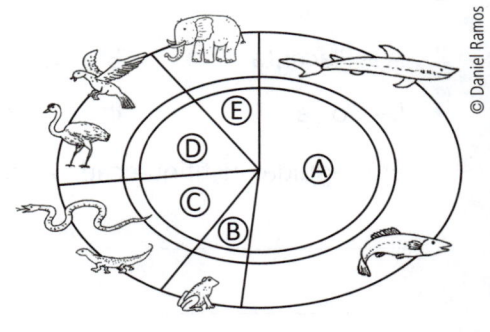

_____

_____

_____

b) Cite as letras correspondentes aos grupos que apresentam respiração branquial na fase adulta, excreção de ácido úrico como produto nitrogenado e ectotermia.

_____

_____

c) Cite dois mecanismos evolutivos que permitiram a adaptação dos animais do grupo C fora da água.

_____

d) Cite uma características comum a todos os grupos representados.

_____

8 As cédulas do nosso dinheiro, o real tem um tipo de animal retratado em cada uma delas.

Observe as imagens e responda.

a) Todos os animais pertencem ao mesmo filo. Qual?

_____

b) Cite as classes de cada animal encontrado nas cédulas.

_____

_____

Capítulo 21
A FOTOSSÍNTESE E AS FOLHAS

A fotossíntese é um dos fenômenos mais importantes que conhecemos; afinal, sem as reações químicas que ocorrem nos cloroplastos, organelas celulares que possuem clorofila, não haveria produção de biomassa.

163

São os produtos da fotossíntese que, em última análise, sustentam todas as grandes cadeias alimentares. Sem a fotossíntese, portanto, os seres heterotróficos (incluindo nós, seres humanos) morreriam de fome.

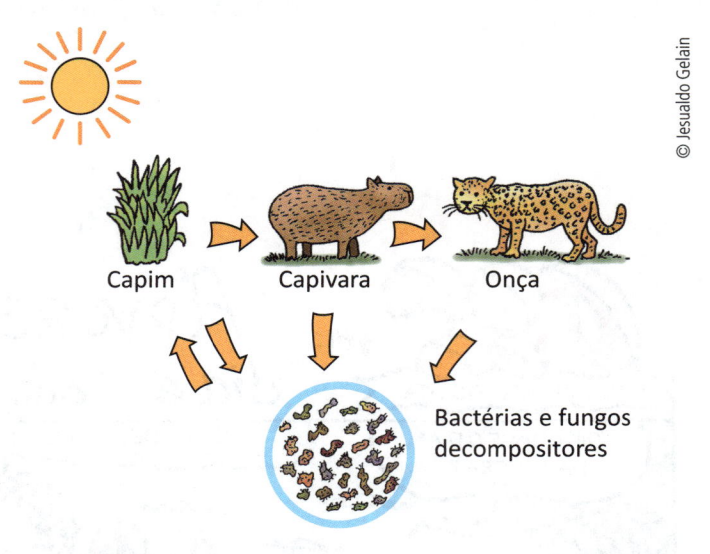

Parte da energia do Sol armazenada na planta passa para a onça quando esta come a capivara.

A molécula de clorofila tem a capacidade de receber a energia luminosa do Sol e liberá-la, em seguida, numa forma que a planta possa utilizá-la na fabricação de açúcar, a partir do gás carbônico (CO_2) atmosférico e da água com sais minerais, que as raízes retiram do solo.

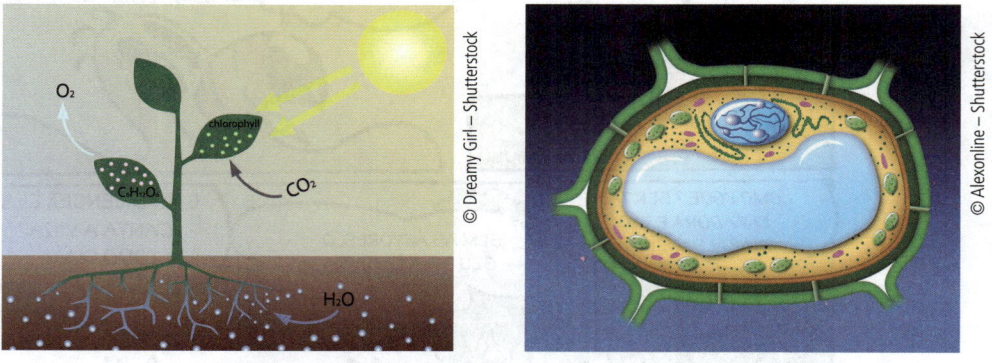

A fotossíntese consiste na produção de glicose, um açúcar. Os gases entram e saem pelos estômatos, poros reguláveis, geralmente na face ventral das folhas.

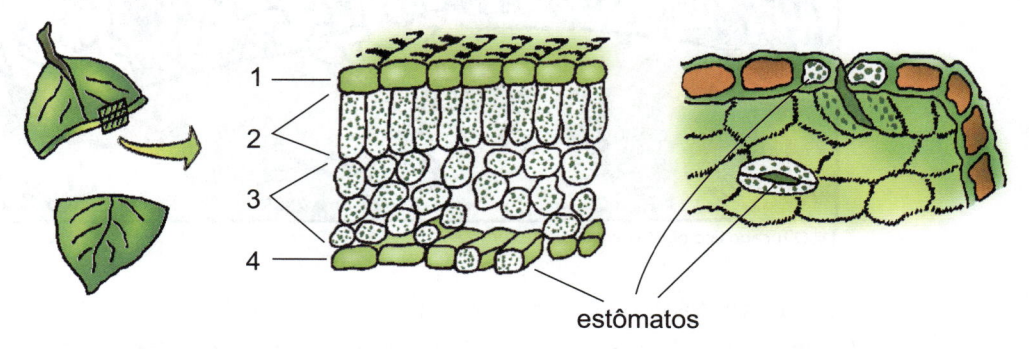

Estrutura da folha em corte transversal: 1 – epiderme dorsal; 2 e 3 – tecidos com muitos cloroplastos, onde ocorre a fotossíntese; 4 – epiderme ventral. À direita, estômatos na epiderme ventral.

A fotossíntese é a principal fonte de matéria orgânica (alimento) e de oxigênio do planeta, mas, apesar de tão importante, os especialistas ainda não conseguiram reproduzir as reações químicas do fenômeno em laboratório.

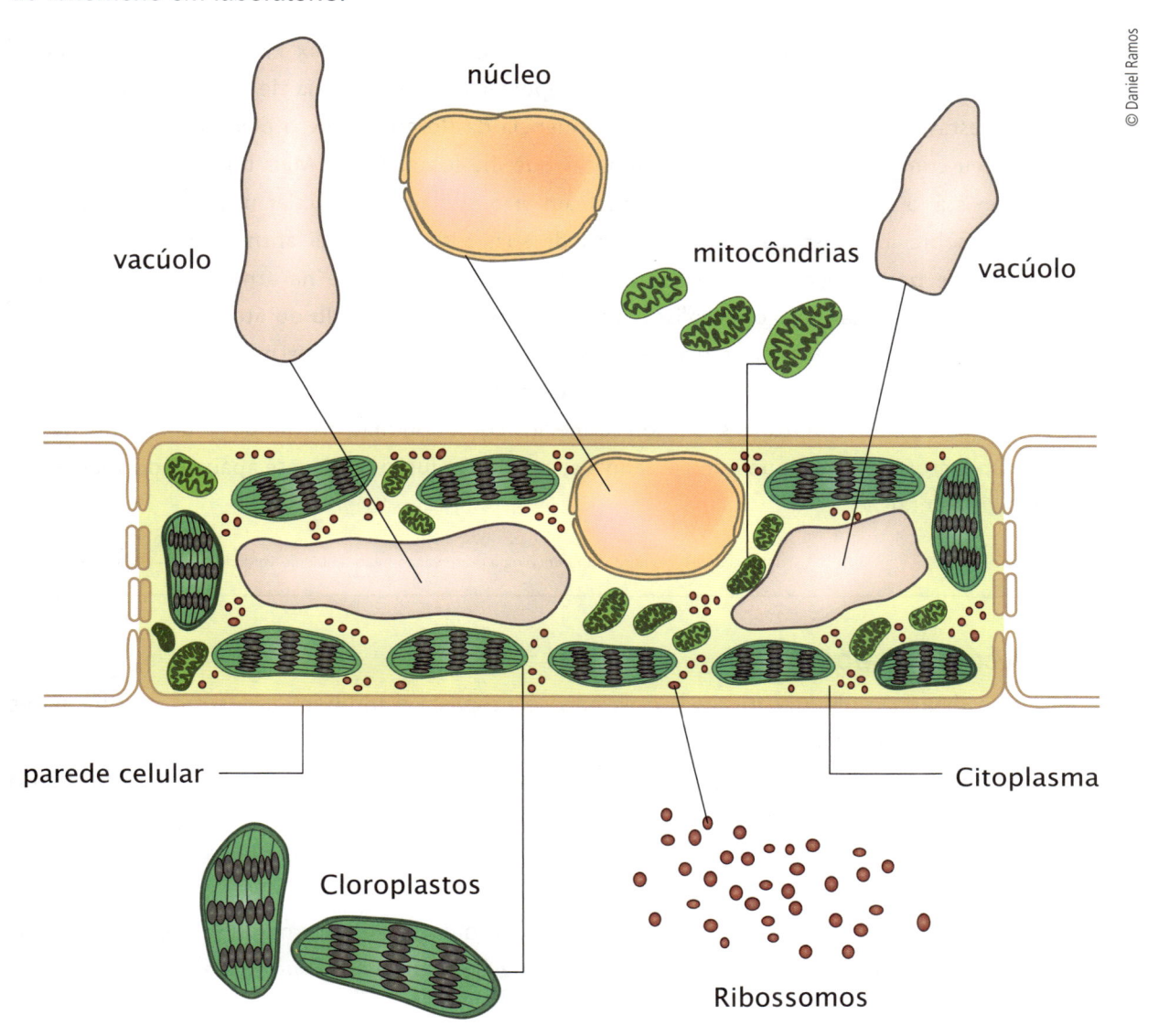

Esquema de uma célula vegetal, com suas estruturas.

O principal produto da fotossíntese são moléculas de açúcares (glicose e seus derivados), ricas em energia química. Como um subproduto, ocorre ainda a liberação de gás oxigênio, que é um resíduo muito importante para a respiração dos seres vivos (aeróbios), se bem que parte do oxigênio, antes de ser eliminado, e usado na respiração da própria planta. Não custa lembrar que aproximadamente 75% do oxigênio atmosférico são provenientes da fotossíntese realizada nos oceanos, principalmente por bactérias e algas microscópicas do fitoplâncton. Os outros 25% provêem da fotossíntese realizada em terra firme.

Fazem fotossíntese os vegetais clorofilados e, portanto, **autótrofos**, ao contrário dos heterótrofos, que dependem direta ou indiretamente dos vegetais clorofilados, estes chamados **produtores**.

Logicamente que a planta utiliza em seu metabolismo a glicose que produz. Porém os consumidores, ao se alimentarem dos vegetais, acabam recebendo parte da glicose produzida por eles.

> **Você sabia?**
>
> ### A Floresta Amazônica não é o pulmão do mundo.
>
> Em novembro de 1971, o biólogo alemão Harald Sioli, do Instituto Max Planck, então fazendo pesquisas na Amazônia, foi entrevistado por um repórter de uma agência de notícias americana. O jornalista estava interessado na questão da influência da floresta sobre o planeta e o pesquisador respondeu com precisão a todas as perguntas que lhe foram feitas. Mais tarde, porém ao redigir a entrevista, o repórter acabou cometendo um erro que ajudaria a criar um dos mais persistentes mitos sobre a floresta amazônica. Numa de suas respostas, Sioli afirmara que a floresta continha grande porcentagem de dióxido de carbono (CO_2) existente na atmosfera. No entanto, ao transcrever a declaração, o jornalista esqueceu a letra C – símbolo do átomo de carbono – da fórmula citada pelo biólogo, que ficou no texto como O_2, o símbolo da molécula de oxigênio. A reportagem com o oxigênio no lugar do dióxido de carbono foi publicada pelo mundo afora e assim, da noite para o dia, a Amazônia se tornou conhecida como "pulmão do mundo" – uma expressão de grande impacto emocional que tem ajudado a semear a confusão no debate apaixonado sobre os problemas ambientais.
>
> (Fonte: <http://super.abril.com.br/ecologia/preservacao-meio-ambiente-verdades-verde-439060.shtml>.)

A molécula mágica

A clorofila é uma molécula incrível, pois não se desgasta e também não sofre modificações estruturais no decorrer da fotossíntese.

Se extrairmos a clorofila de alguns cloroplastos e a iluminarmos, faremos com que ela brilhe no escuro. Ocorre o fenômeno da **fluorescência**.

A existência de vários cloroplastos em cada célula dos tecidos clorofilados da planta aumenta muito a superfície que absorve a radiação solar.

Também participam da fotossíntese os pigmentos carotenóides, avermelhados ou amarelados da cenoura, por exemplo, que aproveitam a parte da luz que não é absorvida pela clorofila.

A anatomia das folhas, principais órgãos-sede da fotossíntese, também facilita a captura de luz. Como são lâminas estreitas, boa parte da luz incidente na epiderme superior consegue penetrar e atravessar as folhas, alcançando todas as células com seus cloroplastos.

Os estômatos, pequenas aberturas, geralmente localizadas na face ventral das folhas, permitem as trocas gasosas da planta com o ambiente, tanto na respiração quanto na fotossíntese.

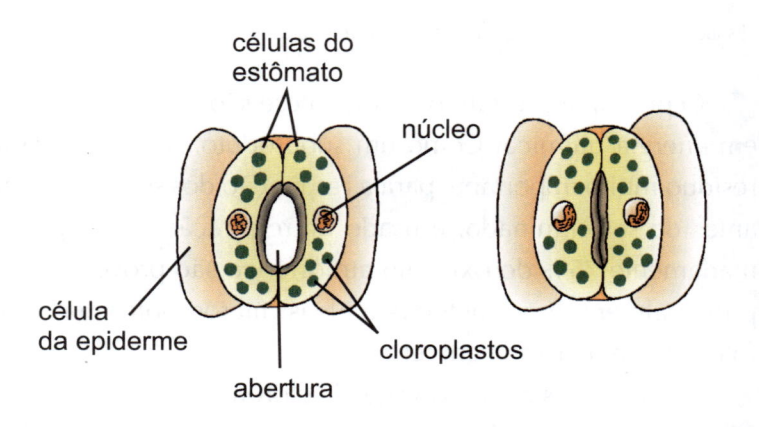

Estômato aberto (à esquerda) e fechado (à direita). Geralmente, o estômato se abre quando há luz e suas células estão cheias de água.

Levando em conta os dois principais tipos de clorofila que existem nos cloroplastos, as radiações da luz visível mais eficientes na fotossíntese são a **vermelha** e a **azul**.

A absorção da luz verde pela clorofila é praticamente nula e, por ser quase totalmente refletida, esta substância mostra-se verde aos nossos olhos. Esta é a explicação para as cores dos objetos, isto é, vemos a cor da radiação que eles menos absorvem.

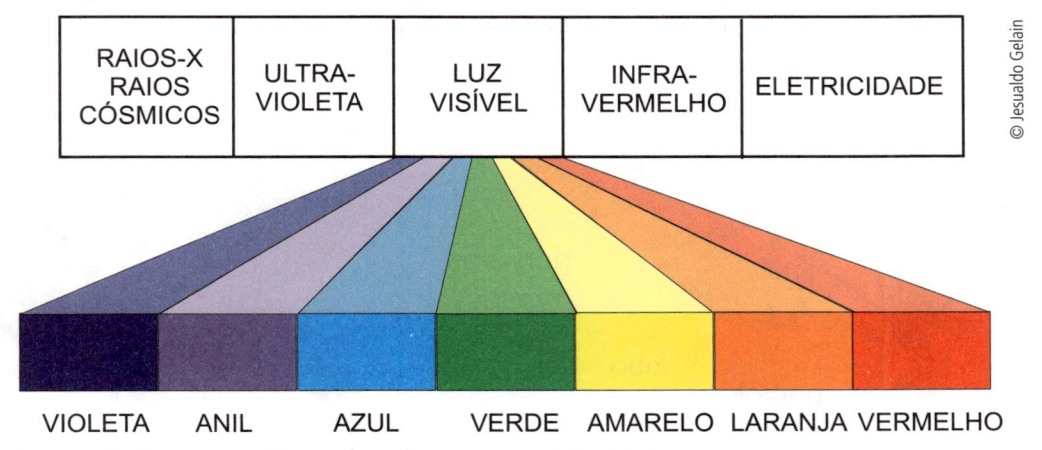

| RAIOS-X RAIOS CÓSMICOS | ULTRA-VIOLETA | LUZ VISÍVEL | INFRA-VERMELHO | ELETRICIDADE |

VIOLETA ANIL AZUL VERDE AMARELO LARANJA VERMELHO

As sete radiações monocromáticas que compõem o espectro da luz visível.

É importante observar que, na fotossíntese, ocorrem dois tipos de transformações. A **energia luminosa** se transforma em **energia química** e o gás carbônico e a água reagem para formar a glicose, portanto, trata-se de uma **transformação química**.

Você sabia?

MIT desenvolve folha artificial que imita fotossíntese

Kátia Arima – 29/03/2011 – *National Geographic Brasil*.

Cientistas do MIT (Massachusetts Institute of Technology), nos Estados Unidos, criaram uma folha artificial, capaz de imitar o processo de fotossíntese. A folha artificial é uma célula solar com um formato semelhante ao de uma carta de baralho, construída com uma placa metálica, componentes eletrônicos e catalisadores de níquel e cobalto. Ela é colocada em um recipiente com água, para transformar as moléculas de água em gases hidrogênio e oxigênio. Esses gases são armazenados em uma célula combustível, para produzir eletricidade. O coordenador do projeto, Daniel Nocera, apresentou o estudo em um encontro nacional da Sociedade Americana de Química, na Califórnia, Estados Unidos. Ele afirma que a folha artificial é o "Santo Graal da ciência". Segundo ele, o estudo abre caminho para o desenvolvimento de uma fonte barata de energia elétrica, para ser usada em países em desenvolvimento. Exposta à luz do dia, mergulhada em água, a folha artificial é capaz de produzir eletricidade para sustentar uma casa de um país em desenvolvimento por um dia inteiro, diz o pesquisador. As folhas artificiais não são novidade. Mas esse projeto do MIT tem a diferença de usar materiais baratos, além de ser mais estável: o protótipo funcionou continuamente durante 45 horas, sem variação no desempenho. Segundo Nocera, o processo de fotossíntese artificial é dez vezes mais eficiente do que o natural.

(Fonte: <http://planetasustentavel.abril.com.br/noticias/mit-desenvolve-folha-artificial-imita-fotossintese-623497.shtml>.)

As folhas

O limbo é a parte mais ampla da folha e a mais exposta à luz, sua área varia de acordo com certos fatores físicos do ambiente, como a disponibilidade de água e o grau de insolação.

Em regiões chuvosas, as plantas geralmente produzem folhas largas e perenes, isto é, que não caem durante uma época do ano. Certas características foliares facilitam o escoamento, evitando assim o acúmulo de água sobre o limbo, algo que poderia atrapalhar a fotossíntese.

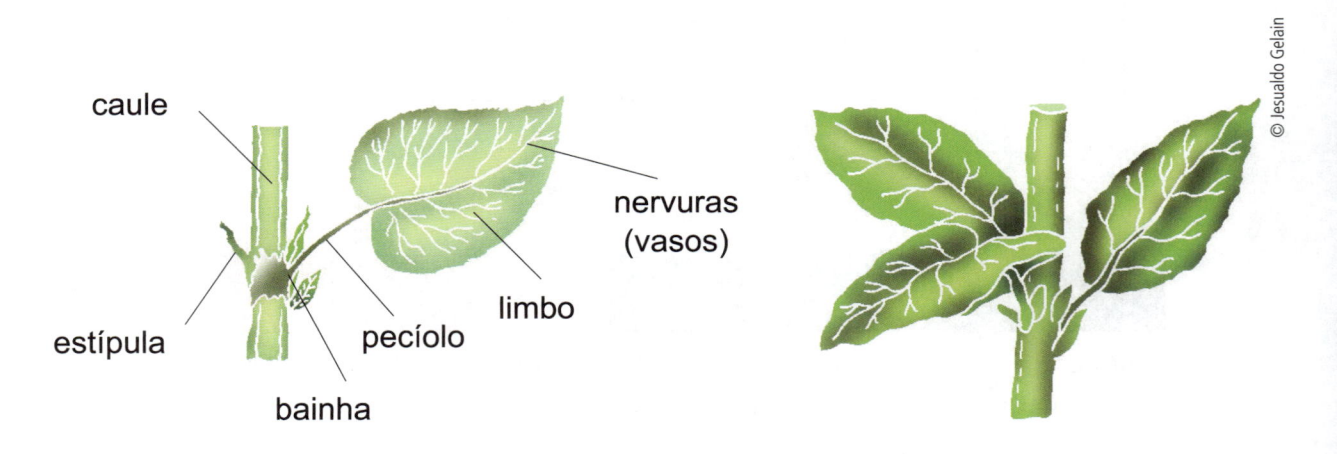

Morfologia da folha com pecíolo e, à direita, folha sem pecíolo (séssil) do tabaco.

Nas regiões menos úmidas, a área foliar é menor, evitando, assim, o excesso de transpiração. Nos lugares ainda mais secos, as plantas chegam a perder suas folhas durante a estiagem, ou elas são meros espinhos, como nos cactos.

Plantas **caducifólias**, ou que perdem suas folhas, são típicas da zona temperada do planeta.

Também no limbo encontramos os **estômatos**, poros geralmente ventrais e reguláveis, relacionados à respiração, fotossíntese e transpiração, uma vez que, por essas aberturas, sai vapor-d'água e transitam gases, como o oxigênio e o dióxido de carbono.

Dizemos que há uma bainha quando a região de fixação do pecíolo no caule é alargada. No milho, por exemplo, as folhas são desprovidas de pecíolos e se prendem ao caule por uma bainha espessa e envolvente.

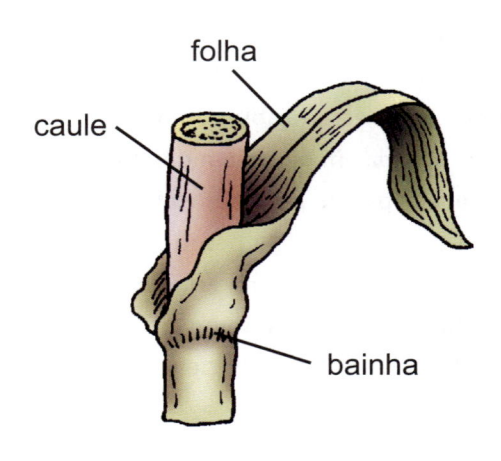

Folha com bainha (invaginante) do milho.

Diferentes formas de folha na mesma planta, uma Sagitária.

Você sabia?

Transpiração é a perda de água, na forma de vapor, através da superfície de um organismo vivo. Na maioria das espécies de plantas, a transpiração ocorre principalmente por meio dos estômatos das folhas.

Sob determinadas circunstâncias, algumas plantas perdem água na forma líquida. Este último processo, a gutação ou sudação, ocorre através de estruturas chamadas hidatódios.

Folhas do morangueiro.

Modificações das folhas

Embora sejam basicamente órgãos fotossintetizantes, as folhas de várias espécies de plantas passaram por modificações notáveis, trocando de função ou adquirindo funções adicionais. Vejamos alguns exemplos:

- **Cotilédones**: armazenam matéria nutritiva, que sustenta o embrião na germinação da semente. Ao esgotar suas reservas, a planta já poderá realizar fotossíntese.

- **Ascídeas ou urnas**: "armadilhas" das plantas insetívoras ou "carnívoras", nas quais insetos são capturados e digeridos, enriquecendo a dieta de nitrogênio do vegetal.

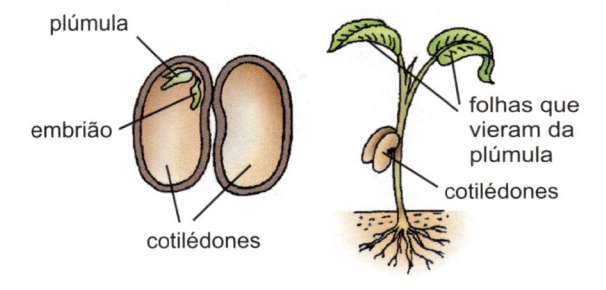

Plantinha de feijão nutrida pelos cotilédones.

Planta insetívora, *Dioneae*, e um detalhe da armadilha (ascídea) com inseto capturado.

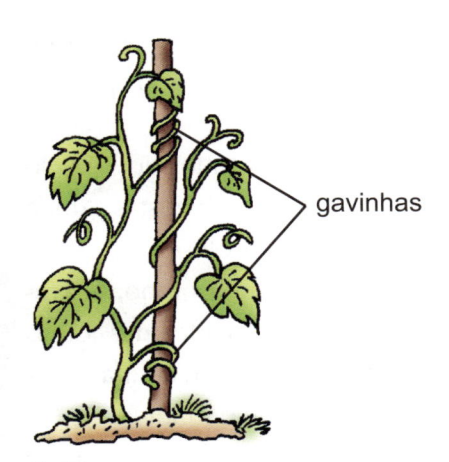

- **Gavinhas**: servem para a fixação das plantas da ervilha. Maracujá e uva têm gavinhas de origem caulinar.

- **Brácteas**: assumem várias cores e protegem flores ou outras estruturas; um exemplo é o copo-de-leite.

- **Espinhos**: presentes nos cactos, reduzem a transpiração e a fotossíntese passa a ser realizada pelo caule.

Gavinha.

Bráctea do copo-de-leite.

Brácteas do antúrio e da margarida.

Espinhos no cacto, cujo caule é clorofilado e realiza a fotossíntese.

A queda das folhas

Em regiões onde o clima é muito sazonal – por exemplo, um verão quente e chuvoso alternado com um inverno frio e seco ou um verão ameno alternado com um inverno congelante –, as plantas costumam exibir mudanças igualmente notáveis.

A bela coloração da vegetação de zona temperada no outono.

Em florestas de regiões temperadas, por exemplo, quase todas as árvores e arbustos são caducifólias – isto é, perdem todas as suas folhas. Embora Isso aconteça durante o inverno, o "problema" das plantas não é propriamente o frio, mas sim a falta de água líquida.

E por que as folhas mudam de cor antes de cair? O fenômeno, conhecido por todos que já visitaram ou viram fotos de florestas temperadas, também têm chamado a atenção dos cientistas. Ainda não se tem, contudo, uma explicação plenamente satisfatória; apenas algumas hipóteses.

Em termos funcionais, podemos descrever o fenômeno do seguinte modo: no outono, a temperatura reduzida inibe a formação de novas moléculas de clorofila. Outros pigmentos das folhas tornam-se dominantes, como o **caroteno** (alaranjado), a **xantofila** (amarelado) e a **antocianina** (avermelhado). Quando as folhas morrem, já mostram cor parda e estão repletas de ácido tânico.

Devido aos hormônios vegetais em desequilíbrio, forma-se uma camada de células que isola cada folha do seu ponto de inserção no vegetal: é quando ela cai.

ATIVIDADES

1. As plantas I e II foram cobertas com sacos plásticos e expostas à luz do Sol. Após alguns dias, qual o resultado esperado?

_____

_____

_____

2. Podemos afirmar que sem luz a vida deixaria de existir na Terra? Justifique.

_____

_____

3. Como o acúmulo de gás carbônico (CO_2) é prejudicial, inclusive por aumentar o efeito estufa, poderíamos viver sem ele? Justifique sua resposta.

_____

_____

_____

4. A fotossíntese é importante por dois motivos. Quais são eles?

_____

_____

5. Observe a tirinha e responda:

Os vegetais precisam de água, porém alguns possuem de algumas modificações para evitar a perda de água.

a) Qual vegetal da tirinha possui esse tipo de modificação?

_____

171

b) Qual é essa modificação?

_____

6 Qual é a função dos estômatos?

_____

_____

_____

_____

7 Explique os tipos de transformações que ocorrem na fotossíntese.

_____

_____

_____

_____

8 Observe as imagens de vegetais com folhas modificadas e responda:

Dioneia.   Antúrio.   Cacto.

a) Quais são os nomes das folhas modificadas nas imagens A e C respectivamente?

_____

_____

_____

b) Na imagem B, qual é o nome e a função da folha modificada?

_____

_____

_____

172

9 Um jornal noticiou que: "AS PLANTAS NA CAATINGA APRESENTAVAM FOLHAS LARGAS".
A notícia está correta? Justifique.

_____

_____

10 Por que as folhas mudam de cor no outono?

_____

_____

_____

_____

11 Dê o nome de algumas folhas que você usa na sua alimentação.

_____

_____

12 (UFC) Leia os versos a seguir e responda o que se pergunta:

Luz do Sol

Caetano Veloso

"Luz do Sol

Que a folha traga e traduz,

Em verde novo,

Em folha, em graça, em vida,

Em força, em luz".

a) A qual processo metabólico das plantas o poeta está se referindo?

_____

b) Que estruturas e moléculas orgânicas devem estar presentes nas células desses organismos e que são indispensáveis para realizar este processo?

_____

c) Se você tivesse que escolher entre duas lâmpadas, uma azul e outra verde, para iluminar as plantas de um aquário, qual seria a escolha correta, objetivando-se uma maior eficiência do processo cujo nome é solicitado no item A desta questão?

_____

_____

173

Capítulo 22

OS MUSGOS E AS SAMAMBAIAS

© Zacarias Pereira da Mata – Shutterstock

© oflo69 – Shutterstock

Neste e no próximo capítulo, nós vamos examinar os grupos que integram o reino das plantas. Vamos tratar aqui apenas das chamadas embriófitas – isto é, plantas multicelulares que se desenvolvem a partir de um embrião.

As evidências disponíveis indicam que as embriófitas surgiram há mais de 450 milhões de anos, ainda no período Siluriano, de uma linhagem de microrganismos aquáticos, algo semelhante a algumas algas verdes.

Aproximadamente 200 mil espécies de embriófitas já foram formalmente descritas e nomeadas. Todas essas espécies costumam ser arranjadas em dois grupos: as briófitas (musgos) e as traqueófitas, as plantas dotadas de um sistema vascular. As traqueófitas incluem as pteridófitas (samambaias) e as espermatófitas, isto é, as plantas produtoras de sementes. As espermatófitas, por sua vez, abrigam as gimnospermas (pinheiros) e as angiospermas (plantas floríferas).

As relações entre esses grupos estão reunidas no esquema abaixo.

Embriófitas
- **Briófitas**
- Traqueófitas
  - **Pteridófitas**
  - Espermatófitas
    - **Gimnospermas**
    - **Angiospermas**

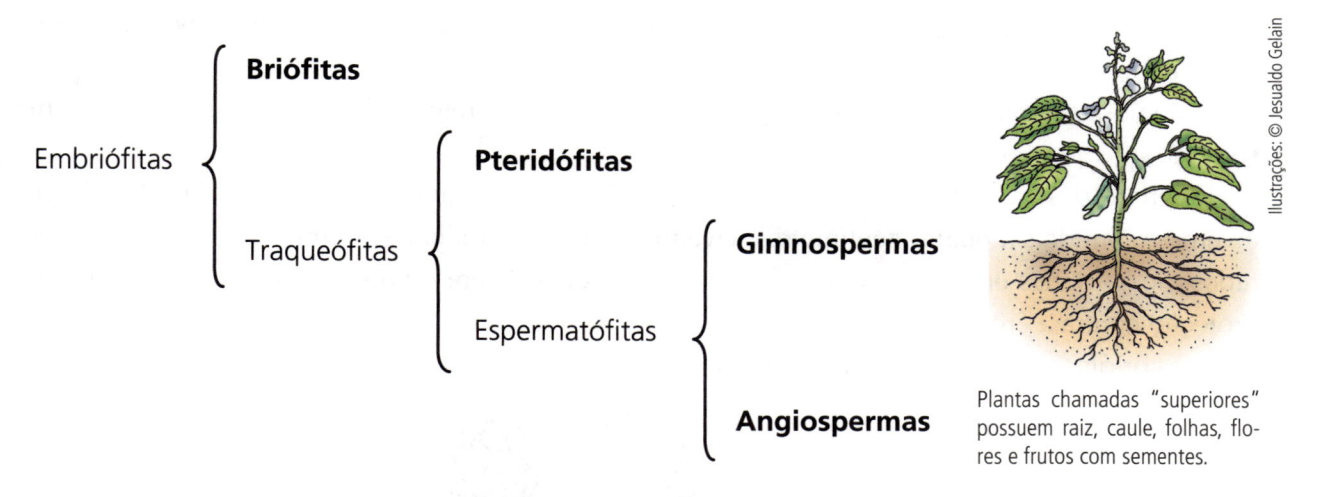

Plantas chamadas "superiores" possuem raiz, caule, folhas, flores e frutos com sementes.

Além do embrião, todas as embriófitas têm outra característica importante em comum: a alternância de gerações. A expressão alude ao fato de que a vida desses organismos desdobra-se em duas fases, uma delas chamada de esporofítica (produtora de esporos), a outra chamada de gametofítica (produtora de gametas).

Veja um modelo que procura representar a alternância de gerações:

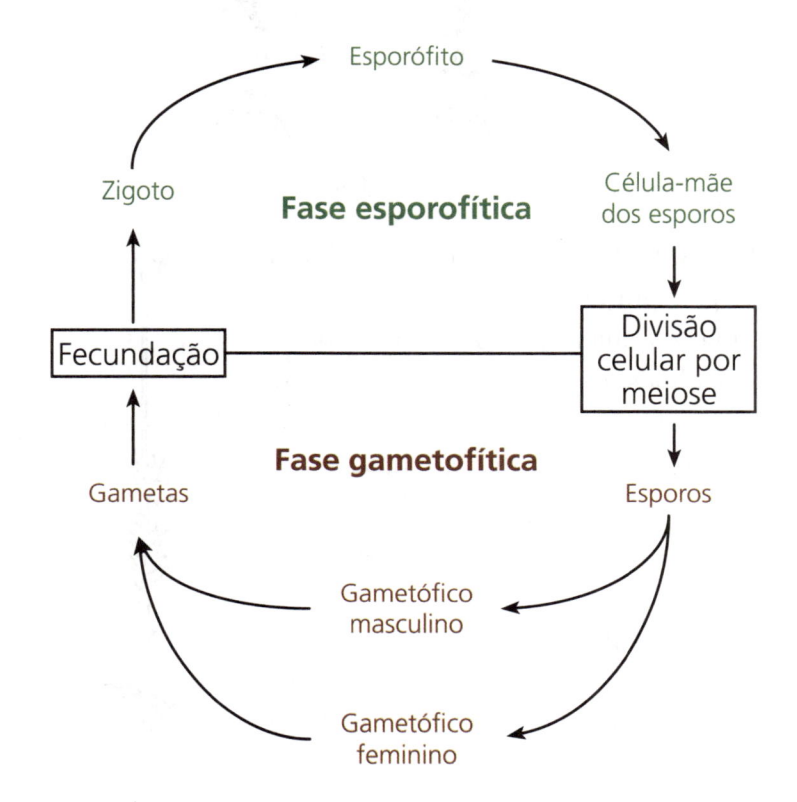

Nas briófitas, o gametófito é duradouro e clorofilado e o esporófito é transitório e depende do gametófito. A partir das pteridófitas, o esporófito torna-se predominante e o gametófito cada vez mais temporário.

Os musgos (Briófitas)

São vegetais avasculares, isto é, sem tecidos para condução das seivas e, por isso, de pequeno porte, pois a água, os sais minerais e os açúcares passam lentamente, por difusão, de uma célula para outra.

Não possuem raízes, caule e folhas como conhecemos e preferem locais úmidos e com alguma sombra.

O grupo das briófitas, ou seja, o dos musgos, é aquele no qual os gametófitos são duradouros e verdes, com dois a quatro centímetros, vivendo juntos, aos milhares, formando enormes aglomerados, no solo, nas encostas úmidas, nas bordas de xaxim e em outros locais. São importantes na proteção contra a erosão.

Nas briófitas não encontraremos raízes, caule e folhas, e sim rizoides, cauloide e filoides.

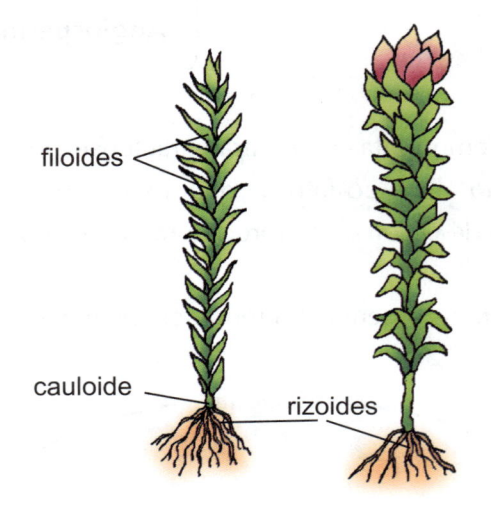

Gametófitos de musgo.

A geração esporofítica ou esporófito é efêmera e aclorofilada, vivendo a partir do gametófito sobre o qual fica apoiada.

Na planta masculina, os anterídeos produzem anterozoides nos gametas masculinos, e, na planta feminina, cada arquegônio produz uma oosfera, o gameta feminino. O deslocamento dos gametas depende da água da chuva ou da condensação da umidade atmosférica.

Nadando próximo ao arquegônio, os anterozoides são atraídos para o seu interior.

O primeiro anterozoide fecunda a oosfera, e o zigoto que se desenvolve no arquegônio origina o embrião; este embrião origina o esporófito, que crescerá sobre a planta duradoura feminina.

Esporófito de musgo sobre gametófito feminino.

176

O esporângio da planta efêmera produz os esporos, que são lançados no solo, onde germinam, desde que as condições do meio sejam favoráveis.

Da germinação do esporo surge uma plantinha minúscula e rasteira, um pré-gametófito chamado protonema, cuja "gema", ao brotar, dará origem a um novo gametófito, masculino ou feminino.

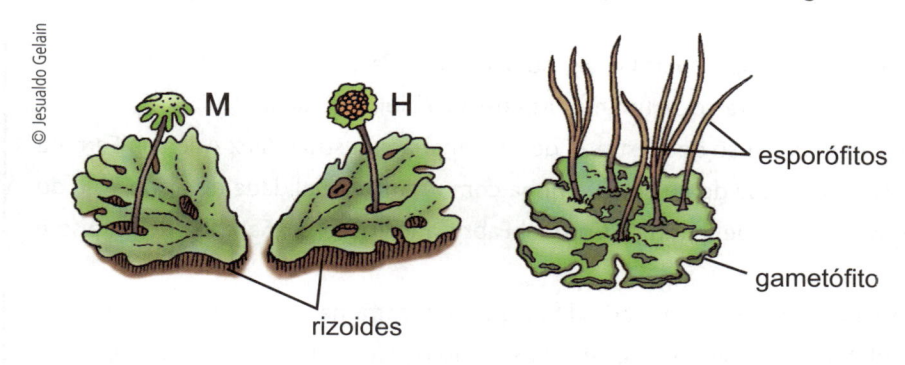

Gametófitos de três centímetros, verdes e flutuantes, de uma hepática, briófita muito primitiva (à esquerda); e gametófitos de alguns centímetros do gênero Anthoceros sp., uma antocerota, com seus esporófitos. Nos seus tecidos, há uma alga azul fixadora do nitrogênio do ar.

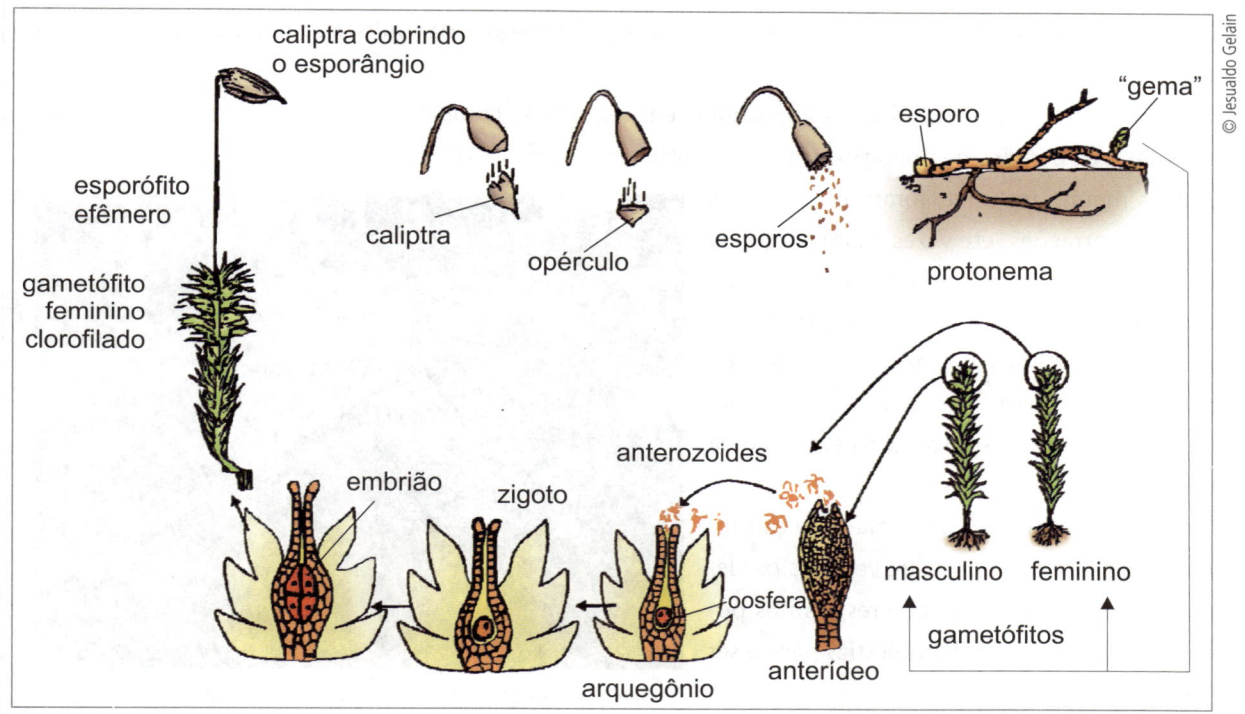

Ciclo reprodutivo do musgo.

Você sabia?

As briófitas possuem aspectos econômicos, pois podem ser utilizadas como indicadores ecológicos. Algumas são boas indicadoras da qualidade do solo de florestas e das condições de pH e da água em turfeiras. Certos musgos indicam a presença de cálcio na água, outros indicam a presença de alguns depósitos minerais no solo. As briófitas também servem para monitorar a poluição por metais pesados, devido à sua grande capacidade de concentrar esses elementos, e as concentrações de poluentes do ar. Também podem ser usadas como alimento para peixes, mamíferos e pássaros, como iscas em pescaria, para controlar a erosão do solo, umidade e inundações, como ervas medicinais. Na biologia é aplicada em antibióticos, reguladores do crescimento de plantas, ornamentais em floriculturas, na fabricação de Whisky e o gênero Sphagnum foi usado na 2ª Guerra Mundial como algodão (antisséptico).

> **Você sabia?**
>
> ### Monitoramento biológico do ar
>
> Experiência realizada em cinco cidades constatou alto índice de poluição
>
> Wôlmer Ezequiel – 24/08/2010
>
> IPATINGA (MG) – Quem passa pela avenida Minas Gerais, no bairro Caçula, próximo ao Posto GT, vai encontrar um experimento bem curioso. Trata-se de um monitoramento biológico do ar.
>
> A experiência foi feita pelo ex-aluno do curso de mestrado de engenharia industrial, Alex Aderson Ferreira Costa. O trabalho foi desenvolvido na tese do curso, que tinha como tema a qualidade do ar no Vale do Aço. A pesquisa foi feita nos municípios de Ipatinga, Coronel Fabriciano, Timóteo, Santana do Paraíso e Marliéria.
>
> O trabalho foi desenvolvido para mostrar a qualidade do ar que se respira na região. Para isso, foi utilizado musgo. A planta foi coletada em diversas regiões consideradas limpas, livres de poluição, como a Serra da Piedade, próximo a Belo Horizonte e, posteriormente, analisados os metais encontrados nas plantas.
>
> Também foram feitas consultas na literatura e, em seguida, as comparações. "Nós concluímos com esse trabalho que o índice de poluição atmosférica aqui é muito elevado.
>
> Alguns metais, inclusive, foram encontrados em concentrações sete vezes maiores aqui na região, quando comparados com a literatura, ou confrontados com as amostras da região de Caeté", explica Alex, acrescentando que o trabalho é muito importante para a sociedade no sentido de se fazer uma avaliação da qualidade do ar.
>
> "A poluição atmosférica é uma poluição invisível, a gente não consegue ver, mas os elementos que estão no ar que respiramos podem trazer uma série de moléstias para o ser humano", pontua.
>
> Musgos foram utilizados para medir a qualidade do ar.
>
> (Fonte: <http://www.diariodoaco.com.br/noticias.aspx?cd=48681>.)

Organografia vegetal

A organografia vegetal é o estudo descrito das estruturas que formam o corpo das plantas. Tais estruturas costumam ser separadas em dois grupos, de acordo com suas funções básicas:

- Vegetativos – órgãos como raiz, caule e folha, responsáveis pela manutenção da planta.
- Reprodutivos – flor, fruto e semente, cuja função é a reprodução.

A raiz

Geralmente subterrânea, é responsável pela fixação da planta no substrato e absorção de água e nutrientes minerais, além de outras funções, como condução da seiva inorgânica, armazenamento de matéria nutritiva etc.

Partes da raiz

- Zona de ramificação: de onde partem raízes secundárias ou laterais.
- Zona pilífera: forma pelos absorventes, que retiram do solo água e sais minerais, parte da matéria-prima para a fotossíntese.
- Zona lisa: onde as células se distendem, promovendo a elongação da raiz.
- Coifa: protege a ponta delicada da raiz do atrito contra as partículas do solo ou microrganismos, inclusive aquáticos.

Cenoura, rabanete, beterraba, nabo, mandioca (aipim ou macaxeira), batata-doce, madioquinha (batata-baroa) e araruta são exemplos de raízes subterrâneas tuberosas, que armazenam grande quantidade de matéria orgânica e, por isso, são usadas como alimento.

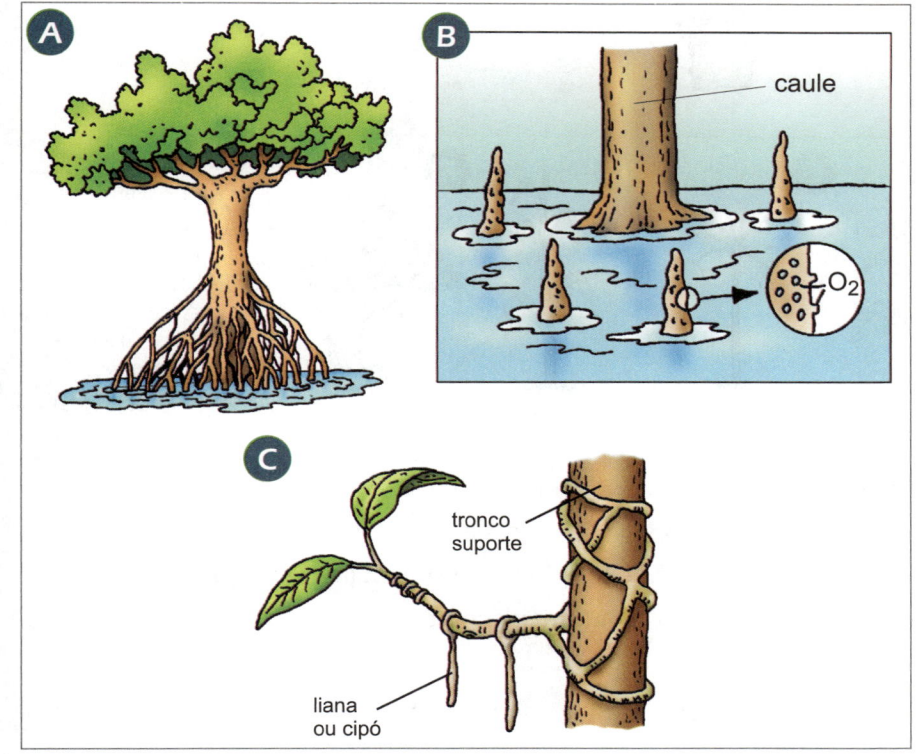

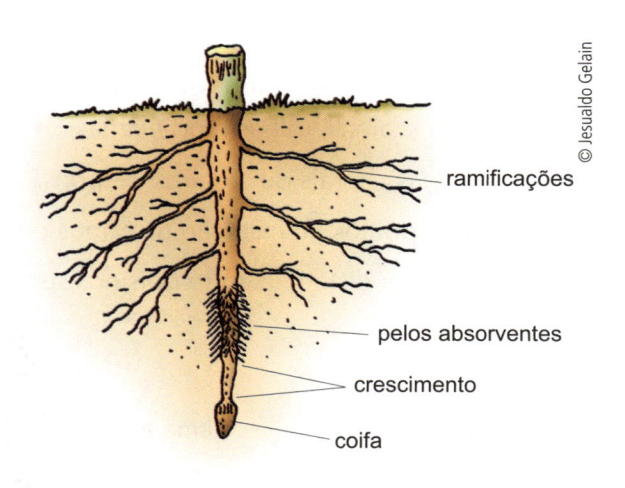

Duas raízes tuberosas: beterraba (à esquerda) e a cenoura (à direita).

Outros tipos de raízes:
A – raízes-suporte de planta de mangue;
B – raízes respiratórias de planta de mangue;
C – raízes de plantas epífitas, espécies clorofiladas como as orquídeas e bromélias, que apenas se apoiam sobre outra planta.

O caule

O caule produz e sustenta os ramos que constituem a copa, conduz as seivas inorgânica e elaborada, armazena matéria nutritiva e água, além de fazer fotossíntese em alguns casos, como os cactos.

Ao contrário das raízes, os caules são geralmente aéreos. Alguns são rasteiros; outros, subterrâneos e até aquáticos.

Partes do caule

- Gema apical: tecido jovem, que permite o crescimento longitudinal, geralmente protegido por escamas (folhas modificadas).
- Gemas laterais ou axilares: responsáveis pelos ramos laterais.
- Nós: pontos de inserção de ramos ou folhas.
- Entrenó: distância entre dois nós seguidos.

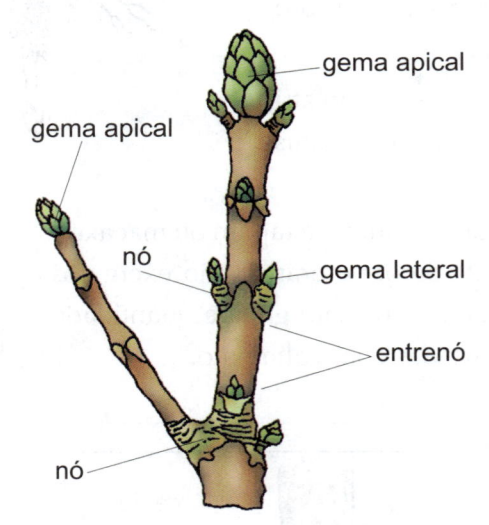

As partes do caule.

Caules aéreos:
A – tronco das árvores e arbustos;
B – haste das ervas;
C – estipe das palmeiras;
D – colmo do milho e da cana;
E – cladódio dos cactos.

Caules com função de propagação

O caule muitas vezes serve para fins de propagação vegetativa. Em alguns desses casos, as modificações do caule são notáveis, justificando a adoção de uma nomenclatura própria.

- Tubérculo: subterrâneo, armazena matéria nutritiva, como a batatinha ou batata-inglesa, inhame ou cará etc.
- Rizoma: também subterrâneo, possui gemas de onde brotam o pseudocaule da bananeira e as frondes ou ramos das samambaias.
- Bulbos: também subterrâneos, podem ser:
  - tunicados: cebola e alho (cada "dente" do alho equivale a um bulbo da cebola).
  - sólidos: gengibre, palma-de-santa-rita (orquídeas têm pseudobulbo).
  - escamosos: lírio.
- Estolão ou estolho: rastejante, como na grama e no morangueiro, tem nós reprodutivos, de onde partem novos ramos.

Caules de propagação:
A – batata-inglesa;
B – rizoma da íris;
C – cebola;
D – estolão do morangueiro.

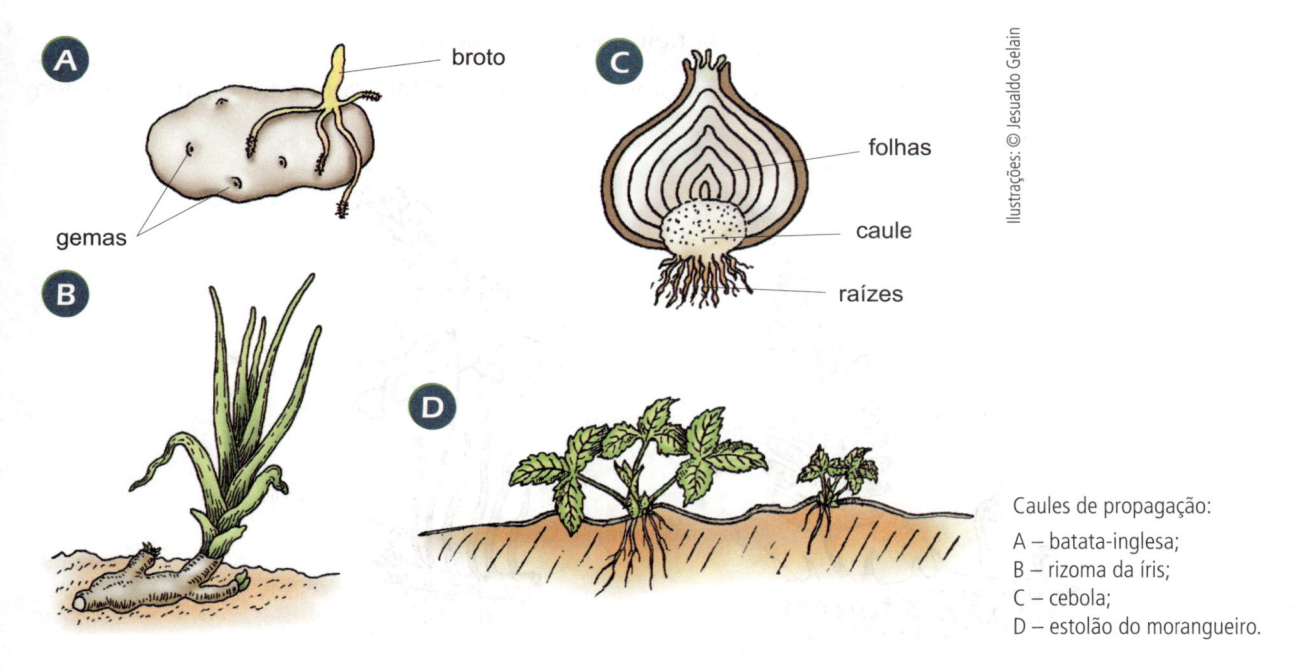

Transporte de substâncias na planta

As raízes absorvem água e sais minerais, que são conduzidos no vegetal por um sistema de vasos que, grosso modo, podemos comparar a um sistema de canos de um edifício.

Apenas as pteridófitas, gimnospermas e angiospermas possuem sistemas de vasos de condução. A água e os sais minerais são chamados de seiva bruta, e o sistema de vasos que a distribui para toda planta é chamado de xilema ou lenho. Já a água misturada às substâncias produzidas pela planta na fotossíntese e em outros processos é conduzida por outro sistema de vasos, chamado de floema ou líber.

No caule das árvores é possível ver a distribuição dos dois sistemas de transporte de substâncias.

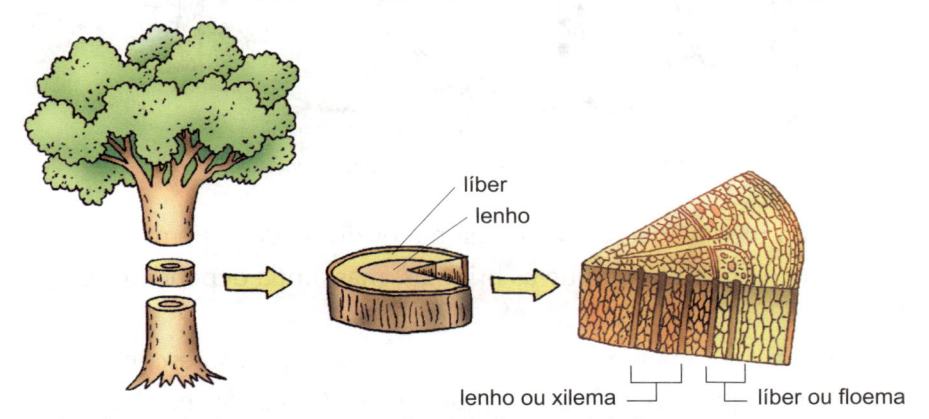

Corte de um tronco de árvore para mostrar a disposição dos vasos do lenho, que transporta água e sais minerais, internos aos vasos do líber, que transportam seiva elaborada (açúcar).

As samambaias e avencas (Pteridófitas)

Como foi dito antes, as pteridófitas, ao lado das gimnospermas e angiospermas, integram o grupo das traqueófitas. Essas plantas se caracterizam por apresentarem:

- Tecidos condutores de seivas, água e sais minerais, ou seiva bruta e seiva elaborada, o açúcar produzido na fotossíntese.
- Um corpo vegetal com raízes, caule e folhas.

181

- Hábitats muito mais variados do que aqueles ocupados pelos musgos.
- Ao contrário das briófitas a geração predominante é o esporófito, enquanto o gametófito tem curta duração.

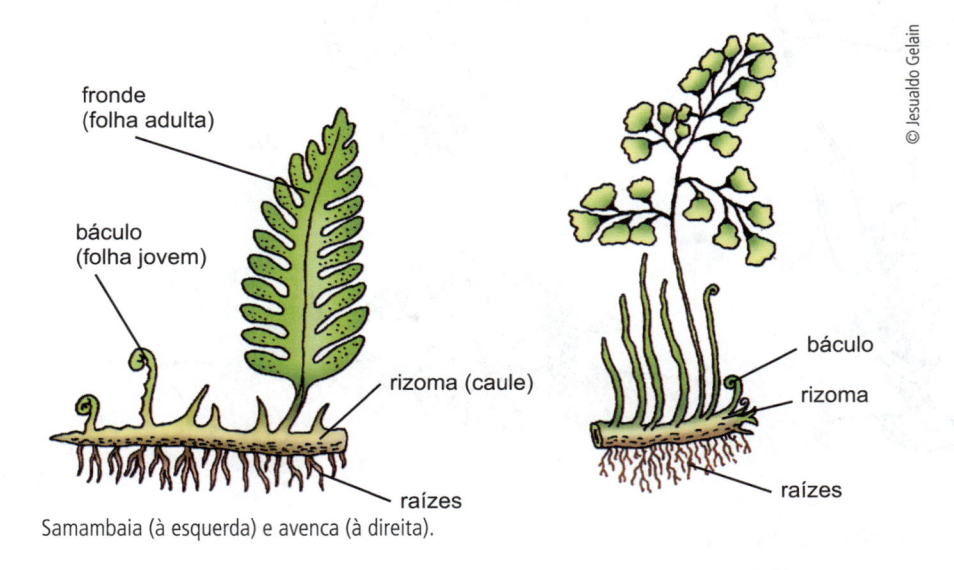

Samambaia (à esquerda) e avenca (à direita).

A samambaiaçu é uma espécie de samanbaia de grande porte, arborescente.

As samambaias são plantas que exibem uma maior diversidade de modos de vida e exploram uma maior diversidade de hábitats do que as briófitas, mas ainda dependem da água do meio para a fecundação.

As pteridófitas podem ser grandes e robustas, como os fetos arborescentes de florestas pluviais e jardins, ou delicadas e aquáticas, como as pequenas plantas usadas na superfície de aquários.

Os caules dos fetos são grandes rizomas que emergem do solo. Do rizoma partem ainda as frondes, um tipo de folha composta formada por folíolos, e também as raízes.

Na face ventral dos folíolos de cada fronde, encontramos bolinhas escuras, os soros, dentro dos quais são formados os esporos.

Quando aumenta a temperatura e cai a umidade do ar, a parede do soro se rompe e os esporos caem no solo.

O esporo germina no solo e forma o prótalo, gametófito transitório e clorofilado. Com 2 e 3 centímetros, o gametófito apoia-se no solo úmido e obtém nutrientes e água por meio de rizoides, pequenas e delicadas raízes.

Esse gametófito produz gametas masculinos e femininos.

Os anterozoides nadam na água da chuva e, num outro prótalo, o primeiro a chegar fecunda a oosfera. Em seguida, o zigoto começa a se dividir e dá origem ao esporófito, a futura samambaia.v

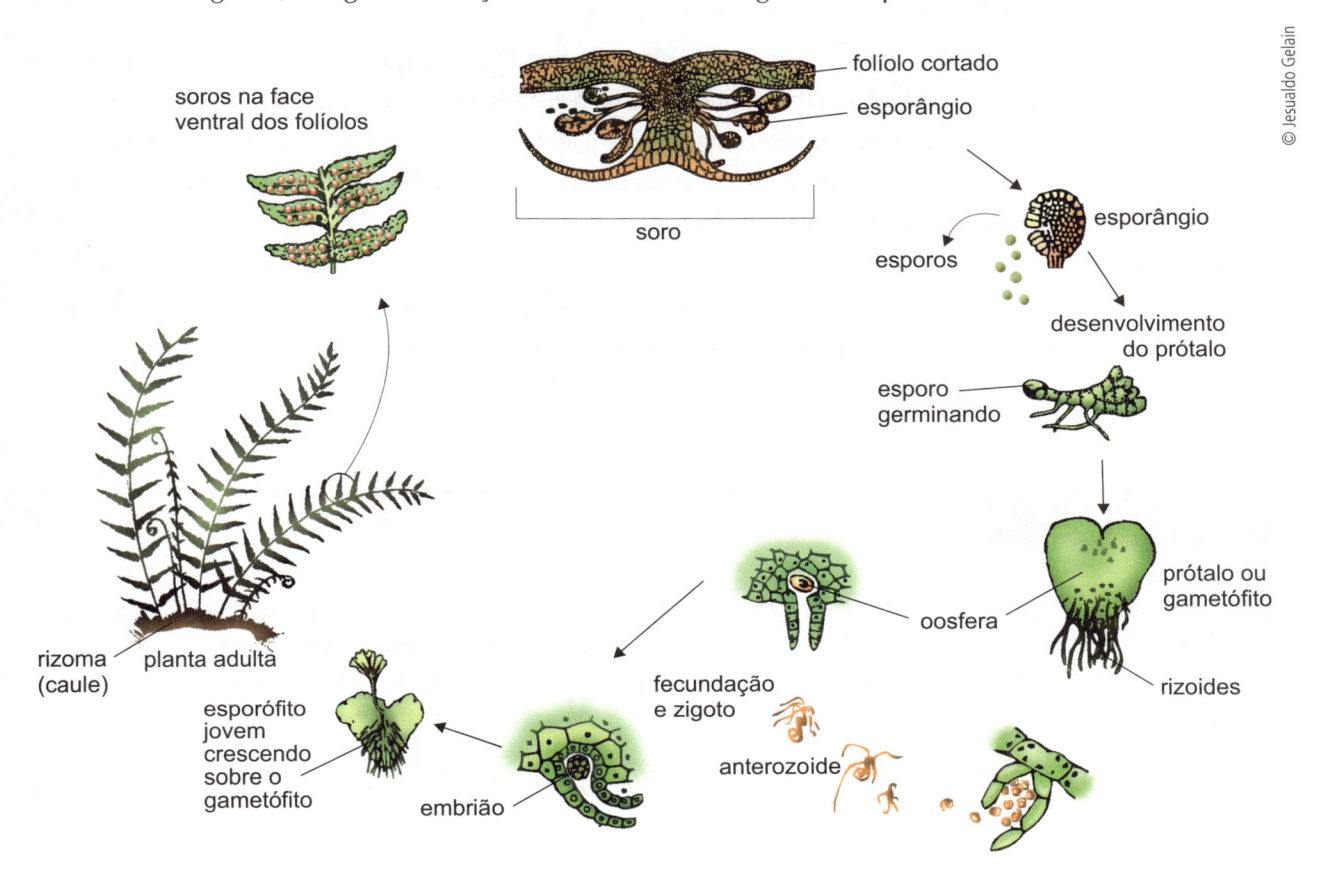

Entendemos, assim, por que o prótalo é clorofilado. Ele nutre temporariamente o esporófito, pelo menos até que este fique independente, isto é, se torne clorofilado.

Você sabia?

Xaxim corre o risco de sumir do mapa!

Ela é uma das espécies vegetais mais antigas e contemporânea dos dinossauros: é a *Dicksonia selowiana*, conhecida como samambaiaçu, de cujo tronco se extrai o xaxim – a matéria-prima para a fabricação de vasos e substratos. Planta típica da Mata Atlântica, esta samambaiaçu está na lista oficial das espécies brasileiras ameaçadas de extinção (Ibama), em razão da sua intensa exploração comercial destinada à jardinagem e à floricultura. Para obter mais informações científicas e, ao mesmo tempo, maior controle sobre a extração e comercialização da espécie, o Ibama formou, no ano 2000, o Grupo Técnico de Conservação de Pteridófitas, com a participação de especialistas do governo e das Universidades Federais de Santa Catarina e do Rio Grande do Sul. A principal

183

meta era estabelecer formas sustentáveis de exploração da espécie. Já no ano 2001, uma resolução do Conselho Nacional do Meio Ambiente (Conama) passou a proibir a extração dessa espécie da mata. A área de maior ocorrência do xaxim na Mata Atlântica é a floresta das Araucárias, nos estados do Sul do país e é justamente lá que acontece a maior exploração da planta. Segundo declaração de Jefferson Prado, pesquisador do Instituto de Botânica de São Paulo, publicada na revista *Natureza* (junho/2002), a velocidade de crescimento da samambaiaçu varia, mas costuma ser muito lenta – geralmente ela cresce cerca de 5 a 8 cm por ano. Por essa medida, estima-se que para conseguir um vaso com 40 a 50 cm de diâmetro são extraídas da mata samambaiaçus com idade mínima de 50 anos!

Hoje, existem no mercado produtos alternativos que substituem o xaxim, como vasos fabricados a partir da fibra do coco e também substratos como palha de coco, ardósia e carvão. Ao optar por estes produtos estamos ajudando a preservar a existência da *Dicksonia selowiana* nas matas.

(Fonte: <http://www4.icmbio.gov.br/flonaibirama/passeiovirtual/pontos/34.html>.)

ATIVIDADES

1 (Unicamp-SP) A Mata Atlântica é um ambiente bastante úmido. Nesse ambiente, é comum encontrar diversos tipos de plantas verdes, de pequeno porte (alguns centímetros), crescendo sobre troncos e ramos de árvores, bem como recobrindo certas áreas na superfície do solo.

a) Que plantas são essas?

b) Qual o fator que delimita o seu tamanho?

2 Explique a frase "As briófitas podem ser consideradas os anfíbios do Reino Vegetal".

3 (Fuvest) Num filme ficção científica havia musgos gigantes, do tamanho de coqueiros. Qual sistema, ausente nos musgos reais, deveria estar presente nos gigantes para que eles atingissem esse tamanho? Por quê?

4 A figura ao lado representa uma planta e seus órgãos vegetativos 1, 2 e 3.

a) Dê uma função do órgão vegetativo 1.

_____

_____

b) Dê uma função do órgão vegetativo 2.

_____

_____

_____

c) Dê duas funções do órgão vegetativo 3.

_____

_____

_____

5 a) Cite as regiões de uma raiz e suas funções.

_____

_____

_____

_____

b) Cite uma estrutura exclusiva do caule e outra da raiz.

_____

_____

6 As samambaias que enfeitam nossas casas são

a) gametófitos de briófitas.

b) gametófitos de pteridófitas.

c) esporófitos de briófitas.

d) esporófitos de pteridófitas.

e) esporófitos de gimnospermas.

7 Numa refeição constituída por palmito, nabo, batata-doce, gengibre, batata-inglesa, cenoura e mandioca, quais são as estruturas de origem exclusivamente radicular (da raiz)?

_____

_____

185

8 Cite alguns exemplos de caules comestíveis para o ser humano.

_____

_____

9 A frase abaixo é do livro *Negrinha*, de Monteiro Lobato:

"Veludo de muro velho, é como chama Timóteo a essa muscínea invasora, filha da sombra e da umidade."

A planta referida como "veludo de muro velho" representa:

a) os esporófitos de uma briófita;

b) os protalos de pteridófitas;

c) os gametófitos de briófitas;

d) os gametófitos de algas verdes;

e) os talos das cianofíceas.

10 Observe a figura abaixo e explique:

Por que a planta ficou colorida depois de algum tempo mergulhada no corante?

_____

_____

_____

_____

_____

_____

11 (UNESP) O xaxim é um produto muito usado na fabricação de vasos e suportes para plantas. A sua utilização:

a) aumenta o risco de extinção de certas samambaias, a partir das quais é produzido.

b) não acarreta nenhum impacto ambiental, pois é produzido a partir da compactação de folhas de certas palmeiras.

c) aumenta o risco de extinção de certas gramíneas, a partir das quais é produzido.

d) não acarreta nenhum impacto ambiental, pois é produzido a partir de raízes de plantas aquáticas secas.

e) provoca a extinção de certas palmeiras, a partir das quais é produzido.

186

Capítulo 23
As plantas com sementes

Araucária ou pinheiro-do-paraná, espécie de gimnosperma que ocorre nas florestas da região sul do Brasil.

Como já foi dito antes, as gimnospermas integram, ao lado das angiospermas, o grupo das espermatófitas, isto é, o grupo das plantas que produzem sementes.

Há, contudo, uma diferença notável e importante entes as espermatófitas: as gimnospermas produzem sementes "nuas", assim chamadas porque ficam expostas em uma estrutura chamada pinha ou cone, enquanto as angiospermas produzem sementes dentro de frutos.

187

Sementes sem frutos (Gimnospermas)

São plantas representadas geralmente por árvores robustas, como o pinheiro, a araucária, o cipreste, o cedro, o abeto e as altas e seculares sequoias, todos representantes das **coníferas**, vegetais que têm esse nome por causa de sua forma.

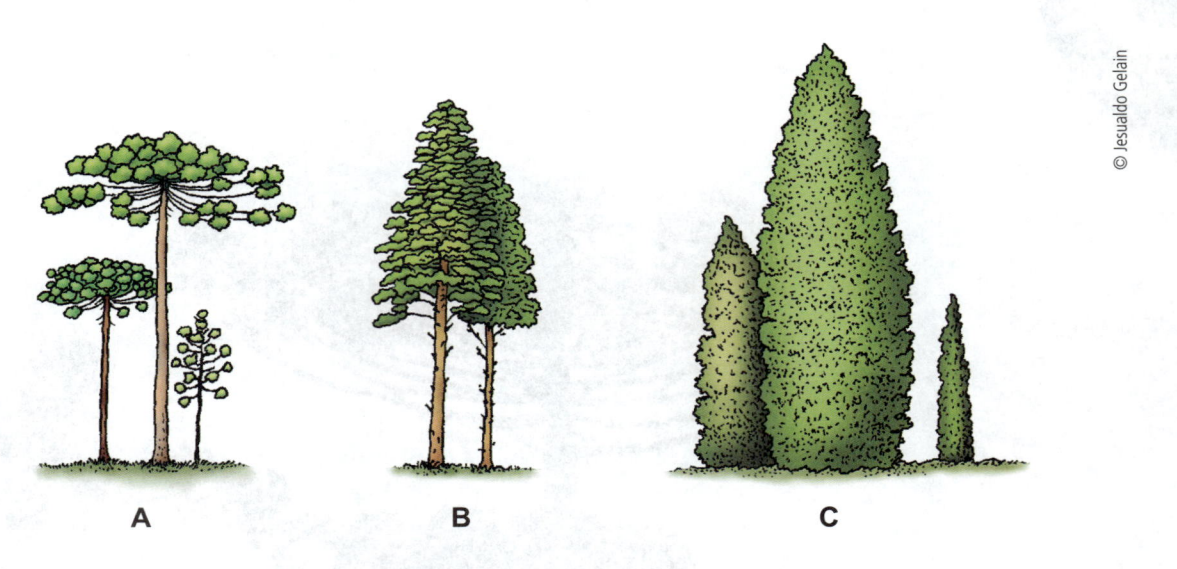

Coníferas: **A** – pinheiro-do-paraná ou araucária; **B** – pinheiro; **C** – cipreste.

É oportuno lembrar que as coníferas de regiões temperadas são plantas sempre-verdes – isto é, não perdem as folhas. Assim, no inverno, a neve escorrega pelos seus flancos e não se acumula sobre os ramos. Isso se deve à forma cônica da planta, resultado do seu padrão de crescimento, e ao formato característico das folhas (em forma de agulhas).

A bela e exótica *Ginkgo biloba*, nativa da China, é a única espécie vivente de um grupo de gimnospermas primitivas.

As coníferas possuem raízes, caule e folhas; estas costumam ser aciculares (em forma de agulha) e clorofiladas: são as folhas estéreis. Ao lado dessas, encontramos as férteis, que, em conjunto, formam as estruturas reprodutivas, os estróbilos.

As folhas férteis masculinas, pequenas, formam o estróbilo masculino, enquanto as folhas férteis femininas, maiores, constituem estróbilo feminino.

Eis um comentário sobre as coníferas:

O nome coníferas deriva da presença de cones (a popular pinha, cujo nome técnico é estróbilo), a estrutura reprodutiva dessas plantas. O cone é encontrado em quase todas as coníferas, com exceção apenas de juníperos e teixos. Há dois tipos de cone: o que produz pólen (masculino) e o que produz óvulos (feminino), sendo que este último é maior. Os dois tipos podem ser encontrados em uma mesma árvore, quando em geral os cones masculinos ficam nos ramos inferiores e os femininos nos superiores, ou apenas em árvores separadas. Um cone é formado por um agrupamento de escamas, entre as quais as sementes são formadas. Os cones têm forma, tamanho e cor variados, dependendo da espécie. Um cone muito utilizado na decoração natalina é a pinha dos pinheiros (Pinus).

Entre as coníferas mais conhecidas podemos citar os pinheiros, os ciprestes e as tuias. Algumas pessoas costumam se referir às coníferas como se todas elas fossem também "pinheiros", mas a rigor, os pinheiros são apenas aquelas espécies pertencentes ao gênero Pinus. Existem cerca de 600 espécies de coníferas em todo o mundo. Um número, convenhamos, modesto, principalmente se comparado às 250 mil espécies de plantas com flores (angiospermas) conhecidas.

Os cones masculinos de uma conífera produzem milhões de grãos de pólen, que são de tal modo dispostos que o vento facilmente os carrega. O resultado disso é que, na estação reprodutiva, uma imensa nuvem de pólen se desprende de cada conífera. É necessário entã que um grão de pólen caia sobre uma gota pegajosa do tamanho da cabeça de alfinete, que está sobre uma das escamas de cada um dos cones femininos, localizados na parte superior da copa das coníferas. Na maioria das espécies, a maturação das sementes pode levar até dois anos.

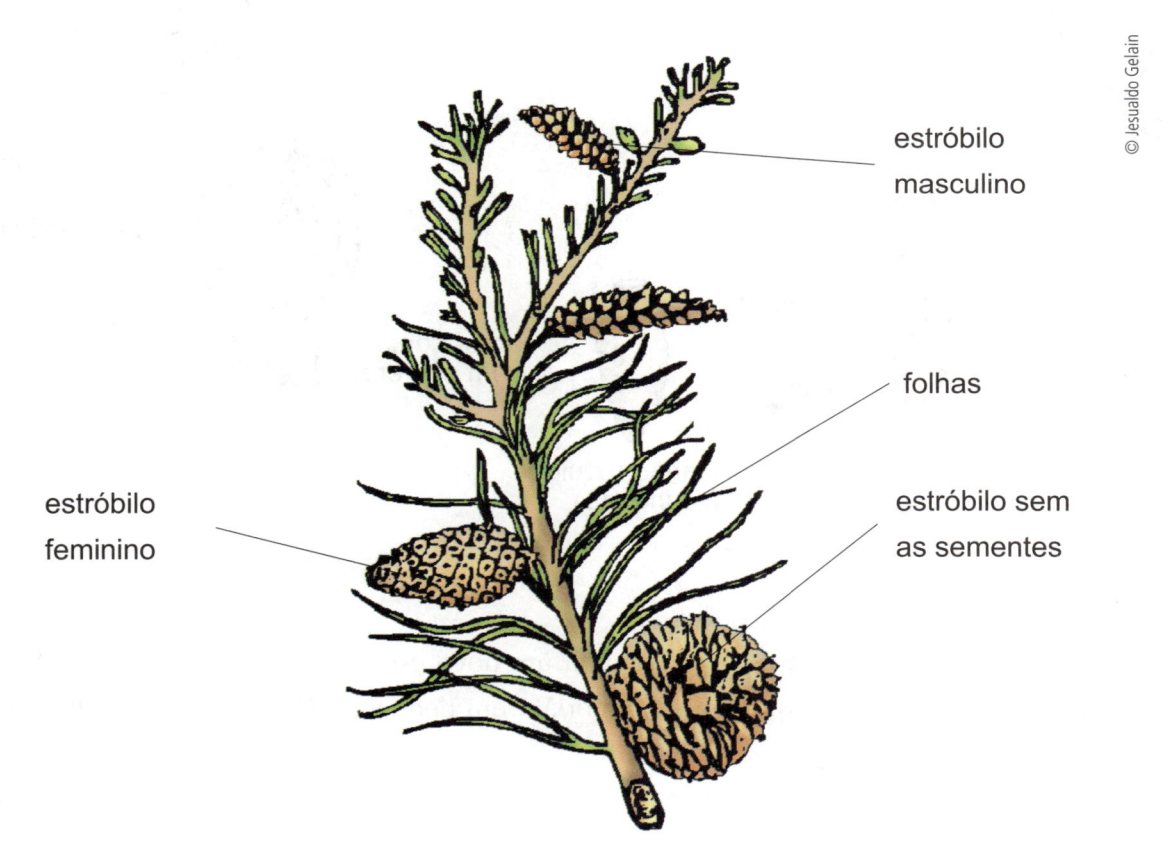

Esquema das estruturas presentes em um ramo de pinheiro.

Os esporos (aqui chamados grãos de pólen) das coníferas, transportados pelo vento, saem em nuvens dos estróbilos masculinos e chegam aos estróbilos femininos.

Cada estróbilo feminino é formado por várias escamas em torno de um eixo. Cada escama, por sua vez, protege um **óvulo**, que, nos vegetais terrestres, não é o gameta. No seu interior é que estão dois gametas femininos, as **oosferas**, das quais uma desaparece.

Cada óvulo é fecundado por um gameta masculino do grão de pólen e dá origem a uma **semente**. Um estróbilo feminino, antes repleto de óvulos, após as fecundações estará repleto de sementes, os **pinhões**.

As sementes não ficam dentro de um fruto porque a gimnosperma não possui flor. Por isso, o termo "sementes nuas" (do grego gymnos = nu; *sperma* = semente).

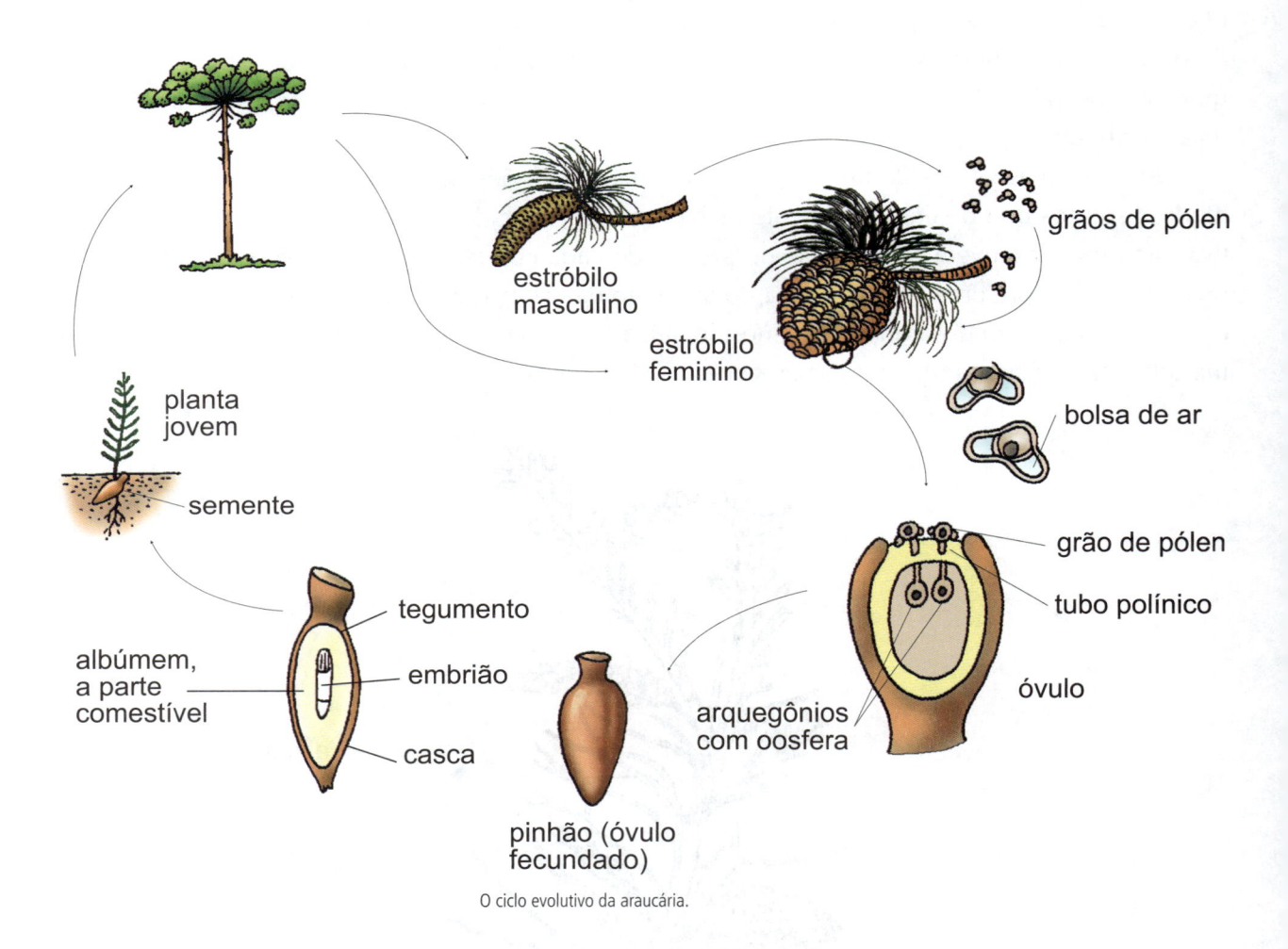

O ciclo evolutivo da araucária.

O pinhão contém o embrião, o qual origina um novo esporófito ou planta adulta. A parte comestível do pinhão é aquilo que nutre o embrião, um pequeno cilindro que encontramos no interior da semente.

A gralha é uma ave que ajuda na disseminação dos pinheirais no Sul do Brasil, pois se "esquece" da maioria das sementes que enterra, ou "esconde" como alimento, e essas sementes acabam germinando.

Você sabia?

ONU aposta na produção de pinhão-manso como biocombustível

Da EFE, em Roma – 22/07/2010 – 10h23

Foto do pinhão-manso, a matéria-prima do biocombustíveis.

Duas organizações das Nações Unidas ligadas à agricultura apostam no potencial do cultivo da *Jatropha curcas*, conhecida também como pinhão-manso, para produzir biocombustível e beneficiar os agricultores pobres.

Em um relatório publicado nesta quinta-feira (22), a Organização da ONU para a Agricultura e a Alimentação (FAO) e o Fundo Internacional para o Desenvolvimento Agrícola (Fida) analisam a utilidade do pinhão-manso, à qual definem como um *"cultivo promissor"*.

Para estas organizações, a *Jatropha curcas* cresce "razoavelmente bem em zonas áridas e em solos degradados de utilidade marginal para a agricultura" e "pode ser transformada em um biodiesel menos contaminante do que o de origem fóssil a fim de oferecer às famílias rurais pobres um combustível para produzir luz e cozinhar".

"Ao contrário de outros biocombustíveis importantes, como o milho, o pinhão-manso não é utilizado como alimento e pode ser cultivado em terras degradadas, onde não crescem plantas alimentícias", diz o relatório.

Pequenos

O texto completa: "A produção deste cultivo permitiria obter rendimentos em particular aos pequenos agricultores, aos moinhos de oleaginosas terceirizados e aos membros de plantações comunitárias ou aos trabalhadores das plantações privadas que o produzem".

Há uma ressalva, no entanto. A maior parte do pinhão-manso cultivado na América hoje é tóxico, um risco à saúde humana e impede o uso das sementes como alimento ao gado.

Daí a necessidade de apoiar a pesquisa para obter variedades melhores e não tóxicas.

Em 2008, foi semeado 900 mil hectares no mundo todo, dos quais 760 mil na Ásia, 120 mil na África e 20 mil na América Latina, e estima-se que para 2015 haverá cultivos de pinhão-manso em 12,8 milhões de hectares.

A previsão é de que o maior país produtor da Ásia será a Indonésia; na África, os principais produtores serão Gana e Madagascar, e o Brasil será o líder na América Latina.

(Fonte: <http://www1.folha.uol.com.br/ambiente/770754-onu-aposta-na-producao-de-pinhao-manso-como-biocombustivel.shtml>.)

As angiospermas

As angiospermas representam o mais recente dos grupos vegetais que surgiram na Terra, compondo dois terços de todos os vegetais conhecidos.

São tão bem adaptadas a todos os ambientes, que até retornaram ao meio marinho, sendo únicas plantas embriófitas com alguns representantes na água salgada. Além disso, são as únicas plantas com **flores** verdadeiras e, portanto, as únicas com **frutos**.

As flores permitiram a polinização pelos animais e os frutos fizeram com que os animais participassem também da disseminação das espécies, transportando sementes nos seus pelos ou penas, e até mesmo no aparelho digestório.

A reprodução é feita por alternância de gerações, como em todas as embriófitas e, como nas pteridófitas e gimnospermas, predomina a fase esporofítica. Os gametófitos, como nos pinheiros, são reduzidos e se desenvolvem dentro do esporófito, garantindo a independência da água para a fecundação, ao contrário dos musgos e das samambaias.

Você sabia?

Uma farmácia a partir das plantas

Há muito que diferentes ramos da medicina alternativa, principalmente aqueles ligados à fitoterapia, fazem frente à alopatia ou medicina tradicional.

Com mais acesso e menos custo às pesquisas, além dos preços cada vez mais proibitivos, não só a farmacopeia botânica passou por enorme desenvolvimento em nosso país, como atraiu a atenção de cientistas de várias partes do mundo, inclusive pela fantástica biodiversidade brasileira; afinal, não é de agora que somos alvo de biopiratas que exploram a Amazônia.

Sempre ouvimos falar que o chá de erva-cidreira é calmante, que o chá de alecrim combate a gripe, o de boldo restabelece as alterações do trato digestório e tantos outros que chegam às centenas, aos milhares.

Entretanto, da mesma forma que somos aconselhados a evitar a automedicação, não podemos exagerar nas "poções" vegetais, pois, mesmo sendo benéficas, muitas plantas se tornam altamente tóxicas quando em quantidades excessivas, ainda mais sem acompanhamento médico.

A flor

É formada por folhas modificadas do esporófito.

O **cálice**, geralmente verde, é formado pelas **sépalas**; a **corola** é constituída pelas **pétalas**, quase sempre coloridas. Cálice e corola, juntos, compõem o **perianto**.

O **androceu**, aparelho reprodutor masculino, é formado por um conjunto

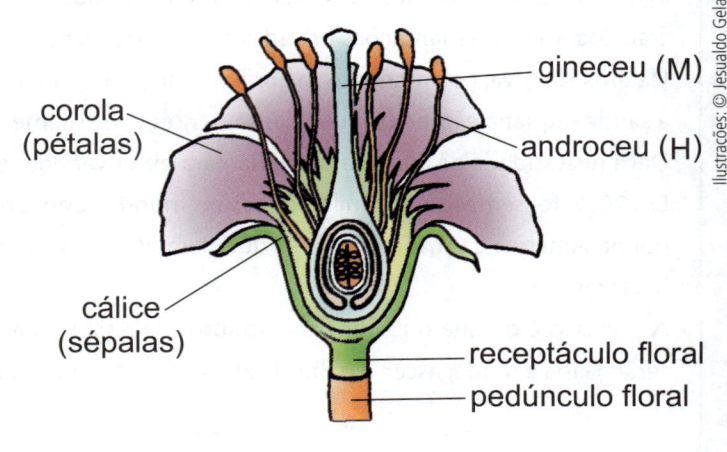

Componentes de uma flor.

de folhas bastante modificadas. Cada folha ou **filete** tem duas bolsas, que formam uma **antera**, onde são produzidos os **grãos de pólen**.

O **gineceu**, aparelho reprodutor feminino, é formado por uma bandeja chamada **estigma**, um tubinho denominado **estilete** e uma câmara, o **ovário**, onde encontramos um ou mais óvulos.

Lembre que dentro do óvulo desses vegetais encontramos o gameta feminino, a oosfera.

O transporte dos grãos de pólen pode ser feito pelo **vento**, como nas gimnospermas, e também por **animais**, como insetos, pássaros e morcegos, atraídos pelo odor ou pelas cores das flores e, ainda, pela **água**.

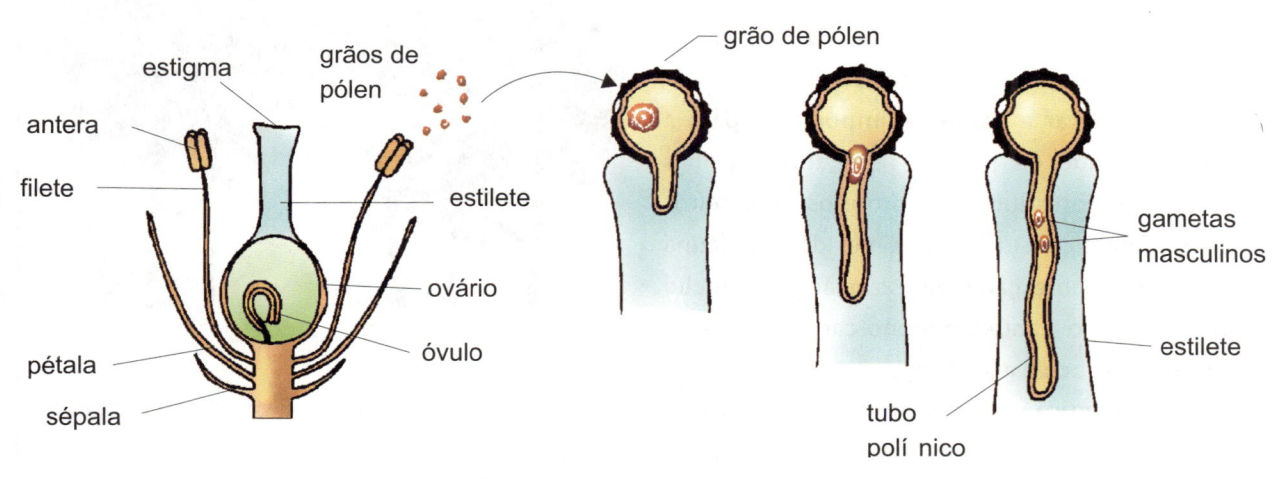

Os grãos de pólen caem no estigma e deles crescem os tubos polínicos.

Os grãos de pólen caem no estigma e, de cada um, cresce um tubo através do estilete, que leva o gameta masculino até o óvulo dentro do ovário. Cada óvulo fecundado será uma **semente** e o ovário dará origem ao fruto.

Se abrirmos um fruto e encontrarmos vinte sementes, é porque foram fecundados vinte gametas femininos (oosferas), um em cada óvulo, e vinte tubos polínicos cresceram no estilete, cada um a partir de um grão de pólen.

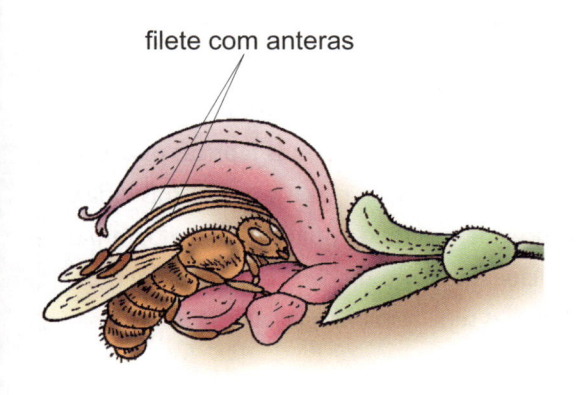

Ao sugar o néctar da flor, o inseto tem suas asas pinceladas pelos filetes e anteras. Ao sair levará os grãos de pólen até outra flor.

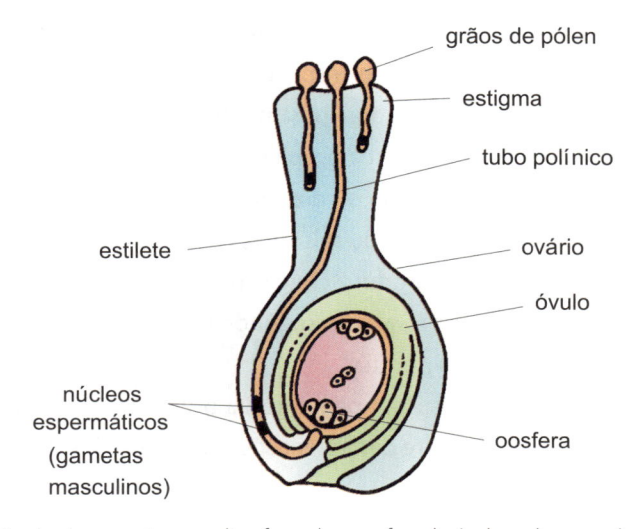

O primeiro gameta masculino fecunda a oosfera do óvulo e, desse modo, o óvulo origina a semente e o ovário origina o fruto.

Você sabia?

Caça ao palmito-juçara ameaça reservas de mata Atlântica
Quadrilhas desmatam áreas protegidas em busca das palmeiras e abrem trilhas para caçadores

José Maria Tomazela – 04/10/2010
Epitacio Pessoa/AE

Em busca do palmito da palmeira juçara, quadrilhas de palmiteiros estão invadindo os parques estaduais Carlos Botelho, Intervales, Jurupará e do Alto Ribeira, as reservas de mata Atlântica mais protegidas do Estado de São Paulo.

Além de cortar a palmeira, importante para a biodiversidade da floresta, eles abrem trilhas usadas por caçadores. Os próprios palmiteiros abatem para consumo espécimes de uma fauna fortemente ameaçada de extinção, que inclui animais como a anta e o mono-carvoeiro, e aves como o macuco e a jacutinga.

A mata Atlântica é um dos biomas mais ameaçados do País. São Paulo detém a maior porção contínua dessa floresta, com 200 mil hectares, quase tudo no interior dos parques estaduais do Vale do Ribeira, sul do estado. De janeiro a agosto deste ano, a 3ª Companhia de Policiamento Ambiental, com sede em Sorocaba, apreendeu 4719 toras de palmito *in natura* ou pronto para o consumo.

Cada unidade corresponde a uma palmeira cortada. De acordo com o comandante, tenente Edson Moraes, mais de 90% foram extraídos dos parques estaduais, por uma razão simples: fora das reservas, a palmeira juçara está praticamente extinta.

Ele calcula que o material apreendido representa uma parcela mínima do que foi cortado. De acordo com o tenente, o total de apreensões este ano será maior que no ano passado. "É uma atividade que se mantém, apesar do aumento na fiscalização e no grau de dificuldade para encontrar o palmito."

A extração indiscriminada levou à escassez da palmeira e os palmiteiros têm de caminhar dois dias no interior da mata para chegar ao local do corte. "O grupo entra na mata na segunda-feira e sai na quarta ou na quinta", explica. O transporte das toras, mesmo com o auxílio de mulas, é um serviço extenuante. Os palmiteiros levam a carga para processar fora do parque, onde a legislação é menos rigorosa.

Em fábricas improvisadas, o palmito é cortado, colocado em vidros e cozido. "Fechamos fábricas que funcionavam em banheiros", diz Moraes. O produto é vendido para restaurantes, pizzarias e churrascarias. Cada feixe com cinco ou seis toras rende 10 kg de palmito que, no Vale, é vendido por R$ 10 o quilograma. Em São Paulo, o produto chega custando R$ 25. A condição socioeconômica precária dos moradores da região favorece o esquema, segundo o policial. "A alternativa para eles seria trabalhar na lavoura de banana, ganhando R$ 10 por dia."

No que resta dos acampamentos, a polícia tem encontrado restos de animais e aves abatidos para consumo. Na maior parte das apreensões, o palmito foi interceptado em rodovias, no transporte para São Paulo.

(Fonte: <http://www.ecodebate.com.br/2010/10/07/quadrilhas-buscam-palmito-jucara-acao-de-palmiteiros-ameaca-mata-atlantica/>).

ATIVIDADES

1) Responda:

a) Qual a vantagem das flores para as angiospermas em relação às gimnospermas?

___

b) Por que a polinização é cruzada, isto é, por que o pólen de uma flor é levado até o estigma de outra flor?

___

c) Nas espécies cuja corola não é vistosa, o pólen é abundante e os estigmas são amplos. Dessa forma, essas espécies devem ser polinizadas através de que veículo?

___

d) Como deve ser a polinização de espécies cujas flores são vistosas, possuem glândulas odoríferas e pólen aderente, apesar de pouco abundante?

___

2) (Unicamp) O texto a seguir se refere ao ciclo de vida de uma planta vascular:

"Os esporos germinam para produzir a fase gametofítica. Os microsporos se tornam grãos polínicos e, depois do transporte para a micrópila do óvulo, o microgametófito continua o seu desenvolvimento na forma de um tubo, crescendo através do nucelo. Um megásporo produz um gametófito envolvido pela parede do nucelo e por tegumento. Os gametófitos produzem gametas: duas células espermáticas em cada tubo polínico e uma oosfera em cada arquegônio".

a) A que grupo de plantas se refere o texto?

___

b) Que estrutura mencionada no texto permitiu essa conclusão?

___

c) Quais são os outros grupos de plantas vasculares?

___

195

3 (Unesp) Um turista chega a Curitiba (PR). Já na estrada, ficou encantado com a imponência dos pinheiros-do-paraná (*Araucaria angustifolia*). À beira da estrada, inúmeros ambulantes vendiam sacos de pinhões. Um dos vendedores ensinou-lhe como prepará-los:

– Os frutos devem ser comidos cozidos. Cozinhe os frutos em água e sal e retire a casca, que é amarga e mancha a roupa.

O turista percebeu que embora os pinheiros estivessem frutificando (eram muitos os ambulantes vendendo seus frutos), não havia árvores com flores. Perguntou ao vendedor como era a flor do pinheiro, a cor de suas pétalas, etc. Obteve por resposta:

– Não sei, não, senhor!

a) O que o turista comprou são frutos do pinheiro-do-paraná? Justifique.

b) Por que o vendedor disse não saber como são as flores do pinheiro?

4 As plantas gimnospermas e angiospermas – apresentam algumas características em comum. As angiospermas constituem o grupo vegetal com a maior biodiversidade, embora representem o grupo mais recente na história da Terra.

a) Compare esses dois grupos, destacando as semelhanças e diferenças.

b) Qual seria o êxito das angiospermas em termos de biodiversidade? Justifique.

196

5 Em relação ao esquema ao lado, responda:

a) Qual estrutura é formada por 1 e 2?

_____

_____

b) Qual estrutura é formada por 3, 4 e 5?

_____

_____

6 Explique a relação ecológica que ocorre quando a gralha-azul come a semente do pinheiro-do-paraná e a relação entre a gralha-azul e o pinheiro-do-paraná quando a gralha-azul esconde a semente e "esquece" onde a enterrou.

_____
_____
_____
_____

7 Responda.

a) Em que grupos vegetais ocorre independência da água para a fecundação?

_____
_____
_____
_____

b) Nesses grupos, como a fecundação pode ocorrer sem a água?

_____
_____
_____
_____
_____
_____

197

Capítulo 24

FRUTOS E SEMENTES

Fruto da castanheirfa europeia, mostrando as sementes comestíveis no intrior.

O fruto resulta do desenvolvimento e amadurecimento do ovário da flor, geralmente após a fecundação dos óvulos. Cada semente proveniente de um óvulo fecundado tem por função originar uma nova planta.

O conteúdo dos frutos geralmente pode ser dividido em duas partes: as sementes e tudo o que envolve as sementes, chamado de pericarpo.

O pericarpo costuma ser sudividido em três regiões: epicarpo, mesocarpo e endocarpo. O epicarpo é a casca do fruto; o mesocarpo é a porção geralmente comestível; e o endocarpo é a parte mais interna, muitas vezes rígida, que envolve a(s) semente(s).

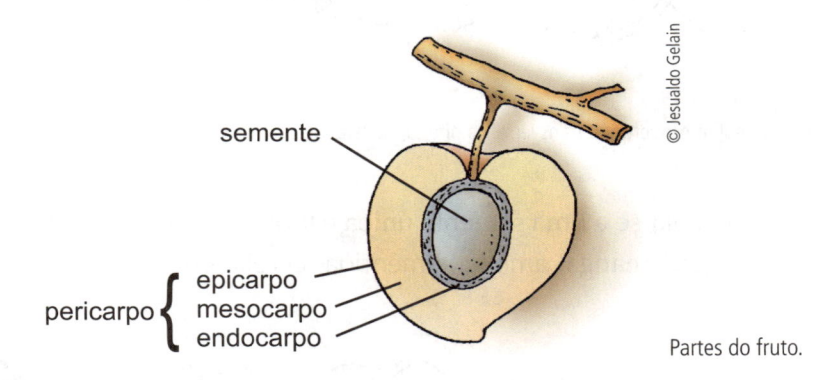

Partes do fruto.

Classificação dos frutos

- Frutos carnosos — Baga / Drupa
- Frutos secos — Deiscentes / Indeiscentes
- Pseudofrutos
- Frutos partenocárpicos

Frutos carnosos

Mesocarpo geralmente é desenvolvido e suculento, com acúmulo de reservas nutritivas. Forma-se de um só ovário de uma única flor.

- Baga: com uma ou mais sementes livres. Exemplos: tomate, mamão, nêspera, caqui, goiaba, pitanga, uvaia, carambola, café, pimenta-vermelha, jabuticaba, berinjela, pimentão, uva, figo-da-índia, graviola etc.

Duas bagas: berinjela e tomate.

199

Obs.: Alguns frutos têm o epicarpo como casca, o mesocarpo pouco desenvolvido e o endocarpo sumarento. É o caso do limão, da laranja, da lima, da tangerina e da abóbora, abobrinha, melancia, melão, pepino, chuchu etc.

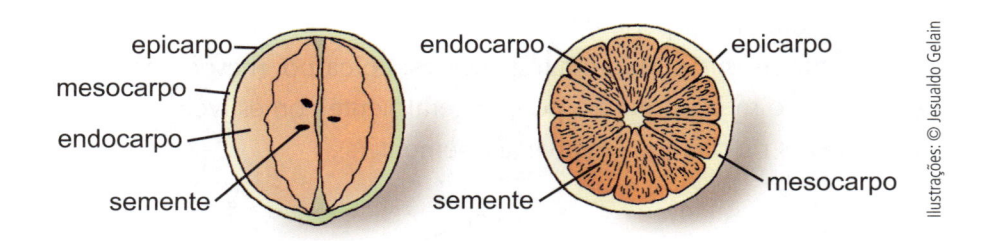

Cortes longitudinal (à esquerda) e transversal (à direita) de laranja, com o endocarpo suculento.

- Drupa: o endocarpo cola-se a uma semente única e forma o caroço. Exemplos: pêssego, azeitona, damasco, abacate, manga, ameixa, amêndoa, cereja, coco-da-baía etc.

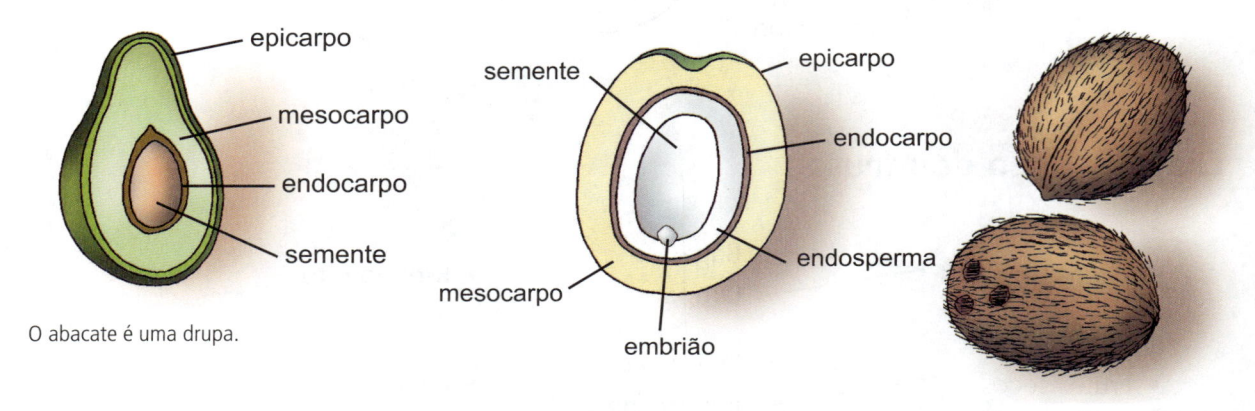

O abacate é uma drupa.

O coco-verde ou coco-da-baía, uma drupa, e, ao lado, duas sementes adaptadas à flutuação. Você saberia explicar o que é a água-de-coco?

Frutos secos

Possuem pericarpo seco e reduzido.

- Deiscentes: abrem-se quando maduros e deixam sair as sementes. Exemplos: legume ou vagem (feijão, ervilha, soja, amendoim, tremoço), cápsula (algodão, quiabo, cacau, guaraná, castanha-do--pará) e síliqua (mostarda). O quiabo é consumido ainda verde.

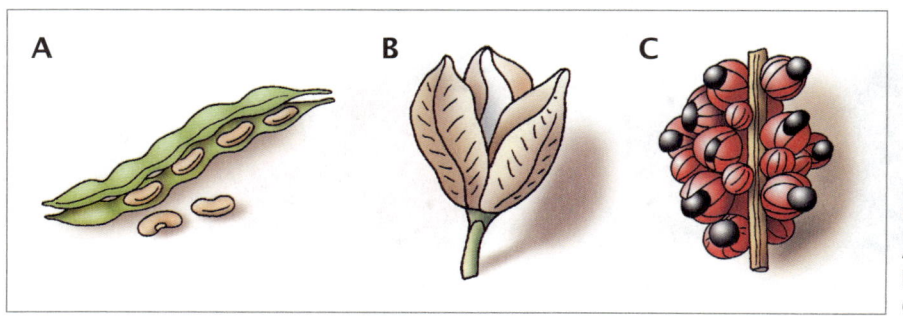

Frutos secos que se abrem:
A – Legume ou vagem do feijão;
B – Cápsula do algodão;
C – Guaraná.

- **Indeiscentes:** não se abrem quando maduros. Exemplos: aquênio (girassol, dente-de-leão), cariopse (milho, trigo, arroz), noz (noz da nogueira, avelã e noz-macadâmia).

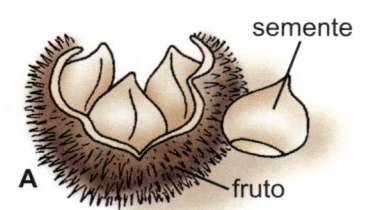

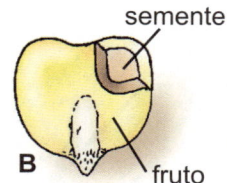

A – Aquênio do castanheiro;
B – Cada grão de milho é um fruto do tipo cariopse;
C – Noz.

Você sabia?

Podemos comer manga e tomar leite?

Sim, podemos comer manga e tomar leite, esse mito é da época da escravidão.

A explicação para o mito da manga com leite é que, no tempo dos escravos, os donos das fazendas faziam todos acreditarem que comer manga e tomar leite fazia mal, podendo provocar inclusive a morte. Eles faziam isso para manter ou para aumentar a produção de derivados de leite, como queijo e manteiga, por exemplo. Como as mangueiras eram muitas e o consumo da fruta pelos escravos era alto, quanto mais os escravos comiam manga, menos leite eles tomavam.

Pseudofrutos

- **Simples:** originam-se de diferentes partes de uma flor. Pera, maçã e marmelo têm o receptáculo floral desenvolvido; no caju, a parte comestível é o pedúnculo floral.

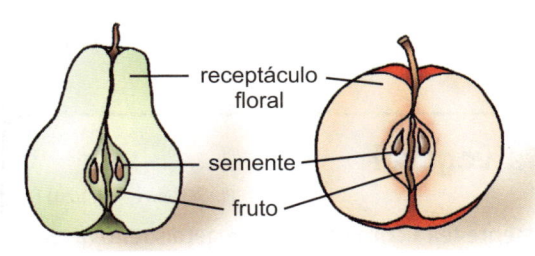

Pêra e maçã têm receptáculos florais desenvolvidos e comestíveis e os frutos verdadeiros geralmente são jogados fora.

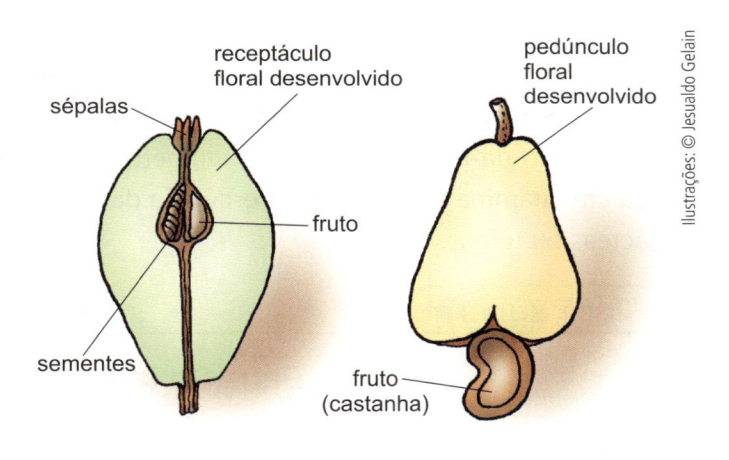

Marmelo, cujo fruto é jogado fora, e caju, em que o fruto verdadeiro é a castanha e, no seu interior, encontramos a semente com embrião.

- **Compostos ou agregados:** provenientes de diversos ovários de uma só flor. Exemplos: morango e framboesa. No morango, por exemplo, a parte suculenta é o receptáculo floral e os pontos escuros e externos são frutos, uma vez que, na mesma flor, existem diversos ovários.

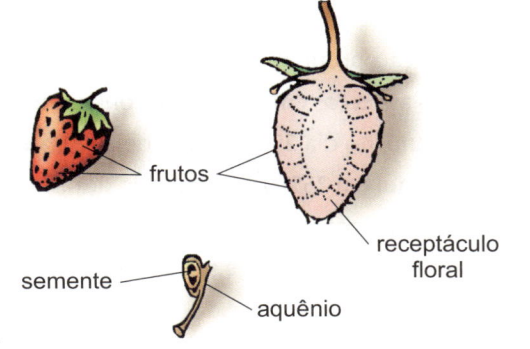

Os frutos do morango são do tipo aquênio.

- **Múltiplos:** formados por várias flores (inflorescência), que se fundem durante o desenvolvimento e formam infrutescências. Exemplos: figo, abacaxi, amora, jaca e fruta-do-conde. Cada minúsculo frutinho interno do figo é uma drupa.

eixo floral

Várias flores presas ao eixo floral originam diversos frutos que se fundem, como na jaca. No milho, os frutos (grãos) não se fundem.

- A espiga de milho não deixa de ser uma infrutescência, uma vez que se origina a partir de uma inflorescência, isto é, várias flores (femininas) presas a um eixo, onde cada uma forma um fruto (grão de milho). O "cabelo" da espiga é a reunião dos estiletes dessas flores.

Frutos partenocárpicos

Formam-se sem que exista a fecundação, mesmo que ocorra a polinização; portanto, tais frutos não possuem sementes. É o caso das diferentes bananas, laranja-da-baía, limão-taiti, certas videiras e alguns pepinos.

A parte ereta da bananeira, o pseudocaule formado pelas bainhas das folhas, frutifica uma só vez e apodrece depois de colhido o cacho de frutos. Por brotamento de uma gema do rizoma, o caule verdadeiro e subterrâneo, surge um novo pseudocaule.

Partenocarpia é a partenogênese dos frutos.

O cravo-da-índia, usado como tempero, e a alcaparra são botões florais, enquanto a alcachofra (rica em vitamina C) é uma inflorescência da qual se come o "fundo", ou receptáculo, e a base das brácteas ou folhas.

Você sabia?

PepsiCo lança garrafa vegetal

Por AdNews – 17/3/2011

A PepsiCo anunciou na terça-feira uma garrafa plástica inteiramente feita com materiais vegetais renováveis e 100% recicláveis. Ela é composta por uma gramínea, a *Panicum virgatum*, encontrada em grandes planícies, folhas de milho e cascas de coníferas "Futuramente, o grupo quer (...) incluir cascas de laranja, maçã, batata, aveia e outros produtos agrícolas derivados de atividades agroalimentares", diz comunicado da empresa.

A produção propriamente dita só ocorrerá em 2012. A PepsiCo garante que as novas garrafas terão os mesmos aspectos em termos de consistência, aspecto e proteção das plásticas clássicas.

Há um ano, no dia 25 de março de 2010, a Coca-Cola, concorrente, lançou a PlantBottle, uma garrafa PET que diminui em 25% o CO_2 emitido durante a fabricação. O produto tem etanol, proveniente da cana, 30% à base de planta. O recipiente é como pet convencional em relação às suas propriedades químicas, cor, peso e aparência, além de ser também 100% reciclável.

(Fonte: <http://www.maceioagora.com.br/noticia/2011/3/17/pepsico_lanca_garrafa_vegetal>.)

A semente

Resulta do óvulo fecundado e desenvolvido, e é formada pelo tegumento e pela amêndoa.

O tegumento é duplo: testa e tégmen, provenientes, respectivamente, dos envoltórios do óvulo.

Na amêndoa, podemos ver o embrião, a futura planta e o albúmem ou endosperma, um tecido de reserva. O embrião forma uma ou duas folhas com reservas, os cotilédones.

O embrião, na semente, é nutrido pelo albúmem. Quando a plântula emerge da semente, a nutrição é feita pelo(s) cotilédone(s), até que ela consiga fazer fotossíntese.

As monocotiledôneas dependem, desde cedo, das reservas do albúmem, enquanto as sementes de dicotiledôneas, às vezes, não possuem albúmem ou endosperma, como é o caso do feijão.

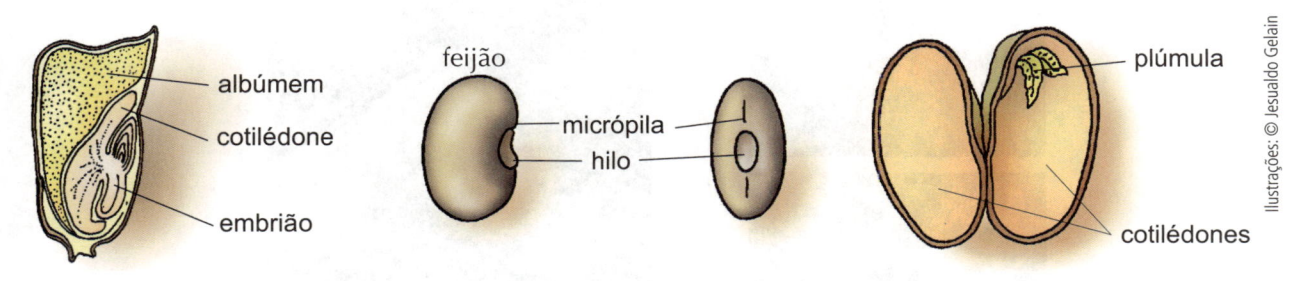

Micrópila é a abertura do óvulo por onde entrou o tubo polínico; hilo é a cicatriz da implantação do grão na parede do fruto.

Monocotiledôneas e dicotiledôneas compõem as angiospermas:

Monocotiledôneas	Dicotiledôneas
Plantas anuais ou bianuais.	Plantas perenes.
O cotilédone único não tem reservas nutritivas.	Os dois cotilédones possuem reservas nutritivas.
Folhas com nervuras paralelas.	Folhas com nervuras reticuladas ou em forma de pena.
Flores organizadas em função do número 3 ou múltiplos dele.	Flores organizadas em função dos números 4 e 5.
Raiz fasciculada (não se vê a raiz principal).	Raiz principal é visível.

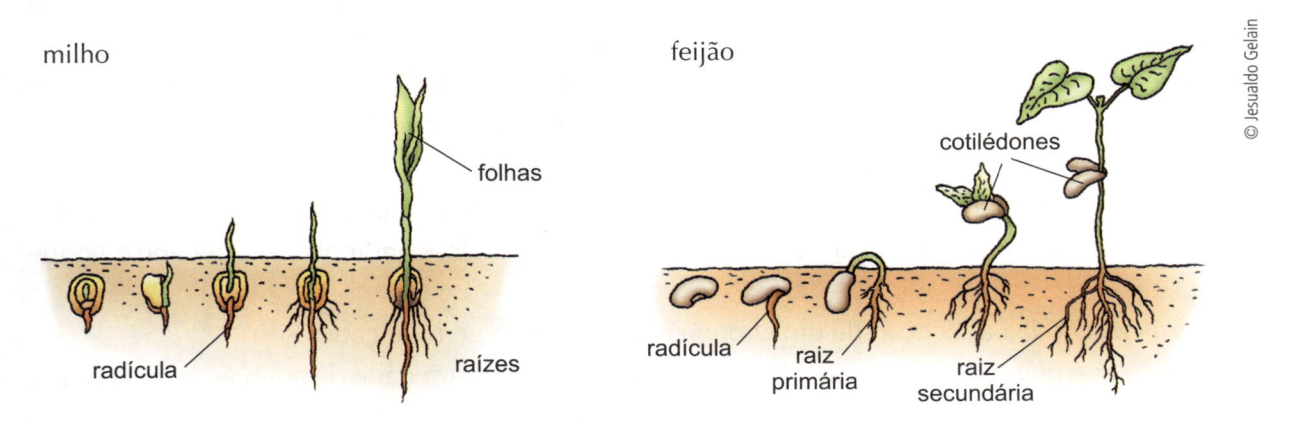

Germinação do milho e do feijão.

Disseminação das sementes

É a dispersão das sementes e pode ser feita pelo vento (anemocoria), animais (zoocoria), água (hidrocoria) etc. O coco-da-baía, por exemplo, é transportado pela água.

Protegidas por uma membrana resistente, as sementes não são digeridas quando os animais comem os frutos; por isso, elas são eliminadas íntegras com as fezes dos animais, muitas vezes a milhares de quilômetros de distância.

Anemocoria: A – dente-de-leão; Zoocoria: B – carrapicho; Hidrocoria – coco-da-baia.

Germinação

Dizemos que a semente germina quando emerge a plântula e se desenvolve em novo indivíduo. Para isso, algumas condições externas devem ser respeitadas, pois influem na germinação, como água, temperatura, luz e oxigênio.

Cada um desses elementos varia muito de uma espécie para outra.

Seca, frio e calor são sérios contratempos para a germinação das sementes.

As sementes possuem pouca água e, para germinar, passam inicialmente por um período de embebição. A água que entra rompe o envoltório da semente que, por isso, passa a respirar aerobicamente; tudo isso dentro de uma faixa de temperatura entre 25º C e 30º C.

Outro fator que age na germinação é a luz. Algumas sementes são fotoblásticas positivas e não germinam na ausência de luz. Outras são fotoblásticas negativas, precisam ser enterradas para germinar, pois só germinam no escuro.

Denominamos quiescência o estado de latência ou dormência de muitas sementes, isto é, a capacidade de resistir durante anos sem germinar, desde que em condições de umidade e temperatura baixas.

Vernalização é a aplicação de um choque térmico para a germinação.

Sementes e plântulas servem de alimento para uma ampla variedade de animais, sofrendo, portanto, taxas de mortalidade bastante elevadas. É por isso que se diz que esses dois estágios são os mais críticos de todo o ciclo de vida das embriófitas.

Você sabia?

Fontes de alimento
Exemplos de monocotiledôneas

Íris, gladíolo, junco, bromélias, abacaxi, milho, trigo, cevada, centeio, aveia, arroz, coco, antúrio, banana, tulipa, lírio, açucena, agave (sisal), espada-de-são-jorge, bambu, papiro, tiririca, aguapé, carnaúba, babaçu.

Exemplos de dicotiledôneas leguminosas

Nesta família, encontramos a mimosa ou sensitiva (dormideira), acácia, ingá, angico, pau-brasil, jataí ou jatobá, tamarindo, feijão, ervilha, lentilha, grão-de-bico, tremoço, soja, amen-doim, alfafa, feijão-de-porco (para adubação verde), anil, cabriúva, jacarandá, trevo.

Os chamados grãos de cereais, como arroz, milho, trigo, centeio, aveia e outras espécies de monocotiledôneas, constituem um dos mais importantes tipos de alimento disponível para o ser humano e outros animais.

Esses grãos são ricos em amido (açúcar composto por várias moléculas de glicose), proteína, óleo e sais minerais. O glúten, uma proteína do trigo, é a base da farinha usada em panificação, a qual fornece um alimento básico para toda a humanidade.

Além das múltiplas utilidades dos cereais usados diretamente como alimento, de muitos grãos são extraídas inúmeras substâncias: do milho, por exemplo, podemos obter óleo cru, óleo refinado para cozinha, sabão e glicerina, produtos industriais como açúcares etc.

Entre as dicotiledôneas, devemos realçar a importância das leguminosas, cujos grãos são ricos em ferro e outros nutrientes.

Os grãos de mono e dicotiledôneas não têm muita água, por isso podem ficar estocados um bom tempo nos silos de armazenamento sem que se estraguem.

Dendê, palmeira da Amazônia de futuro tão promissor quanto o milho e a soja.

16 de outubro: Dia Mundial da Alimentação.

Atualmente o Brasil pesquisa hoje a conversão de óleo de soja, girassol ou dendê em óleo diesel vegetal, capaz de mover tratores e outros veículos sem adaptação de seus motores, além da vantagem de ser um recurso renovável e de fácil e rápida produção; o mesmo não acontece com o óleo combustível comum.

Além de pródiga e farta, a natureza é muito sensível, já revelando sinais da desastrada intervenção humana, como resultado das queimadas, que barram um quinto da luz solar; do desmatamento, que ameaça regiões inteiras, como a Amazônia, que abriga 40 mil espécies de plantas, das quais 30 mil são exclusivas; do turismo predatório, que demonstra total falta de infraestrutura para a conservação da biodiversidade; e, finalmente, da biopirataria, um crime contra o próprio meio ambiente antes de tudo. A natureza é vulnerável, mas nos oferece morada neste planeta; por isso, devemos conservá-la.

ATIVIDADES

1 Responda:

a) Qual parte da flor se transforma em fruto verdadeiro?

b) Qual parte da flor se transforma em semente?

c) O que é um pseudofruto? Exemplifique.

d) Como se propagam as plantas cujos frutos são partenocárpicos?

2 Qual é a função principal do fruto?

3 Qual é a importância da semente e do fruto para o vegetal?

4 Diferencie as monocotiledôneas das dicotiledôneas por meio de três características.

5 Para deter os constantes deslizamentos de terra numa encosta desmatada, qual das duas plantas você semearia? Justifique.

Dicotiledônea   Monocotiledônea

_____
_____
_____
_____
_____

6 Dê a parte comestível dos vegetais abaixo:

a)   b)

_____
_____

7

a) Como as sementes podem ser disseminadas ou espalhadas?
_____
_____

b) Quais são os fatores que regulam a germinação das sementes?
_____
_____

207

8 (Unesp) Um aluno de uma Escola de Ensino Médio recebeu de seu professor de Biologia uma lista de diversos vegetais considerados comestíveis. O aluno elaborou um quadro onde, com o sinal (X), indicou o órgão da planta utilizado como principal alimento.

Vegetais comestíveis	Raiz	Caule	Fruto	Pseudofruto
Batata-Inglesa	X			
Azeitona			X	
Tomate			X	
Manga			X	
Pera				X
Mandioca		X		
Maçã			X	
Cenoura	X			
Cebola	X			
Morango				X
Pepino			X	

Após a análise do quadro, o professor informou ao aluno que ele havia cometido quatro erros.

a) Indique os quatro erros cometidos pelo aluno e identifique os verdadeiros órgãos a que pertencem os vegetais assinalados erradamente.

_____
_____
_____
_____
_____
_____
_____
_____
_____
_____

b) Quais são as estruturas da flor que dão origem, respectivamente, aos frutos verdadeiros e aos pseudofrutos relacionados no quadro?

_____
_____

208